# 顶天立地谈信仰

——原来党课可以这么上

徐 川 等◎著

人民出版社

责任编辑：刘敬文
责任校对：徐林香
装帧设计：王欢欢

**图书在版编目（CIP）数据**

顶天立地谈信仰：原来党课可以这么上 / 徐川 等著 . —北京：
　人民出版社，2017.8（2025.10 重印）
ISBN 978－7－01－017987－2

I. ①顶…　II. ①徐…　III. ①中国共产党－党课－教学研究－高等学校
　IV. ① D261.42
中国版本图书馆 CIP 数据核字（2017）第 183426 号

**顶天立地谈信仰**

DINGTIANLIDI TANXINYANG

——原来党课可以这么上

徐川 等 著

**人民出版社** 出版发行
（100706　北京市东城区隆福寺街 99 号）

环球东方（北京）印务有限公司印刷　新华书店经销

2017 年 8 月第 1 版　2025 年 10 月北京第 22 次印刷
开本：710 毫米 × 1000 毫米 1/16　印张：18
字数：226 千字

ISBN 978－7－01－017987－2　定价：45.00 元

邮购地址 100706　北京市东城区隆福寺街 99 号
人民东方图书销售中心　电话（010）65250042　65289539

# 目 录

# 我为什么加入中国共产党

## 一

其实，很多学生心里都有困惑：为什么要入党？

不入党行不行？入党有什么好处？不入党有什么坏处？

但是，很多人不敢问，不敢说，怕说不好，不好说，觉得还是不说好。

于是，问题就一直是问题，困惑就一直是困惑。

有这么不好说吗？

不过，总有同学敢问，敢说。

有同学说，他有资格被发展为党员，但是他还没想好，问我怎么看。

我说很好看。

我特别欣慰，因为他在思考，有判断，想抉择。

人不思考，和咸鱼有什么分别？

别人都说好，你就去做，你是别人的牵线小木偶吗？

即使所有人都告诉你这是个好事，你没想好，那就要慎重。

这才是你自己的生命，这才是你自己的选择，这才是为自己负责。

为什么要加入中国共产党？

这是他给我的问题，也是我给自己的命题。

我们今天一起来聊聊。

<h1 style="text-align:center">二</h1>

我大学毕业之前才成为正式党员，不算早，很多人很早就是党员。

当然，这不好比较，我也不羡慕，我们都有自己的人生，不能老是看着别人。

如果你的眼睛一直盯着别人，也就迷失了自己。

其实，我很多条件早就具备了，比如群众基础很好，威望很高。

班级里各种投票，只要是正面的，只要我参加，基本我就是最高票。

有时候我还是全票，也就是说连我自己都觉得我挺好的。

但是我什么都好，就是学习不好。

于是，威望再高，基础再好，成绩太差，还是没有资格入党。

万事俱备，只欠东风。

后来东风来了，但是风太小，成绩有好转，但是不够好。

我成绩一直拼命追赶到大三才逐渐符合条件。

于是，我开始激动万分地靠近梦想。

那么，问题来了，我为什么要加入中国共产党？

# 三

有很多同学一谈入党动机都是套话连篇，动不动就"从小爷爷对我说"。

纯粹是为了让自己显得基础牢固条件成熟，随时把爷爷搬出来忆苦思甜。

要么是：从小爷爷对我说，吃水不忘打井人；

要么是：从小爷爷告诉我，生在红旗下，长在新中国……

要么是：从小爷爷教育我，没有共产党就没有新中国；

我一度深深地怀疑，大家是不是拥有同一个爷爷？

这些大而无当、无比正确的废话，持续了很多年，现在也在使用。

我不认为这个就不好，也不是说爷爷讲得就不对。

但是我认为你入党应该是你自己的事儿。

而且，我认为，就算爷爷真的跟你说，你们都是那么乖的孙子吗？

我从来没有这么说过，也从来没有让我爷爷现身说法。

因为我没有见过我爷爷。

# 四

在我入党前组织谈话的时候，学校宣传部部长让我谈为什么加入中国共产党。

我没有讲我的爷爷，我讲了一个故事。

我大学读书是在外国语学院，外国语学院当时的党委书记是毕可友。

他有个亲侄女小毕在我们班级读书，我们那时候特别羡慕。

因为有个亲戚在身边罩着，就算是同等能力看关系，至少心里踏实了一些。

小毕从来都是撇撇嘴，说你们不了解我大爷，他不会为任何人走后门。

我们就哈哈哈哈哈，傻子才信。

后来，小毕参加学院保研面试，她一直是前三名，我们学院有两个名额。

学院早就传开了，说小毕你妥妥地保研了，成绩本来就好，何况还有你大爷。

小毕一脸凶相，你大爷！

她说要是她大爷不在，说不定还好一些。

我们就哈哈哈哈哈，傻子才信。

后来，小毕果然没有上！

小毕竟然没有上？小毕确实没有上。

那几天小毕眼睛哭得跟桃儿似的，我们谁也不忍心去讨论她大爷的事儿。

不过我们也慢慢相信有个当领导的大爷有时候真不见得是好事。

她自己当然也不是吃素的，自己考研考去了北京更牛的学校。

后来，有一次采访毕书记，提到了这个话题，就说大家当时都觉得不可思议。

毕大爷说，为什么不可思议？她又不是第一名，她为什么必须上？升学考学对每个人来说都是天大的事情，她并没有特别傲人的成绩，所以也谈不上有多么大的牺牲，我相信她考研也能考得很好。而且，当你个人利益和别人的利益冲突了，党员本来就要做出牺牲和让步，不然凭什么你是党员？入党的时候都宣誓过的，要准备付出，入党不是为了能够给自己获得更多利益……

他说得特别认真，我听得特别仔细。

我脑海闪过一个词叫正义凛然，有股正气支撑的人大概都是威风凛凛百毒不侵的。

我觉得我做不了这样的人，但是我愿意跟这样的人在一起。

我觉得这才是正能量的世界，我觉得这才是我们都需要的世界。

所以，我决定加入中国共产党。

## 五

但是，我还是太年轻了，世界观和价值观并不会就这样轻易地生根发芽。

信念建立得太单纯，摧毁起来也特别容易。

后来，我读了研究生。

虽然我入校不久，党龄不长，但是大概因为乐于奉献和勇于担当，后来担任了党支部书记，后来竟然还以新生的身份竞选成为研究生会主席。

那时候，我们支部的核心任务就是组织政治学习，我第一次做党支部书记，第一次带领大家学习，所以我特别用心。

当时，我们的学习任务是领会上海市委主要领导同志讲话精神。

我们认真学习了三个月。

三个月以后，这个领导被抓了。

学习过程自然无疾而终。

然而，我不能接受。

接下来的很多天我特别伤心，特别难过，特别委屈。

就好像自己辛辛苦苦在海边搭建了一个城堡，一个浪打过来就全部坍塌。

回想起过去的三个月，我觉得所有的努力特别可笑，特别滑稽。

越用心越受伤，越在意越痛苦，越卖力越滑稽。

我当时想不明白，也无法向别人求助，我想不通。

很多人还会嘲笑我，有什么好委屈的，跟你有什么关系。

别人未必理解我的愤懑，未必理解信念受到冲击的迷茫。

## 六

时间慢慢过去了，我自己也终于可以比较平静地想清楚一些问题。

比如，其实我们不应该把入党的动机跟某个人联系在一起。

无论是正面的，还是反面的，他们都是个人，都是个体。

把信仰交给个人承载永远是有风险的，也是脆弱的。

或者说来得快，去得也快；建立很容易，摧毁也简单。

因为人是会变的，所以我们有个词儿叫盖棺论定，死了才靠谱。

尤其在别人信仰没有那么牢固、没那么坚定的前提下。

另外，我们不应该因人废言，不应该因为人出了事儿，就觉得所有的话都没道理。

市委领导当时的种种讲话不是代表他个人，讲话的意义也不能因为他个人出事儿而全盘否定。

只不过，在以德治国的传统文化中，德行有问题，那就什么都不是。

有人说：鸡生蛋，鸡也拉屎，但你肯定只吃蛋，不吃屎，对鸡如此，对人亦然。每个出色的人，都会生蛋，也会拉屎，例如他很会开公司，那你就买他股票赚钱，至于他乱讲话，你就别学。多吃鸡蛋，少理鸡屎，吸取营养，壮大自己。很多人放着蛋不吃，整天追屎，难道你靠吃屎能变壮大？

不以言举人，不以人废言，说得很严谨，做到却很难。

言归正传。

现在，我们重新来回答这个问题：今天，为什么要加入中国共产党？

如果过去我的认识肤浅，那我也要自己寻找一个答案。

这不是为了宏伟的目标，而是给自己的内心一个交代。

# 七

我开始读党史，我想从这个党的诞生之初开始去寻找答案。

不为了考试，不为了考级，只为了内心的平静。

只为了给内心那些涌动的不安找一个落脚的地方。

然后，我有了太多太多的疑问。

比如，一个最初只有50多人的政党，一个最初只有十二三个代表的大会，最小的不到20岁，靠什么克服千难万险聚集到一起？

比如，那些早期代表有的衣食无忧，有的在外留学，有的身居高位，是什么让他们心甘情愿抛弃一切干共产？

比如，中国近代史舞台上各种政治力量都有登台亮相的机会，太平天国运动、洋务运动、戊戌变法、义和团运动、辛亥革命……为什么是共产党一步步走到了历史舞台的中心？

比如，这个逆袭的政党诞生之初没有任何光环，没有任何背景，没有任何资产，哪里来的一往无前的勇气和底气？

比如，这个命运多舛的政党一路面临各种"围剿"追击，面临各种逃离、掉队、背叛，靠什么坚持到最后的胜利？

是谁选择了共产党？

历史，还有人民。

历史始终在观看，人民始终在判断，是什么让人民选择了共产党，而不是别的其他政党？

答案只能是两个字：信仰。

# 八

加入一个组织，就要了解一个组织的过去，看清一个组织的未来。

这应该是最基本的要求，但是其实这个最基本的要求我们都没做好。

我们也受了很多年的教育，但是教育我们的人并没有很好地完成这份工作。

因为我们在这么多年的教育中失去了对历史的兴趣和对选择的敏感。

历史全是细节，历史全是故事，历史充满悬念，历史波谲云诡。

历史从来都不是冷冰冰的时间、数字和事件。

历史是字里行间的生与死、血与火、灵与肉。

爱国必须懂国史，爱党必须看党史。

可惜，这个组织的过去其实很多人都不太了解，不读党史，不读党章。

我们没有经历过艰苦岁月，也就不能凭空建立起对党的感情和深情。

所以，我们要回头看，要仔细想，要慢慢走。

这个政党的历史并不遥远，这个政党的现在其实也不复杂。

知道怎么来的，才能知道身在何处，才能知道去往何方。

这是最简单的逻辑。

这个政党的未来也很容易判断，最近几年，我们见证了很多事儿。

所有人都看得到"打老虎拍苍蝇"，看得到"全面从严治党"……

所有人都看得到"八项规定"，看得到"三严三实"……

所有人都看得到"群众路线"，看得到"两学一做"……

所有人都看得到"不忘初心、牢记使命"，看得到"党史学习教育"……

越来越具体，越来越严格，越来越常态，这就是趋势。

道理并不复杂，决定一个政党生机和活力的，永远不是党员的数量，而是质量，是向心力，是凝聚力，是纯粹度。

心中没有人民，必被人民所弃。

这个政党的荣光与人民紧紧相依，未来的辉煌也必然有赖于此。

也只能如此。

这是历史给出的答案，也是中共自己的选择。


## 九

我想，我们今天给出的肯定不是最终答案。

或者，我们也不是想给出一个最终答案，也不应该给出答案。

现在，入党的门槛也越来越高，入党也越来越困难。

那就让真心想加入这个组织的同志们面临更多一些考验。

我认为，如果一个人没有强大的群众基础，不为大家全心全意奉献，做不到吃苦在前，享乐在后，他是没有资格入党的。

至少，在我所能辐射的范围内，就是如此的标准和要求。

如果大家都同意这样的观点，那就不只是我，而是我们。

我们来自五湖四海，为了一个共同的目标而走到一起。

同时，也应该带着每个人自己的信念和故事。

# 第一章
# 今天再谈马克思

　　党章总纲规定："中国共产党以马克思列宁主义、毛泽东思想、邓小平理论、'三个代表'重要思想、科学发展观、习近平新时代中国特色社会主义思想作为自己的行动指南。"

　　一个管理着全世界巨大人口规模、这个星球上有巨大影响力的执政党，缘何在指导思想的旗帜上写上的第一个人名是马克思？马克思可是个外国人，那为什么我们不首先写上某个中国人的名字，比如孔孟老庄、秦皇汉武？或者写上某个以中国人的名字命名的主义，比如孔孟之道、黄老之学、程朱理学、阳明心学？

　　要知道，我们泱泱中华，上下五千年，物华天宝，人杰地灵。

　　为何偏偏是马克思？

　　马克思主义到底意味着什么？

　　也许在我们人生的前二十年里已经无数次接触过马克思主义，可惜，很多人并没有产生兴趣，很多人并没有建立感情，很多人也并不是真正了解。

　　那么，今天，我们重新走近马克思。因为只有走近马克思，才能真正走进马克思。

# 第一节　最熟悉的陌生人
## ——马克思的印象与简历

### 一、印　象

"今天再谈马克思"，当敲下这句话时，脑海中首先浮现的竟然是考试前夕很多同学在"朋友圈"大量转发的那些表情包。

最早被大量转发的是这样一幅图片：长须茂盛如雄狮般的马克思身着一套西式正装，目光如炬、表情坚毅，亮点是右手伸出两指，摆出"胜利"姿态。有意思的是，这幅图片被很多马克思主义学院的研究生设置为微信个人头像……三个字："你赢（hen）了（er）"。

如果说上面这幅图片还中规中矩、三观端正的话，那么接下来的两幅就把马克思爷爷给玩坏了：一幅是马克思恩格斯两人，一前一后，恩格斯站在马克思身后，马克思坐在恩格斯身前，恩格斯双眉紧锁，表情困惑，脱口而出："你在写什么？"一旁的马克思目不斜视、奋笔疾书："管他呢，写了又不是我背。"

另一幅则是马克思正气凛然，颇具领袖风范，其右臂伸展，指点江山，激扬文字，配字如下："你们尽管背，考到了算我输！"……

有图有真相。平心而论，可以理解为，这些表情包实际上是寄托着大家复习备考时的悲壮心情，是充满创意的作品，其不仅充满了后现代主义的写实风格，甚至打脸了诸如"中国的大学为什么培养不出杰出人才""中国的大学生为什么没有创造力"这样的"伪"命题。

可是，我们这么"作"可否考虑过马克思的感受？炸开脑洞认真想想看，假如马克思老人家如幽灵般突然活过来，见诸此情此景，老爷爷会有何表情、作何感想？开心、欣慰？淡漠、无视？抑或震惊、不解？困惑、想不开？

老人家的想法不好猜，因为历史没有如果，过去不能重来。

但有一点是确凿无疑的，那就是在趣味性上，这些以马克思为主题的表情包和图片值得我们讲党课的老师好好学习。

然而，我们今天谈论马克思，仅仅好玩就足够了吗？

显然不行。

纯粹的好玩只会有意思而不会有意义，就像歌词里写的：还剩下些什么？……

好玩到最后，注定只剩下一地鸡毛，而最终走向"娱乐至死"的虚妄境地。

在娱乐至上的年代里，讲党课的老师一方面得学会用更好玩来击败好玩。但更为重要的，是要用会玩来战胜好玩。因为真正经得起历史考验的趣味性，很重要的一点是专业性。

对待马克思，更是如此。

这些表情包和图片之所以流行的深层次原因，一是与大众文化有关，别忘了，从 20 世纪末周星驰电影的风靡开始，我们的社会就流行解构权威，我们的年轻人就好这一口：颠覆神圣。二是与网络社会有关，多媒体、新媒体和自媒体技术的发展，为颠覆神圣和解构权威奠定了技术基础，马克思只是恰好其中一例而已。三是因为不懂，所以恶搞。事实上，网络空间的表情包和图片，大都是碎片化的东西，感性爆棚而理性不足，碎片化成习惯，留下了一片狼藉。一句话，很多人生活在柏拉图所说的洞穴假象中，没弄明白经典，只好恶搞经典。

而严肃崇高的经典，纵使不好玩，但经典终究是经典。

值得深思的是，为何很多同学愿意花那么多时间去制作或转发这些表情包，而不愿意把更多的时间和精力用到复习备考马克思主义基本原理上呢？

一定是哪里出了问题。

## 二、简　历

谈到马克思留给我们的印象，有一首歌形容得非常贴切。

那就是，萧亚轩的歌曲，《最熟悉的陌生人》。

不是吗？

我们从小学、中学一直读到大学，身边一直都有马克思。但是很多时候，我们学的只是马克思的表层，不包括他的内里；看到的只是马克思的躯壳，不包括他的灵魂；读到的只是马克思的教条，不包括他的精神。

所以，他是我们最熟悉的陌生人。

中华人民共和国宪法明文规定，"中国各族人民将继续在中国共产党领导下，在马克思列宁主义、毛泽东思想、邓小平理论、"三个代表"重要思想、科学发展观、习近平新时代中国特色社会主义思想指引下……"

令人遗憾的是，在将马克思的名字写入宪法的国度里，很多大学图书馆和城市书店里摆满的马克思主义相关书籍，往往却是覆盖尘土最厚的。

图书索引号为 A 的书，咋就这么不受人待见呢？

可以想象好多同学去图书馆的情景：与马克思相关的书架在这边，很多人隔着十几米从另一边绕过去了。

你的世界我永远不懂……

我允许你走入我的世界，但不允许你在我的世界里走来走去。

水至清则无鱼，理至明则无徒？

或者说，马克思就该这么神秘，那么多人都去读马克思、马克思被大多数人理解了，马克思也就不是马克思了？

事实上，很多时候，我们自以为了解的马克思，并不是真正的马克思，很可能是一个被误读的马克思。

那些所谓流行的马克思表情包和搞笑图片，是假的马克思。

真正的马克思到底是怎样的？他是谁？他从哪里来？他又要到哪里去？

**一是生平**。从数字迷信的语言视角出发，马克思出生在一个无比吉利的年份：1818 年。

这一年，是大清嘉庆二十三年；按照大天朝天干地支纪年法，是戊寅年。所以说，马克思是属虎的。

他的生日是 5 月 5 日，所以星座是金牛座。

如果你还想知道更多八卦，马克思的血型是 O 型血。

在座的哪位同学同时符合属虎、金牛座和 O 型血的身份特征呢……

那要恭喜你，你已经具备了成为马克思的……八卦特征。

看看马克思跟哪些牛人同龄吧。

1818 年 2 月 26 日，中国化学家徐寿出生；7 月 30 日，《呼啸山庄》作者、英国小说家艾米丽·勃朗特出生；11 月和 12 月，俄国现实主义作家屠格涅夫和英国物理学家焦耳又相继出生。伊利诺伊州在这年底还正式成为美国的第 21 个州。

但所有上述这些历史人物和事件都不及这年 5 月 5 日来得光辉绚丽，因为在这一天，卡尔·海因里希·马克思出生了。

历史在不经意之间埋下伏笔，在整整 101 年后的 1919 年，马克思诞辰日的前一天，发生了改变中国历史进程的五四运动。

又一个百年后，也是在马克思诞辰日的前一天，2018 年 5 月 4 日，纪念马克思诞辰 200 周年大会在北京人民大会堂隆重举行。习近平总书记在大会上发表重要讲话。

时光无言，山河为证；伟人虽逝，精神长存。

**二是籍贯。** 如果马克思要填学籍表格的话，他的籍贯该怎么填？

大中小学的历史和政治课本都清一色地告诉我们，马克思的故乡是德意志联邦普鲁士王国的莱茵省小镇特里尔。

正确的填法似乎应该是，姓名：卡尔·马克思；性别：男；国籍：德国；籍贯：莱茵特里尔。

可是，事实果真如此吗？

真实的情况是，马克思小朋友出生的时候，还没有德国这个国家呢。要知道，铁血首相俾斯麦成功统一德意志帝国是在 1871 年，那个时候，马克思都已经 53 岁了。他那时人在英国，是伦敦"受诽谤最多、受威胁最大的人"，是公开支持巴黎公社运动的"国际工人运动"大 boss（老板）。

那么，马克思是普鲁士人吗？籍贯要填普鲁士？这样也不妥。原因很简单，如今普鲁士这个国家早就不存在了；二战结束后，甚至连德国的普鲁士省也被取消了。

考证马克思出生的家乡特里尔，在公元 293 年成为罗马帝国的西部首都，但在随后的 1500 年里逐渐衰败，直到 1794 年拿破仑的军队开到这里，才开始轰轰烈烈的共和革命。1797 年，特里尔作为莱茵联邦的一部分，正式并入了法兰西共和国。

所以说，就像卢梭不是法国人而实际上是日内瓦人一样，马克思原本是法国人，而不是普鲁士人。

当然，也不能就此判定课本上讲的马克思籍贯都是错误的，因为按照特里尔现在的归属国来说，他确实是德国人。

不过，马克思本人好像不太在乎自己的国籍，因为不久之后，他在很长一段时间内，实际上变成了一个无国籍人士。

好男儿志在四方。

马克思四海为家。

所以说，马克思也是一个江湖人士。

## 第二节　伟大也要有人懂
### ——马克思的青春与志向

### 一、出　身

国人都讲出身，过去说"龙生龙、凤生凤、老鼠生儿会打洞"，说得跟真的一样。现在有些流行词也在拼出身：官二代、富二代、星二代……

用一个不太健康的流行词概括，叫作"拼爹"。

如果命运不怎么幸运，没给我们安排一个好爹。我们也有这么一句话勉励自己：没有伞的孩子要努力奔跑。

好爹就是一把好伞。

但是大家有没有想过这么一种情形，一个人明明有把好伞，还跑得比你这个没伞的快，那么，将会是一番什么样的情形？

那别人还给你追赶的机会吗？

如果早年的马克思也"拼爹"的话，他还真有资本。他爹是一名律师，而且是一位具有文青特质的开明律师，爱好古典文学和哲学，能熟练背诵伏尔泰和卢梭的政治观点。

再往上"拼爷爷"的话也有条件，他爷爷也是一名律师。所以我们课本上说，马克思出身于一个律师世家。

一直以来，西方国家收入最高的两个职业：一是牙医，二是律师。一代表西方人爱吃，肯定都清楚保护好牙齿的重要性；二代表西方讲究法治精神，发生冲突时，讲理讲法，所以律师地位高。

马克思的家境如何，由比可见一斑。

从血统论来看，马克思的血液里流淌着犹太人的基因。在犹太人的方言中，才财兼备的家庭叫犹太拉比，不光要有钱，更重要的是要很有教养、充满智慧的光芒。

类似于中国有钱人的书香门第、文明家庭。

中国老话说，富不过三代。但马克思的族谱里有五代是犹太拉比。你甚至可以说，马克思家的祖宗几乎代代都是犹太拉比。这还没完，马克思要"拼妈"也同样有的拼，他的母亲是荷兰裔，名叫罕莉娅，上溯很多代，也都算欧洲大拉比。

就连后来成为马克思岳父的路德维希·冯·威斯特华伦，也能熟练地背诵《荷马史诗》中的许多篇章和莎士比亚的一些剧本，且善于把自己这方面的爱好传播给他喜欢的少年马克思。

这还没完。

马克思家族里有一件事跟我们很多人还有关系。很多人都用过一家世界五百强公司的产品，它叫飞利浦，无论是飞利浦的剃须刀，抑或洗衣机，性能还是不错的（这算是硬广告）。但几乎没有人知道，这家公司的创始人，就来自马克思家族。确切地讲，它来自马克思的姨妈，名叫索菲亚。索菲亚留在了荷兰，她嫁给了荷兰巨商利奥·菲利普，索菲亚姨妈和这位利奥·菲利普先生，就是飞利浦公司的创始人。

马克思的表兄弟叫奥古斯特·菲利普，他是飞利浦公司的第二代传人，飞利浦公司正是在他的子孙们手里真正站起来的。

有些词被用滥了，例如贵族、精英、高富帅。

假如世界上果真有这些词汇，还能用到一个人身上，那马克思算是真正意义上的贵族、精英、高富帅。

就是这样一个出身的人，最终不但走上了革命的道路，而且成了革命的导师。

奇怪吗？不奇怪。

一个高尚的、纯粹的、脱离了低级趣味的伟大革命者，往往不是因为"仇富"，恰恰因为自己出身高贵。

更重要的是，他看穿了财富，参透了高贵，厌倦了高高在上。

他要搞点大事情。

## 二、志　向

伟大也要有人懂。

马克思并不是脱离尘世的人，他也有过青春。

作为青少年的马克思，也曾跟我们大多数人的青春一样意气风发，也曾深刻地考虑过自己的未来。

他也考虑过自己的就业问题。

1835 年，17 岁的马克思中学毕业，那年他写了一篇题为《青年在选择职业时的考虑》的毕业论文。

令人由衷惊讶的是，作为青少年的马克思，竟然在文中深刻阐述了今天看来只有中年、中老年抑或老年人才会去思考的哲理性关键词："高尚""劳动""安静""尊严""幸福"……

我们读大学，总有一天也会毕业，总有一天也要面临择业。大家都要考虑自己的前途。有的同学希望成为艺术家、科学家或作家，献身文艺和学术事业；有的同学打算当医生或教师，梦想成为人类身体或灵魂的工程师；而有的同学则羡慕资产者的豪华生活，把舒适享乐作为自己的理想。人各有志，无可厚非，毕竟条条大路通罗马……

而马克思与其他同学的想法不同，他没有考虑选择哪种具体职业，而是把这个问题上升到对世界的认识、对社会的认知以及对人生的态度上加以考虑和回答。

在毕业论文中，马克思同学写道：

> 人与动物不同，动物完全依赖自然的生活条件，只能在自然提供的一定范围内活动，而人却能掌握自己的命运，有选择的自由。这正是人比动物优越的地方。但是，如果认为生活在社会中的人们能够不受任何限制，随心所欲地自由选择职业，那就完全错了。人们在选择职业时，正如人们在社会上的其他活动一样，并不是完全取决于自己的希望和志愿，而要受到自己所处的社会地位和社会中的关系的限制。

马克思同学认为，选择职业是一个关乎个人生活目的和生活道路的重大问题。所以不应该被一时的兴趣、渺小的激情、个人的虚荣心所左右，而必须采取严肃的态度。

通过马克思的论文我们可以看到，如果仅从利己主义原则出发，只考虑如何满足个人欲望，诚然也有可能成为出色的诗人、聪明的学者、显赫一时的哲学家，或者按照今天的标准成为有名的医生、有权的管理者和有钱的企业家；但是，他绝不能成为伟大的人物，也不能得到真正的幸福。因为，他的事业是渺小的，他的幸福是自私的。

在这篇意在立志的作文末段，志比天高的马克思同学最后慷慨激昂地写道：

> 如果我们选择了最能为人类福利而劳动的职业，那么，重担就不能把我们压倒，因为这是为大家而献身；那时我们所感到的就不是可怜的、有限的、自私的乐趣，我们的幸福将属于千百万人，我们的事业将默默地、但是永恒发挥作用地存在下去，而面对我们的骨灰，高尚的人们将洒下热泪。

很难想象，一个从小没有长在红旗下、长大也没有接受红色教育的特里尔中学毕业生，只有十几岁的马克思同学竟能立下这样一番志向。

要想了解马克思、进而读懂马克思，最好的办法是从马克思的年少时光、与自己年龄相仿的作品入手，去了解他跟我们差不多大时的所思所想所言所行。

而这篇中学毕业论文的写作时间，甚至比我们大多数同学的年龄还要小。

读一篇文章，能够有一句话，在某一瞬间，触动人的内心最深处、最柔软的地方，足矣。

这句话，可以当作我们的 QQ 签名，或者微信签名。

> 面对我们的骨灰，高尚的人们将洒下热泪。

大多数凡人想到的不过是今生今世、眼前苟且，而少年马克思的笔下，分分钟想到的都是生生世世、诗和远方。

为人类服务，这是少年时代马克思同学就已确立的崇高理想。从口到手只有几尺，从说到做却有万丈，喊破嗓子不如甩开膀子。更重要的是，在以后漫长的人生岁月中，马克思都矢志不渝地忠实于少年时代的誓言。

纵使海枯石烂，天荒地老。

纵使沧海桑田，物是人非。

他都一往无前，始终不曾改变。

## 三、三　观

因为所以，科学道理。

毛主席教导我们：世上决没有无缘无故的爱，也没有无缘无故的恨。

凡事，有其果，必有其因。

马克思为什么在少不更事时便立下滔天志向，且终生不渝？马克思凭什么胸怀大爱、心系苍生、悬"笔"济世？作为伟大导师的马克思何以能够成为一个符号、标签和图腾，将自己名字命名的主义刻在千千万万无产阶级的斗争旗帜上？马克思到底是何等人物？

马克思老人家的历史唯物主义告诉我们，社会存在决定社会意识，社会意识反作用于社会存在。二者相互矛盾，又相互统一。所以，回答上述问题，就要从马克思所生长的那个时代说起，看看他在人生的关键节点上是如何选择的。

23岁时，才华横溢的马克思通过匿名答辩获得博士学位，他的博士论文题为《德谟克利特的自然哲学和伊壁鸠鲁的自然哲学的差别》。这篇论文讨论的是关于希腊自然哲学的原子论问题。而该论文的学术深度，连今天的一些教授都不一定能读懂。

按照普鲁士当时的学制，马克思是大学毕业后就直接递交了博士学位论文。

马克思的大学生活丰富多彩，先在波恩大学读法学，后来转到柏林大学读哲学，最后拿到的却是耶拿大学的博士学位。

17岁上大学，18岁转学，19岁休养，20岁深造，21岁开题，不到

23 岁先后拿到大学毕业证和博士学位。按照今天的标准，马克思算得上是早慧的天才少年了。

25 岁时，马克思娶了一位特里尔政府枢密官风华绝代的女儿为妻，她就是出身富贵、兼具颜值与内涵的"特里尔舞会皇后"燕妮。从此开始了与马克思"同苦共苦"（按照今天世俗的标准，几乎没有"甘"）的人生岁月。

那时，马克思选择了他最喜欢也能够将其所长发挥得淋漓尽致的工作——自由撰稿人，事实上，他当时是《莱茵报》实际上的主编。

试想，金榜题名、洞房花烛、激扬文字……

人生得意，夫复何求？

按照世俗的观点，想象一下这样的人生，朋友圈几乎都是达官贵人；在他眼前，灿烂的个人前程如平坦的大路一般展开。未来，为年轻的马克思同志而来。沿着这条平坦的大路，卡尔·海因里希·马克思博士，按理说不应该成为全世界无产阶级和劳动人民的伟大导师，而原本应该成为"马克思爵士""马克思部长""马克思行长"——最不济也会成为"马克思教授"。

因为，他看起来就是人生赢家。

然而，从那时起，马克思仿佛是预谋已久地轻易抛弃了他应得的荣华富贵，从此开始了 40 年的流离失所、40 年的笔耕不辍、40 年的革命斗争。等待他的是一贫如洗、儿女夭殇，昔日家产万贯的富家子弟沦为了求乞者，风华绝代的贵族小姐跟着他尝尽苦楚，甚至为了一口面包不得不反复典当祖母的婚戒，原本可以享受优渥生活的儿女，六个中有三个被活活饿死，连丧葬费都是借来的……

究竟发生了什么？

东野圭吾在《白夜行》里说：这世上有两样东西不可直视，一是太阳，二是人心。

这里的人心，说到底是人内心的想法。

我最自豪的事情，就是成为自己小时候所梦想成为的样子。

这是很多人在实现人生理想后的"获奖感言"，听起来的确励志且振奋人心。

可关键的是，一般人真的不能理解马克思内心的想法。

因为马克思的人生从来不按照套路出牌。

常识、经验和理性似乎很难解释马克思的命运，更不能解释马克思仿佛是自讨苦吃的选择，唯一能解释这一切的，也许是他在博士论文中令人震惊的发现：知识不是来自经验，也不是来自理性，因为知识，就来自凝视他人的目光，倾听他人的呼吁，并立志为他人做些什么。

然而，深入探究，就会发现，马克思人生价值观的转变来自他自身世界观的认识。追根溯源，三观之中，世界观为本，世界观决定人生观，并进而决定价值观。

如果说马克思在中学时树立起的"选择为人类最伟大事业服务"只是基于他朴素的愿望（感性的、浪漫的，甚至是唯心的），那么他在大学后放弃家业和优渥生活，以至于后来穷困潦倒，选择为人类幸福而奋斗，则是基于他对世界、对人类社会的科学认识和把握（理性的、现实的、唯物的）。从主观唯心到辩证唯物体现在他后来一系列的批判，包括批判青年黑格尔学派、批判费尔巴哈，等等，也包括他从革命民主到共产主义、从异化理论到阶级斗争的一系列思想变化。

个人发展、加官晋爵、锦衣玉食之事，皆浮云耳。

从个人的功利得失而言，马克思25岁后的人生注定都是失败的；从家庭的幸福安康而言，马克思不是一个合格的儿子，更称不上一名称职的丈夫和孩子们可以从物质上依靠的父亲。

然而，伟大之人的志向从来都不囿于一人之利和一家之事。事实上马克思从来就不是一个"家事国事天下事，事事都关心"的人。

他所关注的，似乎从来只有天下事。

还有一点，那就是鱼与熊掌不可兼得。历史上的伟大人物，思想上富有至爆表者，却常常是以生活上贫苦潦倒为代价的。正如孔子的思想泽被万代，现实中却也是"累累若丧家之犬"。

马克思也将这一点诠释得淋漓尽致。

他极其贫穷，却也极其富有。

# 第三节　人生难得一知己

## ——马克思的挚友与圈子

接下来，我们来聊聊马克思的圈子。

设想一下，马克思活着时，也玩微信的话，他的朋友圈会是怎样的呢？

他的微信好友你首先会想到谁？

恩格斯……

除了恩格斯，还能不能再多想几个……

卢格、魏德迈、鲍威尔、海涅、李卜克内西……

当然，还有一个风华绝代的女人，燕妮……

不过，顶级的、置顶的星标好友，一定是恩格斯。

马克思和恩格斯之间是什么关系呢？

好基友……

王小波说，人之大忌在推己及人。

诸位，不要推己及人好吗？

别忘了我们课本是怎么描绘他们之间伟大友情的：同志般的伟大友谊……

用列宁的一句话来形容他们之间的友谊，那就是马克思和恩格斯之间的友谊，已然超越了古往今来所有关于友谊的传说。

如果你老觉得用"同志"这个词来形容马恩关系有点不妥，那我们用俄文的"同志"来描述吧，回到革命的起源、同志的故土，这样应该没问题了吧，而且会显得高大上一些。

同志一词的俄文是这么说的，**товарищ**

知道你也看不懂，汉语发音是：哒哇力是一（"是一"连读）

……假如马克思在朋友圈发一篇文章（他发的文章，那绝对是原创，不会转发，因为转发的文章都没有马克思自己写得好），那么第一个点赞的人，一定是恩格斯。

恩格斯堪称是马克思的铁粉。

那么，他俩是怎么认识的呢？

他俩相识于 1842 年。其时，马克思 24 岁，恩格斯 22 岁。

正是风华正茂、粪土当年万户侯的年纪。

那两人是不是一见如故、一见倾心、一见钟情呢？

非也。

革命的旅程往往充满坎坷、挫折和迂回。

革命友谊也不例外。

如同所有武侠小说里所描绘的场景一样，两人也是不打不相识。

其时，马克思身无分文、穷困潦倒，标准的月光族一枚；而恩格斯呢，是比马克思早年有过之而无不及的富家子弟。如果马克思只能算是富有的中产阶级家庭出身的话，那么恩格斯就是典型的富二代，其家族祖祖辈辈都是富有的大工业者家庭，曾祖父的那个年代，就开了一个名字听起来很浪漫、名曰"花边厂"的工厂，并且获得了象征着他们家族地位的盾形徽章。到了恩格斯祖父这一辈，纺织工厂规模越做越大，父辈们都寄望恩格斯继承家业，成为一代商业传奇。

然而，恩格斯有自己的想法。

早在柏林当兵时，恩格斯就给马克思主编的《莱茵报》投过稿。有次，22岁的小伙恩格斯路过《莱茵报》，还进去跟24岁的小伙伴马克思坐了坐，但这次两人互相都没留下啥好印象。

马克思有点瞧不上恩格斯。

瞧不上，不是一般人想的仇富、仇官，痛恨富二代。

而是思想、立场和三观上的。

因为那时，恩格斯是属于一个叫作"自由人团体"文艺青年圈子的成员，而马克思有点看不上这个团体，所以在当时马克思对恩格斯是有偏见的。

脑补一下吧，这个名曰"自由人团体"的圈子，其实就是以前的"青年黑格尔派"。好玩的是，年轻时的马克思也曾加入过，还一度成为这个团体的意见领袖。

只不过，后来马克思的思想境界提升了，逐渐从主观唯心走向了辩证唯物，因而脱离了这个圈子，这个圈子没有马克思以后也就慢慢沉沦下去了。

那么，自马克思离开后，"自由人团体"堕落到什么地步呢？

几乎可以说，走向了极端愤青的地步。

我们知道，早年青年黑格尔派信奉的是唯心主义学说，同时个个还都是无神论者。

讲到这里有些同学可能不明白了，唯心主义者不是主张有神论吗？怎么是无神论者，老师你讲错了吧……

非也……

唯心主义分成主观唯心主义和客观唯心主义。主观唯心主义实际上是主张无神的。诸如心外无物、我思故我在、不是风动不是幡动而是仁者心动、形存则神存而形灭则神灭、有条件要上没有条件也要上，等等。总之，就是人定胜天。

客观唯心主义才是有神论者，比如生死由命富贵在天、人类一思考上帝就发笑，之类。

好了，青年黑格尔派，也就是后来恩格斯参加的"自由人团体"组织，自由到什么地步呢，就是碰到一个神父，居然上去就把人家胖揍一顿。

打个比方，无神论者的主观唯心主义，看见了有神论者的客观唯心主义，政见不同，一言不合就动武。那个恨啊，好似只有上去 KO（击打）一顿，才心境开阔，才能彰显自己哲学观点的无比优越性。

虽然也是错的，但错误，也要摆出一副理直气壮的正确姿态。

道不同，不相为谋。

马克思会觉得，您恩格斯现在玩的这一套，哥早就玩过，现在看透了。

所以说，马克思一开始不怎么待见恩格斯，也就不足为奇了。

那么，后来马克思和恩格斯是怎么走到一起的呢？

这就不得不提到巴黎一家非常有名的咖啡馆，叫作普罗可甫咖啡馆。这家咖啡馆的历史，要追溯到三百多年前。

自从 1686 年这家咖啡馆开张以来，17、18 世纪几乎所有的各界名流都云集在这里喝过咖啡。

这家咖啡馆的铁杆粉丝拉出来，足以组成绝对的全明星阵容，诸如思想家卢梭、伏尔泰，文学家雨果、巴尔扎克、海明威，甚至连军事家拿破仑都跑去秀一把，而且去的时候居然没带钱，还把自己的军帽押了，赊了个账喝杯咖啡。

咖啡馆的正门一侧橱窗里，摆放着这家店的"镇店之宝"——拿破仑那顶标志性的帽子。

1844 年，马克思和恩格斯正是在这家咖啡馆里相识相知的。

以前，马克思不怎么待见恩格斯，因为两人的理论水平不是在一个 level（水平）上的，所以两个人玩不到一块儿。

这次见面，才短短两年，恩格斯的理论水平突飞猛进，已经大大接近马克思了。

其实，在没遇到马克思之前，恩格斯在思想萌芽上也走向了辩证唯物和共产主义，这是他们后来英雄所见略同的基础，只不过两人没有谈到一起去。

知己呀……

这次，两人一谈就是十天。

十天。想想那画面有多美吧……

这是怎样的志同道合。

而事实上，咖啡馆事件只是一个偶然因素。

马克思主义教导我们，历史发展是必然与偶然的奇异结合。

马恩相识相知，必然因素就在于他们对历史和社会发展规律的认识趋于一致，说到底，他们在思想上基本达成共识，开始着手对过去的黑格尔唯心主义哲学和费尔巴哈人本主义哲学进行全面清算。一年以后，两人合作的第一部作品《神圣家族》出炉，批判了青年黑格尔派主观唯心主义，并初步论述了历史唯物主义的思想。又一年后，两人合写的《德意志意识形态》问世，它第一次系统地阐述了历史唯物主义的基本原理，如社会存在决定社会意识、生产力在社会生活中起决定作用、生产关系必须适合生产力的发展等，标志着马克思主义哲学的成熟。

综上所述，马克思和恩格斯属于慢热型的，一见不合，二见倾心，再见从此难舍难分。

这就是：一次冷，终生热；道相同，所以谋；相看两不厌，唯有恩格斯。

从此成就史上最伟大也最拉风的 CP（组合），没有之一。之后两人的友谊，用传奇这个词就一点不为过了。

我们通过读书，了解到的大都是恩格斯怎么倾囊相助去帮马克思解决经济困难。

是不是可以这样形容，恩格斯是潜伏者，潜伏在资本主义社会腐朽企业的内部，披着万恶资本家的狼皮，通过帮父亲工厂打理生意赚取利润来资助马克思从事革命事业。

印象中，恩格斯就是马克思追求政治思想道路上的"清道夫"。马克思赊账，恩格斯付费。国产谍战片《潜伏》的德国版。

而实际上，帮助不是单方面的，两人是互帮互助。恩格斯有难，马克思同样付费。

有次恩格斯"犯了事"，急急忙忙跑到瑞士去流亡，走的时候太急，盘缠都没带，连吃饭的钱都没有了。马克思知晓后，把家里的钱财归拢归拢，一毛不留地给恩格斯寄了过去。

毫不吝惜，专门利"恩"。真正的君子之交！

当然，除了生活，马克思和恩格斯之间互帮互助、相互扶持更重要的是在事业上。

在个人特质上，马克思如同一名张扬洒脱的文科男，恩格斯好比一个低调内敛的理工男。马克思文思如泉涌，恩格斯严谨而克制。

如同鲍叔牙之于管仲、周恩来之于毛泽东，恩格斯说："我永远都是第二大提琴手。"

马克思去世时，《资本论》只出版了第一卷，剩下的都是些潦草的笔记和手稿。马克思的笔迹堪比草书，除了燕妮和恩格斯，没人读得懂。

这时候，恩格斯的余生数年如一日，做出了一件惊人的事情。

在比马克思多活的 12 年中（马克思 1883 年去世，恩格斯 1895 年去世），恩格斯用了 11 年就只干了一件事，那就是在年过六旬的年龄，放弃自己的写作，帮马克思整理《资本论》后两卷书稿。

而且，在著作的署名上他没有留下自己的名字，署上的都是马克思的名字。

有人问他为什么这么做？

恩格斯回答说，我乐意！后面这句话感人至极——恩格斯说，通过整理马克思的著作，我终于又可以跟我的老朋友在一起了。

列宁一语中的地评价道：恩格斯"替他的天才朋友建立了一座庄严宏伟的纪念碑，无意中也把自己的名字不可磨灭地铭刻在上面了"。

所以说，马克思和恩格斯这两个伟人的感情真的不是一般意义上的友谊可以比拟的。

人生得一知己，死亦何惧。

## 第四节　永远不做 out man
### ——马克思的想法与做法

### 一、主　义

党的二十大报告指出："实践告诉我们，中国共产党为什么能，中国特色社会主义为什么好，归根到底是马克思主义行，是中国化时代化的马克思主义行。"

虽然马克思逝去了，但是马克思主义不死。

大家有没有过这样的经历，身着华丽的衣服出席同学聚会或者生日 party（聚会），感受到的只是一群人的孤独；曾经亲密的恋人、朋友和知己，天各一方后仿佛两人之间筑起了高高的藩篱；即使是亲近如生身父母的家人，也总有难以启齿的时刻……

这种"变得陌生的感觉"在哲学上被称为"异化"，英语中有 beside oneself 的表达，即就像是自己脱离了身体站在一旁的状态，我从自我中离开，如同"肉体脱离"，在我之外像别人一样观察自己的感受；其德语叫作 Entfremdung，字面意思是指"使疏远"和"陌生化"，这就是一种异化。

无论是谁，身在何处，去往何方，我们都会在生活的各种层面感受到异化，并且为了克服异化，付出各种努力。

黑格尔哲学左派的代表人物费尔巴哈，其研究的问题便是"人的异化"，青年马克思受到了费尔巴哈的影响，进一步发展了费尔巴哈对黑格尔唯心主义的批判。马克思在 19 世纪 40 年代写出了《关于费尔巴哈的提纲》，第六条命题如下：

费尔巴哈把宗教的本质归结于人的本质。但是，人的本质不
是单个人所固有的抽象物，在其现实性上，它是一切社会关系的
总和。

在这里，马克思强调的是，人的本质并非游离在世界之外的独立存
在，事实上人类的本质是人类社会关系的总和。换句话说，我是某人的儿
子，是某人的父亲，也同时是某人的丈夫。在课堂上授课时我是教师，发
表论文或进行课题研究时又是学者，同时我是很多人的同学、朋友、长辈
或晚辈。所谓的"我"之存在，看起来似乎是"精神分裂"的，但实则是
由上述各种社会关系综合起来定义的。

这可以更好地帮助我们理解生命各个局面遇到的快乐悲喜，以及那些
细微而混乱的生活纹理。

然而，这样的理解只是开始，此后马克思又进一步在《1844 年经济
学哲学手稿》中强调了人类是"类存在物"的事实，并从这一命题开始，
深刻阐述了劳动带来异化，异化的人们又使其他人异化，最终使人类整
体，或者说是人类的本质都接受了异化的命运。

异化劳动使人自己的身体、同样使在他之外的自然界，使他
的精神本质，他的人的本质同人相异化。人同自己的劳动产品、
自己的生命活动、自己的类本质相异化的直接结果就是人同人相
异化。当人同自身相对立的时候，他也同他人相对立。

——《1844 年经济学哲学手稿》

看看卓别林的《摩登时代》，便知这"异化"到了何种疯狂的地步。
这部喜剧影片创制于 20 世纪 30 年代的美国，正值经济大萧条时期，大量
工人失业、家庭破散、妇女儿童挨饿、犯罪率升高……那是美国在进入资
本主义经济时代后经历的第一个经济危机，今天用马克思的观点来看，这

是资本主义发展的规律，像是个正在成长的幼儿，每隔一段时间闹一场病，一病全身都要修理一下，而且还到处传染，搞得各地的娃一起跟着遭殃。影片中的那群工人与流浪汉，好似大机器身上的一颗颗螺丝钉，已经失去了作为人存在的独立性，而逐步沦为异化劳动的牺牲品，按照马克思的说法，他们不断地同自己生产的产品相异化、同生产的过程相异化。

这令人想起了同学们转发的一些微信语录，什么"何以解忧，唯有暴富""是你多么温馨的目光，教我坚毅望着前路……"（配图是毛泽东一百元面值上的"温馨"目光）

当然，同学们的"恶搞"有戏谑和自黑成分，比如上面所述的后面还有一句"何以暴富，唯有做梦"……然而，反思今日中国社会出现的转型问题，功利化倾向却是不折不扣的大问题，有人感叹现代人已由过去的"为人民服务"转变为"为人民币服务"，从"一切向前看"堕落为"一切向钱看"，还有些年轻的姑娘在择偶时要求"有车有房、父母双亡""宁肯坐在宝马车里哭，也不愿坐在单车后面笑"……

所以说，当人与人之间的关系都依赖于物，通过物连接起一个社会的网，当这个物质消失时，关系也就随之断开了。而人与人的情感碰撞哪里去了？思想交流哪里去了？人人生存在属于自己的铁屋子中，渴望有人走进屋子，却又将偶然闯进屋子里的人驱逐出去。

前事不忘，后事之师。历史和实践一直都在证明：马克思是对的，马克思主义是科学的真理。

事实上，马克思主义是一个系统的、严密的整体性的科学理论体系，从马克思主义哲学，到马克思主义政治经济学，再到科学社会主义理论。这一理论体系，仿佛一个金字塔：哲学位于塔的底部，构成理论基础；政治经济学位于塔中，构成理论中坚；科学社会主义位于塔尖，构成理论归宿。

这一理论体系基本反映了马克思从早年到中年、再到晚年的思想历程，而且其层层铺垫、步步推进，最终形成的是一个严丝合缝的科学理论体系。

更重要的是，这一科学理论体系是不断发展的，不是静态而是动态的，用一个严肃点的术语表示，叫作"与时俱进"。

在这一科学理论的指引下，巴黎公社的无产阶级运动初试啼声，苏联创建了人类历史上第一个社会主义国家，二战后以马克思主义思想为指导的社会主义国家如雨后春笋般纷纷建立……

而这里面最重要的是，中国共产党领导的近现代革命历程，正是以马克思主义思想作为理论武器，通过了三次国内革命战争和抗日战争的艰巨考验，最终建立起社会主义中国，并一直发展至今。

试想一下，中国在近现代学习西方的历史，真的好似一部中国足球学习先进足球国家的历史。

基本的逻辑是，相当一段时间，看着谁好我们就学谁。所以某些时候我们一度失去方向，甚至走向邯郸学步的境地。

最早，我们搞洋务运动，是学习西方先进技术，中体西用，师夷长技以自强。结果，甲午中日战争蒙受奇耻大辱，我们输了个彻头彻尾，加深了中国半殖民地化程度，也直接导致了洋务运动的破产。

然后，我们搞戊戌变法，是学习日本，谁打败了我们，我们就拜谁为师傅。结果，百日维新只坚持了103天便以六君子的流血事件而告终，学习日本也不成。

再然后，我们搞辛亥革命，是学习美国，中山先生从美国归来，带来了美利坚政治制度的先进理念，立志共和。结果，革命果实被老辣的袁世凯窃取，民国虽然建立，但共和远未达成，学习美国又不成。

再再然后，我们搞新文化运动，是学习法国，也就是西方资本主义国家的启蒙运动。结果，巴黎和会的分赃消息传来，五四运动爆发，用李泽厚先生的话说，叫作救亡压倒了启蒙，学习法国还不成。

最后，我们在共产国际的帮助下成立中国共产党，是学习苏俄，毛主席宣告说，十月革命的一声炮响，给中国送来了马克思列宁主义。

所以说，我们有今天，追根溯源是学习苏联的结果。

但值得深思的是，当年我们学习的那个对象已经不在了。因为苏共已经亡党，苏联已经解体了。

令人感叹的是，苏共在有 20 万党员的时候发动了十月革命、建立了世界上第一个社会主义国家，在有 200 万党员的时候击退了德国侵略、打败了希特勒，却在有近 2000 万党员的时候亡党亡国、溃败解体。也就是说，苏共亡党、苏联崩塌时，近 2000 万苏共党员中竟没有一个人像七尺男儿一样站出来力挽狂澜……

为什么？

事实上，苏联解体，正是因为放弃了马克思主义思想的指导地位，这一原因深刻却也再简单不过。从赫鲁晓夫全盘否定斯大林，到戈尔巴乔夫的所谓"新思维"改革，苏共彻底放弃了马克思主义。

那么，大哥不在了，二弟接下来的路该怎么走？

今时今日，我们无比自豪和骄傲地看到，中国特色社会主义风景这边独好，我们为什么会屹立不倒、身处不败之地？也正是因为我们中国共产党人不但坚持了马克思主义思想，而且成功地将马克思主义理论不断中国化，从而使我们的马克思主义接地气、长灵气且不断与时俱进。

这也正是党的二十大报告中首提"两个行"的题中之义。

那么，马克思主义为什么要不断中国化呢？

讲一个故事吧……

有位很喜欢思考的同学曾经这样问：老师，马克思老人家都已经是一两百年前的历史人物了，他无从知晓当今时代的情况，他怎么指导我们呢？

举个简单的例子，马克思爷爷都没有坐过飞机……因为马克思在世时飞机还没有发明……

那凭什么他能够指导我呢？

我都坐过飞机……我来指导他还差不多。

同样的理由也可以说，毛泽东没用过电脑，邓小平没玩过手机，而我经常玩电脑、用手机，到底是谁指导谁呢？

怎么回答呢？

很简单，那就是马克思主义要不断与时俱进，也就是不断中国化。

马克思虽然没坐过飞机，毛泽东可坐过啊；毛泽东没见过电脑，邓小平可见过吧；邓小平没用过手机，那习近平总书记肯定会用吧。

当然，这里的马克思、毛泽东、邓小平和习近平，只是他们所处那个时代的一个代表人物，并非单指他们个人。

如同一个人看一件物品，比如桌子上的杯子，你固定在一个地方，注定只能窥视杯子的一面而无法看到另一面。说到底，每个人都有其时代局限性，这也是马克思主义基本原理所主张的看法和观点。

意思是说，我们的指导思想要不断地符合、贴近并能解释当下我们所处这个时代的最新情况和变化，所以也就在马克思主义中国化过程中产生了毛泽东思想、邓小平理论、"三个代表"重要思想、科学发展观以及习近平新时代中国特色社会主义思想等只有进行时而没有完成时的理论体系。

这是因为，马克思主义的基本原理是正确的、科学的、经得起历史与实践检验的。然而，时代、环境和条件无时无刻不在发展变化，这就需要我们根据时代、环境和条件的变化不断去理解马克思主义、发展马克思主义，并将马克思主义的基本原理同中国本土的传统、实际和未来发展相结合，促进理论与实践之间的互动交融。这一中国化的过程不单单是马克思主义思想的基本主张，而且本身也是马克思主义中国化的应有之义。说到底，马克思主义中国化，既是马克思主义的时代化，也是马克思主义的民族化。前者指的是时间上的，后者指的是空间上的。

## 二、意　味

那么，马克思以及马克思主义对我们青年人到底意味着什么？

这是一个十足庞杂且无比奥妙的问题，这里仅提炼三个有代表性的关键词：一是做事，二是批判，三是追求。

**先说做事。**

马克思说过：人们并不是像唯心主义所声称的那样"自己创造自己本身"，而是在生活和精神上"互相创造着"。

所谓"唯物主义"，其实是这样一种朴素的态度，即我们看一个人，不是看他学习有多好、颜值有多高、做了多大官、赚了多少钱、是否赢得了生前身后名。

马克思说：我们评价一个人，不是从"迄今为止人们总是为自己造出关于自己本身、关于自己是何物或应当成为何物的种种虚假观念"出发，不是"按照自己关于神、关于标准人等等观念来建立自己的关系"。

简而言之，我们评价一个人的唯一正确方法，其实就是看他是否肯做事、是否做了事，以及他究竟做成了什么事。

如果你有点听不懂上面说的，听听邓小平怎么说的吧。

1977 年，73 岁的邓小平第三次复出时（是为邓小平"三落三起"传奇政治生涯的第三起），说过这么一段话："我出来工作，可以有两种态度，一个是做官，一个是做点工作。我想，谁叫你当共产党人呢。既然当了，就不能够做官，不能够有私心杂念，不能够有别的选择。"

如果你还听不懂，再听听习近平总书记怎么说的吧：

> 空谈误国，实干兴邦。

> 撸起袖子加油干！

我们不仅要有梦想，关键还要有为了梦想而去奋斗的行动；我们不能做思想上的巨人、行动上的矮子；我们不能眼高手低、言行不一，我们不能只做键盘侠……

**再说批判。**

马克思批判的一生，自青年始，此后的余生他都本色不改、矢志不渝。

年少的马克思很早就在诗中宣称自己要"在与风浪搏斗中锻炼成长"，"面对着整个奸诈的世界，我会毫不留情地把战挑"。

他在 1837 年 11 月给父亲的信中又说："我看到的岩石并不比我的感情更倔强、更骄傲，广大的城市并不比我的血液更有生气，旅馆的饭食并不比我所抱的一连串幻想更丰富、更经得消化。"

大家看到这些，有没有想到毛泽东年轻时喊出的"自信人生二百年，会当水击三千里"，还有"恰同学少年，风华正茂；书生意气，挥斥方遒。指点江山，激扬文字，粪土当年万户侯"……

人不奋进枉少年。

同学们，我们今天还有这样的豪气和干劲吗？

请问，大家还有哪位同学觉得我们广大的城市还不如自己的血液更有生气，学校饭堂的食物还不如自己的幻想更经得起消化？请举手！

……

诗为心声。青年时代的马克思，在一首叫作《感想》的诗篇中曾经这样写道：

> 在不可遏制的运动中
>
> 太空
>
> 把一切吞并
>
> 而从毁灭的废墟里一个"新世界"正蓬勃诞生
>
> 好吧，现在就让我们踏上
>
> 艰苦而漫长的征程
>
> 为了让别人享受到
>
> 远离战斗呐喊的欢欣
>
> 我的命运
>
> 就是投入斗争。

马克思批判了许多人。他不但批判了自己早年的思想偶像黑格尔，批判了鲍威尔和他的伙伴，还批判了费尔巴哈。他鲜明地指出："批判的武器当然不能代替武器的批判，物质力量只能用物质力量来摧毁；但是理论一经掌握群众，也会变成物质力量。理论只要说服人，就能掌握群众；而理论只要彻底，就能说服人。所谓彻底，就是抓住事物的根本。"

"批判"意指理论，而"武器"则意味着现实，批判的武器不能代替武器的批判，指的是单纯靠理论是无法改变现实的。但是理论在说服群众的一瞬间可以成功转化为物质的力量，彻底的理论里集中了群众的真理，所以能够完全抓住群众。这样的理论必须转化为巨大的物质力量，并作用于现实，才能产生改变世界的巨大能量。

这告诉大家，我们现在读书，不能读死书、认死理，而是必须学会辨认、学会思考，因为尽信书不如无书。在当前这样一个网络社会、信息时代，所有的知识和信息都走向碎片化，这尤其需要我们擦亮双眼、辨明是非，不要人云亦云、做乌合之众。说到底，我们得有问题意识，要学会质疑什么。当然，这绝非要我们大家都去做一名愤青，去打倒和推翻一切，而是要在理性与包容的基础上，学会批判和质疑。

**再说追求。**

古往今来，凡人大都追求功名利禄、光宗耀祖、荣华富贵、美人如玉……

有人开玩笑，生活不能只有眼前的苟且，还要有以后的苟且。

这些所谓追求，虽不无调侃之意且充满自黑精神，但其实说到底大都停留在欲望、肉体和形而下的层面。

而青年马克思的追求，早已超越欲望而上升到精神、超越肉体而拔高到灵魂的形而上层面。

恰如学者陈晋所言，青年时代的马克思拒绝平庸苟世，看重精神生活，注重培养崇高的心灵志向，彰显出自信、豪迈、明快和奔放的个性风采。

终其一生，马克思都在根据时代的发展和环境的变化，不断修正自己过时的或不正确的观点。他对人类社会发展规律的认识及其发展，对资本主义生命力及其向社会主义和平过渡可能性的研究，对东方社会发展道路的探寻，对唯物史观的发展以及对未来社会的发展所产生的新认识与新思想，至今仍然闪耀着真理的光芒。

大家可以试着给自己心中的马克思画个肖像。

在我看来，伟大、帅气、高大威猛好像都不是很准确。

突然间我的脑子里面想到了网上的一曲 rap（说唱）：马克思是个 90 后。这是北大毕业生卓丝娜写的一首歌：

> Music（音乐）……
>
> 我对他的第一印象，在政治课
>
> 学了他的思想，只是为了及格
>
> 本打算过了就算，书再也不念
>
> 后来翻开却发现并不讨厌
>
> 人生总是充满意外
>
> 有一天我看到他的厉害
>
> 看到我的信仰别再问 why（为何）？
>
> 别再看 magazine（杂志）我在看马克思
>
> 我出生在 1990s，
>
> 我就是你的 Bruno Mars（布洛诺马尔斯）
>
> 但你是我的维纳斯（Venus），
>
> 我亲爱的马克思（Marx）
>
> 统治者说着乌托邦却不知自由该怎么写
>
> 你站出来说无产阶级的力量永远正不畏邪
>
> 不为了权不为了钱
>
> 但是为了信仰我们一往无前
>
> （前进进前进进）
>
> Cause we both won't give up till we die
>
> （到死也不会放弃）

像叶孤舟行在山丘

那样的为真理争斗

像他一样嫉恶如仇

像他一样不屑权谋

为了别人牺牲自己不会容易

总有些人会觉得不可思议

不可思议不会容易

但世界可能已经 ready（准备好）

马克思已经不是 plan B（备用方案）

（Be mine）决定可以当他的小弟

虽然已经有了至少 14 亿

（You're gonna listen to me）（听我说）

共产主义甜如蜜

可以说，马克思主义的强大生命力就在于实践、实践、再实践；马克思主义的强大生命力还在于批判、批判、再批判；马克思主义的强大生命力更在于创新、创新、再创新！

所以说，马克思永远不是一个奥特曼（out man）。

# 第五节　有的人死了他还活着
## ——马克思的传奇与不朽

## 一、评　价

马克思，生于 1818，逝于 1883，享年 65 岁。

有句古话叫盖棺论定。因为只有一个人真正从肉体上告别这个世界了，你才能对他进行客观准确的灵魂评价。一个十恶不赦的人，做了一辈子坏事，但弥留之际说出了一个惊天秘密，也许一不小心居然拯救了这个星球。

所以，人生充满了种种可能性和不确定性。善恶在瞬间就可以转换。

凡人如此，遑论伟人。

马克思逝世的日子，请大家记住：3 月 14 日。

这一天跟很多名人相关。

马克思在 1883 年的这一天逝世。1879 年 3 月 14 日，现代物理学开拓者、奠基者爱因斯坦出生。2018 年 3 月 14 日，著名物理学家、数学家、宇宙学家斯蒂芬·威廉·霍金离世，享年 76 岁。

那么，我们就一起记住 3 月 14 日这个"天选之日"吧。

仔细想来，对马克思最为中肯客观，也就是说既不溜须拍马，亦不恶意中伤的公允说法，当属马克思最亲密的战友和人类最传奇友谊的革命同志——恩格斯的评价。

那就是，恩格斯的《在马克思墓前的讲话》。

这篇文章，是人类历史上哀悼文的典范。

什么是哀悼文？就是说，假如有一天你的至亲抑或知己先你而去，由你给他（她）致悼词，你怎么写？

告诉大家，这篇文章是最经典的参考范文。

记住了，最了解你的人，往往比你自己还要了解你。

在这篇短短 1200 多字的哀悼文中，恩格斯一贯严谨地写道：

正像达尔文发现有机界的发展规律一样，马克思发现了人类历史的发展规律，即历来为繁芜丛杂的意识形态所掩盖着的一个简单事实：人们首先必须吃、喝、住、穿，然后才能从事政治、科学、艺术、宗教等等；所以，直接的物质的生活资料的生产，从而一个民族或一个时代的一定的经济发展阶段，便构成基础，人们的国家设施、法的观点、艺术以至宗教观念，就是从这个基础上发展起来的，因而，也必须由这个基础来解释，而不是像过去那样做得相反。

这段话讲了马克思的什么理论贡献？也就是我们课本上学到的历史唯物主义。

接下来，恩格斯讲到了马克思另一个伟大理论成就，也就是发现了资本主义社会剥削和压迫工人阶级的秘密所在。

这一点，不用我说，大家都知道。

那就是剩余价值学说。

接下来，恩格斯继续严谨地说道：

一生中能有这样两个发现，该是很够了。即使只能作出一个这样的发现，也已经是幸福的了。但是马克思在他所研究的每一个领域，甚至在数学领域，都有独到的发现，这样的领域是很多的，而且其中任何一个领域他都不是浅尝辄止。

这段话又给我们什么启示？

我的理解是，马克思就是全球通，人类已经无法阻挡马克思！

补充一句，早期社会主义活动家，大制糖商的儿子——莫泽斯·赫斯曾经这样介绍青年马克思：

……你将会看到最伟大，也许是当今活着的唯一的真正的哲学家……他具有最深刻的哲学头脑，又具有罕见的智慧；如果把卢梭、伏尔泰、霍尔巴赫、莱辛、海涅和黑格尔结合在一起（我说的是结合，不是凑合），那么结果就是一个马克思博士。

最后，一贯严谨的恩格斯竟然禁不住动情地说道：

"而我敢大胆地说：他可能有过许多敌人，但未必有一个私敌。"

"他的英名和事业将永垂不朽！"

假使你读过这篇文章，从其中选一句话作为微信签名，你会选哪句呢？

我的选择是："他可能有过许多敌人，但未必有一个私敌。"

想象一下吧，我们今天很多人大都是怎么面对敌人的。

有人说，我这人从来都不记仇，我有仇一般当场就报了。

你看你这是什么水平。

再看看人家马克思，"未必有一个私敌"……

此种境界，令人叹服。

网络上流传着所谓什么是成功男人的标配，具体如下：3岁，不尿裤子；5岁，能自己吃饭；18岁，能自己开车；20岁，有女朋友；30岁，有钱；40岁，有钱；50岁，还有钱；60岁，还有女朋友；70岁，还能自己开车；80岁，还能自己吃饭；90岁，还不尿裤子；100岁，还没有挂在墙上；300岁，还挂在墙上。

如果说上述段子有一定道理的话，那么最难做到也是已达最高境界的，无疑是最后一条。

这里的挂在墙上，绝非只是挂在你家墙上，或者你村里的墙上，而是全世界很多角落的墙上。

如今，已经是马克思诞辰200年以后了。

照这样的趋势发展，马克思符合这个段子对成功男人的最高标配，已是板上钉钉。

有些人死了，他还活着。

## 二、余　论

辛弃疾在《水调歌头·壬子三山被召陈端仁给事饮饯席上作》中感慨道："一杯酒，问何似，身后名？人间万事，毫发常重泰山轻。"

什么叫"毫发常重泰山轻"？

就是指人世间的各种事经常被颠倒，本末倒置了。

当下的网络社会、信息时代，各种资讯鱼龙混杂、不一而足。有关马克思及其思想的不实言论和谣言时有传播，大体可分为三类：

第一类是对马克思本人的恶意中伤，诸如网络上流传着关于马克思的谣言，包括马克思是否在大学时加入了撒旦教、马克思是否在野鸡大学拿的博士学位。

第二类是有些不明真相的同学以讹传讹，说马克思是个剽窃家，说他的唯物主义剽窃自费尔巴哈，辩证法抄袭于黑格尔。

第三类是借用国外一些非马派学者和国内一些历史虚无主义者的观点，声称"马克思本人是伟大的，马克思的著作是丰富的，但是马克思的结论是错误的"。

第一类谣言的逻辑很简单，"既然我不能驳倒你，那我就想办法把你变成一个坏人，而坏人的观点可信度当然要打折扣"，同理，要否定马克思主义，最低级也最有效的办法，莫过于抹黑马克思本人。对于以上谣传，国内也有不少学者写过文章澄清有关马克思的几大谣言，有兴趣的同学可以找来阅读。事实上，用一个人的私生活来否定他的学说是一种非常low（低级）的行为。在当黑无可黑之时，就只能靠八卦新闻来抹黑了。

有关第二类谣言，在这里我们试着将其推论大而化之，看看会得出什么结论。试想，如果马克思批评地吸收和借鉴以往哲学思想也算是剽窃的话，那么是不是也可以这么说，莫言的作品深受加西亚·马尔克斯魔幻现实主义风格的影响，莫非他的作品也涉嫌抄袭？韩寒导演的电影《乘风破浪》，其剧情与东野圭吾的小说《时生》有颇多相似之处，难道你也要指控韩寒剽窃？很明显，这样的"指控"很是无力，颇有欲加之罪何患无辞的意味。事实上，人类所有伟大的思想家都是站在巨人肩膀上、在已有先进思想文化基础上推陈出新、不断发展的，连马克思也不例外。

有关第三类谣言，突然想起了某电子邮箱退出后的著名语录：你说我是错的，那你最好证明你是对的——King of Pop（流行之王）。说马克思的结论是错误的，就仅仅因为马克思提出了"资本主义必然灭亡，共产主义必然胜利"的两个必然？难道仅仅因为资本主义今天还没灭亡，就说马克思的结论是错误的？再进一步追问，难道现在没灭亡，以后就一定不会灭亡吗？

事实上，正是马克思一针见血地指出了资本主义内部不可调和、不可能解决的内部矛盾和症结所在，使得资本主义有时间去纠正自己的错误，然后苟延残喘至今。

所以，资本主义恰恰要感谢马克思。

2008 年世界金融危机爆发，"马克思现象"再一次在西方世界生成，西方人每每在生死存亡的关键时刻都会不约而同地想起这位伟大思想家，这次也不例外。

难怪西方学者直言：为什么他的时代不在了，他还在？

最后，想告诉大家的是，谣言止于智者。

与其因为庸俗的传言而推己及人、以己度人，不如踏实潜沉地读一读伟人的著作和思想。

人最可怕的不是读书少，而是——读书很少、想法却很多。

鲁迅在《战士与苍蝇》一文中这样写道：

　　战士战死了的时候，苍蝇们首先发现的是他的缺点和伤痕，嘬着，营营地叫着，以为得意，以为比死了的战士更英雄。但战士已经战死了，不再来挥去他们；于是乎苍蝇们即更其营营地叫，自以为倒是不朽的声音，因为它们的完全，远在战士之上。

让我们用一个大家都很熟悉的例子来做小结吧。这个例子实际上在我们的课本上已被举过 n 多次。

那就是，1999 年 9 月，英国广播公司（BBC）面向全球展开了一个千年思想家的评选，投票是国际互联网上公开征票，一个月之后统计的结果是马克思位居第一。相对论的提出者、传说中人类历史上智商最高的 Top10 成员之一的爱因斯坦屈居第二。

这个例子因为举得多了，看起来似乎没有特别之处。但仔细想想，却惊心动魄。

大家可以想一下，这个搞评选的国际知名传媒公司是来自英国，而英国是什么性质的国家？

答案是：老牌资本主义国家。

再想下，马克思跟资本主义国家、跟资产阶级的关系是怎样的呢？

在马克思的笔下，他立誓要做资本主义制度的掘墓人。

这句话没有一个脏字，但想想，却感到不寒而栗。

然而，资本主义国家的知名传媒却仍然将千年第一伟人这一殊荣授予了马克思。

所以说，马克思就是这样一个人，他在世时是一个思想家、是一个灵魂人物，他去世之后思想的力量更是展现出了惊人的爆发力，不但全世界的无产者都听从这样一位革命导师的思想指引，甚至连其一生的对手和死敌都将他奉为内心深处的 No.1。

所以，回到开始的问题：我们今天为什么将马克思主义刻在我们党章指导思想的旗帜上？

很简单，因为马克思的许多观念、思想、认识反复被证明是正确的，马克思的名字本身已成为一个符号、某种图腾。

还因为，马克思主义作为一种方法，作为一种看待世界、解释世界和理解世界的方法，在当今比过去任何时代都更为重要。

更因为，马克思主义并不只是书本上的理论，它更是改造世界的锐利武器。

最后，用马克思在《关于费尔巴哈的提纲》中的第十一条作为结束语：

哲学家们只是用不同的方式解释世界，问题在于改变世界。

## 参考文献：

1. 习近平：《高举中国特色社会主义伟大旗帜　为全面建设社会主义现代化国家而团结奋斗》，人民出版社 2022 年版。

2.《马克思主义哲学经典文本导读》（上），高等教育出版社 2005 年版。主要包括卡尔·马克思的《青年在选择职业时的考虑》《德谟克利特的自然哲学和伊壁鸠鲁的自然哲学的区别》《论犹太人问题》《给父亲的信》《普鲁士书报检查令》《1844 年经济学哲学手稿》《关于费尔巴哈的提纲》《资本论序言》。

3. 卡尔·马克思、弗雷德里希·恩格斯：《神圣家族》《德意志意识形态》《共产党宣言》。

4. 弗雷德里希·恩格斯：《在马克思墓前的讲话》。

5. 韩毓海：《世界马克思主义大会上，我只讲了三个故事》，观察者网，2015 年 10 月 20 日，http://www.guancha.cn/HanZuoHai/2015_10_20_338138_s.shtml。

6. 陈晋：《青年马克思和青年毛泽东的一点比较》，《党的文献》2009 年第 1 期。

7. 内蒙古自治区党委宣传部策划指导，内蒙古广播电视台、人民网联合出品的读书电视节目《马克思靠谱》第三集、第九集，http://theory.people.com.cn/n1/2016/0704/c148980-28522298.html。

8. 陈先达：《马克思主义十五讲》，人民出版社 2016 年版。

9. 柳东民：《马克思问我哪里痛》，季成译，中信出版社 2014 年版。

# 第二章

# 绕不过去的《共产党宣言》

作为一名中国共产党党员，你可能熟悉党章，熟悉马克思主义理论，但不一定深谙《共产党宣言》；你可能知道《共产党宣言》，或者听别人议论过、争辩过，但不一定完整地读过《共产党宣言》。

但，你要知道，你见或者不见，《共产党宣言》都在那里，不离、不弃，默然守护，永葆共产党人的底色记忆。

你信或者不信，《共产党宣言》已经创造历史，不偏、不退，激流勇进，永铸共产主义的铁血大旗。

出几道题目给你：

第一，什么是宣言？为什么叫宣言？为什么叫《共产党宣言》？

第二，为什么在那个时代出现了《共产党宣言》？

第三，什么是资产阶级、无产阶级？什么是资本主义、社会主义、共产主义？

第四，为什么叫共产党？

第五，到底谁在推动全球化？

第六，《共产党宣言》与中国共产党走过了怎样的历程？

答不出来？

没关系，慢慢来。

## 第一节 路见不平一声吼

### ——《共产党宣言》的诞生与历史背景

### 一、为什么叫宣言？为什么叫《共产党宣言》？

在你看来，"宣言"是不是一个显得非常高大上的词汇？不过若要回溯过去，"宣言"一词在当年也算一枚小鲜肉，代表了一种潮流。从西方启蒙运动以来，人类历史上出现了几个影响深远的"宣言"，1689 年《权利宣言》及《权利法案》、1776 年《独立宣言》、1789 年《人权宣言》、1848 年《共产党宣言》。前三个缔造了西方现代文明，产生了三个最有名的现代资本主义国家——大不列颠王国、美利坚合众国、法兰西共和国，后者同样缔造了几个著名的社会主义国家——苏维埃社会主义共和国联盟、中华人民共和国。

不要简单地认为，东欧剧变、苏联解体，社会主义运动就玩完了。一个国家的变动变化十分正常，但思想、理论以及留下来的实践经验是不会磨灭的。我们通常说的英国，从大不列颠王国到现在的大不列颠及北爱尔兰联合王国，法国一会儿帝国、一会儿共和国也是几经折腾，唯一好点儿的美国也是经历过南北战争才实现真正统一。事无固态、国无常名，没有永世不变的国家形态，更没有万寿无疆的王朝。从 1917 年列宁同志领导十月革命建立苏维埃俄国以来，到现在已经 100 多年，社会主义运动风起云涌，虽有挫折挑战，仍然勇毅前行。

为什么叫《共产党宣言》，而不是叫别的什么宣言？马克思、恩格斯在《共产党宣言》的开头，讲得非常明确："一个幽灵，共产主义的幽灵，在欧洲游荡。"啥是幽灵？看过美国大片《幽冥》（Spectral）没？里面有句台词："幽灵就是介于生与死之间。"

首先，幽灵没有实体，它还属于精神层面。在当时，共产主义、社会主义、剥削、私有制等等，这些概念还在先进知识分子的大脑之中，在他们对社会各种不平等现象的观察当中。

其次，幽灵有自己的意识。无产阶级中的先进分子，已经觉察到自己身上的枷锁，已经发现了自己面临着被统治、被剥削的处境，他们时刻探索着怎样打破牢笼，解救众生。

最后，幽灵在游荡，在不断地传播着。一小部分人掌握了理论，摸索到了社会发展规律，便不断地推动着无产阶级意识的觉醒，把自己理解、探索和掌握的真理向更多志同道合的人传播、交流、共鸣。

这个幽灵，一开始只是星星点点，但很快就成为引领人民的火炬，它从淡淡虚影渐变成为坚不可摧。从一个人的想法、两个人的观点，变成一群人认同的理论，成为一个阶级的指导思想。"星星之火，可以燎原"，这是毛泽东同志说的，也是共产党发展成长的一个缩影。

让我们看看德国对共产主义的认识：

近几年来，共产主义在德国成了人们议论的话题，而且已经成为具有威慑力的幽灵（Uespenst）；在它面前，一些人感到恐慌，另一些人则借此制造恐慌。鬼怪（Spuk）一遭抨击，就会销声匿迹。只要我们让共产主义这种学说在公众的目光下无所顾忌地加以陈述，公众的目光就会在顷刻之间看穿共产主义的种种虚妄之处，这样一来，它就至少不会构成威胁。即便有人力图使用暴力来实现共产主义，这当然会造成一些混乱，但他们终究不可能使共产主义长期实行。①

"死鸭子嘴硬"，尽管嘴上这么说，但就这样一个游荡的幽灵，资产阶级就已然对它产生了恐惧，"旧欧洲的一切势力"要"对这个幽灵进行神圣的围剿"，并且用"共产主义"的帽子去抹黑他害怕的一切东西。从行动上就已经看出来了，资产阶级知道无产阶级必将成为自己的掘墓人。他们对共产主义有着刻骨的仇恨，恨不得立即把它扼杀在摇篮里。

有哪一个反对党不被它的当政的敌人骂为共产党呢？又有哪一个反对党不拿共产主义这个罪名去回敬更进步的反对党人和自己的反动敌人呢？②

不管是谁，只要是看你不顺眼，我就给你扣上一顶"共产主义"的帽子，骂对方是共产主义居然变成了一种时髦。

《共产党宣言》是发言、讲话，是口号、旗帜。你看，伏尔加河上的纤夫，为什么要低声轻吼才更有力拉船？拳击赛场的斗士，为什么要哼哈有声才更勇猛出拳？我们干劲十足，要打破旧世界，解放全人类。

我们既然知道自己使命，就让我们更加紧密团结起来吧，成为一种别人无法否认的势力，成为一个坚强有力的集体，成为历史发展上的客观存在！

我们共产党人已经集合起来，我们要发出自己的声音，"向全世界公开说明自己的观点、自己的目的、自己的意图"，我们为自己鼓劲加油，为无产阶级撑场子、挺腰杆。

---

① 德国 1846 年《国家百科词典》中的"共产主义"词条开篇文字。
② 《马克思恩格斯文集》第二卷，人民出版社 2009 年版，第 30 页。

马克思、恩格斯在《共产党宣言》中用"全世界无产者，联合起来"的战斗口号，代替了正义者同盟原来的"人人皆兄弟"的口号。从"人人皆兄弟"到"全世界无产者，联合起来"，感觉到了没有？这口号瞬间高大上起来，短短几个字把群体、范围、手段、目标都全部表达出来。从口号的改变就看出来了，共产主义同盟由一个带有密谋性质的工人组织，转变成了一个"有思想、有灵魂、有目标、有手段"的"四有"无产阶级政党了。①

历史的车轮滚滚向前。发表于 1848 年 2 月的《共产党宣言》，多次再版后包含了 7 篇序言、引言以及资产者和无产者、无产者和共产党人、社会主义和共产主义的文献、共产党人对各种反对党派的态度 4 个章节，译成中文也就两三万字，第一次全面系统地阐述了科学社会主义理论，指出了共产主义运动已成为不可抗拒的历史潮流。

《共产党宣言》的发表标志着马克思主义的诞生，宣告了世界上第一个无产阶级政党——共产主义者同盟登上了历史舞台，人类社会发展进入了一个全新的阶段。

　　《共产党宣言》是科学共产主义的最伟大的纲领性文件。列宁说："这部著作以天才的透彻而鲜明的语言描述了新的世界观，即把社会生活领域也包括在内的彻底的唯物主义、作为最全面最深刻的发展学说的辩证法以及关于阶级斗争和共产主义新社会创造者无产阶级肩负的世界历史性的革命使命的理论。"②

在随后的历史进程中，各国工人阶级和劳动人民在《共产党宣言》的启示和鼓舞下，为了求得自身的解放和发展，与各国的敌对势力进行不懈

---

① 孙伯鍨、侯惠勤主编：《马克思主义哲学的历史和现状》上卷，南京大学出版社 2004 年版，第 117 页。

② 《列宁全集》第 2 卷，人民出版社 1995 年版，第 416 页。

的革命斗争，工人运动风起云涌，整个世界历史的格局在很大程度上被改变了。

170多年以来，除了基督教的《圣经》，《共产党宣言》的发行量最大，出版的次数最多，传播的范围最广。据不完全统计，《共产党宣言》在全世界已经翻译成了200多种文字，印刷版次不计其数。如果马克思能活到今天，仅仅依靠《共产党宣言》这个版税就能成为百万富翁乃至千万富翁。加上马恩全集厚厚的几十卷，马克思光靠版税就能排进福布斯前列。遥想马克思当年，时常给恩格斯去信："亲爱的弗雷德里希，我又没钱了，给我寄几个英镑或者马克吧。"尽管马克思没有带走什么，却留下了用之不竭的精神遗产。

## 二、马克思、恩格斯为什么写《共产党宣言》

任何人都不能脱离时代而存在。

从14、15世纪以来，欧洲逐渐成为世界的中心。随着新航路的开辟和资本主义的兴起，尤其是经过文艺复兴、启蒙运动，人从宗教依附中解脱出来。天大地大、利益最大，这里损失最大的就是宗教，大家都醒过来，还怎么去维持政教合一的统治？新兴的贵族、资产阶级也不甘心被剥削，急需成为历史舞台上的主角。是的，你猜对了。主角总是自带光环，这时候的资产阶级就是正面的形象，一切美好的东西都是它带来的。理性、自由、平等、博爱，这是资产阶级人品大爆发的时代，在欧洲各地四处发着好人卡。

但是花无百日红，吹着的牛皮总有破掉的一天。当伪善的面具被拉下来的时候，人们就感受到了资产阶级带来的冷风、冷酷。围绕着利润，资产阶级的眼珠子转坏掉好几个，终于搞出了几个杀手锏。

首先是圈地运动。这真是个顶好的主意，一是可以把土地圈起来养羊啊，羊毛多值钱，种庄稼值不了几个钱，关键是欧洲土地也不是那么肥沃。二是可以把农民都赶到城市里，机器一开动没工人怎么成。美利坚怎么来的？就是有受不了圈地运动偷跑到美洲的，还有想发横财但在英国国内没人罩着的，比如《泰坦尼克号》上的杰克，最后就是非洲大陆买卖过来的奴隶。三是那么多羊毛、那么多工人，生产出那么多棉毛制品，总得要有地方倾销啊，必须得扩大世界市场，那些土著就是市场、就是利润，印度、中国、日本都是大肥肉，坚船利炮就是投资、实现资本增值的有效工具。嗯，一举三得。这个买卖划得来。

从 16 世纪到 19 世纪中叶，西欧、西方的殖民主义者从事非常无耻的贩卖黑奴事件。据统计，在 200 多年时间，他们在非洲贩卖的黑人大约有 1.2 亿人，但是活下来被运到美洲的只有大约 1500 多万人，也就是途中死亡的超过 1 亿人，绝大多数都在运输途中死掉了。

其次是剪羊毛。这也是个顶好的主意，这里的绵羊既是指真的能剪羊毛的羊，也是指失去土地的无产阶级"小绵羊"。"机器一响，黄金万两"，随着工业革命的完成，工业化的大生产让工人依附在机器上，创造出无限的利润，但都进了资本家的腰包。工人不是发了工资了吗？没有土地作为根基，工人获得的工资还是要到市场上购买吃穿住行的东西才能维持日常生存。这部分钱又通过剪羊毛的方式回到资本家手中。所以，"富者越富、穷者越穷"，西方学者美其名曰"马太效应"，说穿了就是资本主义制度体系造成的。

资产阶级除非对生产工具，从而对生产关系，从而对全部社会关系不断地进行革命，否则就不能生存下去……它的商品的低廉价格，是它用来摧毁一切万里长城、征服野蛮人最顽强的仇外心理的重炮。它迫使一切民族——如果它们不想灭亡的话——采用资产阶级的生产方式；它迫使它们在自己那里推行所谓的文明，即变成资产者。①

最后是无底线。资本主义时期，资本家为了赚钱，是没什么底线的。马克思说："资本如果有百分之五十的利润，它就会铤而走险，如果有百分之百的利润，它就敢践踏人间一切法律，如果有百分之三百的利润，它就敢犯下任何罪行，甚至冒着被绞死的危险。"卓别林有一部电影叫《摩登时代》，讲述了这样一个故事——一个叫查理的普通工人，生活在社会的最底层，每天的生活就是日复一日地工作，而唯一的工作就是在生产流水线上拧紧六角螺帽，然后查理就出现了神经问题，生活中只要看到六角形的东西就去拧。

> 9 岁到 10 岁的孩子，在大清早 2、3、4 点钟就从肮脏的床上被拉起来，为了勉强糊口，不得不一直干到夜里 10、11、12 点钟。他们四肢瘦弱，身躯萎缩，神态呆痴，麻木得像石头人一样。②

整个资本主义时代，都是精神极度亢奋、社会剧烈分化的时代。资本家疯狂地积累利润，无产阶级状况急剧恶化。工业化大机器，把社会也搞成了一个大机器，个体失去了思想和自由，成为社会流水线或者机器上的一个零部件。资本主义越发展，社会矛盾越加深，病痛产生就不可避免了，这就是经济周期性的危机，带来的是政治、经济、文化、国际关系等

---

① 《马克思恩格斯文集》第 2 卷，人民出版社 2009 年版，第 34—35 页。
② 《马克思恩格斯文集》第 5 卷，人民出版社 2009 年版，第 282 页。

方面的危机。经济危机一爆发，生产力浪费，工人失业，资本家破产，经济崩溃，社会混乱。危机的频繁爆发促使人们深入思考，到底资本主义社会出现了什么问题。

社会怎么了啊？

资产阶级：我的姿势不对？换一个"剪羊毛"的方式试试看？是不是对工人兄弟太宽松、仁慈了？

无产阶级：怪我喽？我拼死拼活干活，最后还埋怨我干活不努力，还让不让我活了。

资产阶级：我不是给你生活费了吗？

无产阶级：那是我自己劳动付出所得，还远远不够呢。最后不都又进了你的腰包？

资产阶级：你看我都给你五天工作制了，又是福利，又是保险，已经很仁慈了啊！

无产阶级：这都是我们工人阶级兄弟通过血汗、斗争得来的。

"路见不平一声吼，该出手时就出手"，这时该我们的马恩兄弟登场了。

很多人都在想办法解释这个社会现象，解决这个社会矛盾，但总不得其法。猛药伤筋动骨，缓药治标不治本，愁煞一群资产阶级文人。20 多岁的马克思、恩格斯也在思考这个问题。马克思先在校园里转悠，四处蹭课，听了很多大家讲座，发现不顶事，又去图书馆广泛阅读寻求办法，得出东西还不够深入，又回到社会上、工厂车间实地调查。恩格斯也是如此，到处听报告讲座，又与人讨论、争论，后来还是走进工人中间，掌握第一手资料。

　　两个小年青经过较长时间的学习、消化，实地调查、对比分析，相互交流讨论，逐渐形成了对资本主义社会的认识：资产阶级已经魔怔了，只想着利润、扩大再生产，剥削、剥削、再剥削；无产阶级油水已经榨干了，政治上无地位、经济上无资产、生活上无着落、文化上无思想。为了活着，必然就要反抗，就要革命。

　　　　你只看到我的剩余价值
　　　　却没看到我付出的血汗
　　　　你有你的规则
　　　　我有我的选择
　　　　你否定我的现在
　　　　我决定我的未来
　　　　你嘲笑我的一无所有
　　　　我可怜你的自私自利
　　　　你可以轻视我们的年轻
　　　　我们会证明
　　　　这是谁的时代
　　　　梦想是注定孤独的旅行
　　　　路上少不了质疑和嘲笑
　　　　但那又怎样
　　　　哪怕遍体鳞伤
　　　　也要活得自主有尊严
　　　　我是马克思
　　　　我是恩格斯
　　　　我们为无产阶级代言

　　马恩在大量的调研走访、争辩批判之后，发现跟资产阶级理论家吵来吵去很不得劲。为啥？动不动就被封杀啊！一会儿《莱茵报》，一会儿《莱比锡总汇报》，等等。而且当时的工人运动散乱无序，有时打击范围过大，有时又被资本家收买，既没办成事，还砸了招牌。怎么办？这样下去可不行。马克思、恩格斯意识到必须把工人们组织起来，把自己掌握的理论武器与实践相结合起来，运用到指导无产阶级具体行动上来。于是，他们在正义者同盟基础上改组成立了共产主义者同盟，这样才能把工人兄弟们有效组织起来，反抗资产阶级压迫。

　　　　共产主义者同盟的前身是 1836 年成立的正义者同盟。随着形势的发展，正义者同盟的领导成员终于确信马克思和恩格斯的理论正确，并认识到必须使同盟摆脱旧的密谋传统和方式，遂于 1847 年邀请马克思和恩格斯参加正义者同盟，协助同盟改组。1847 年 6 月，正义者同盟在伦敦召开第一次代表大会，按照恩格斯的倡议把同盟的名称改为共产主义者同盟，因此这次大会也是共产主义者同盟的第一次代表大会。同年 11 月 29 日—12 月 8 日举行的同盟第二次代表大会通过了章程，大会委托马克思和恩格斯起草同盟的纲领，这就是 1848 年 2 月问世的《共产党宣言》。

　　《共产党宣言》的基本思想是什么？人类社会发展是有规律的，即生产力决定生产关系、经济基础决定上层建筑。第一章讲的是阶级，资本主义社会里面两大阶级相互矛盾、相互斗争。第二章讲的是政党，阶级斗争实际上是通过其政党领导来实现，所以阶级必有其政党。第三章讲的是主义，阶级产生政党，政党有自己的主义、指导思想。第四章讲的是共产党人对各种反对党派的态度及现实的斗争策略。这四章从阶级到阶级的政党，到政党所坚持的主义和指导思想，最后是政党斗争的现实策略，实际上内在逻辑非常清楚。

《共产党宣言》就是解答无产阶级和广大劳动人民的解放道路与前景问题：通过什么道路获得解放，解放以后又建立一个什么样的社会，就是身处在社会最下层的无产阶级通过革命斗争，推翻资产阶级，获得翻身解放，建立一个能够实现每一个人的自由全面发展的新的理想社会形态。

> 德国著名的文艺学家、诺贝尔文学奖获得者海因里希·伯尔曾写过一篇《假如没有马克思》短文，讲的非常深刻也非常实在："一部进步史乃是一部忘恩负义史"，没有工人运动，没有社会主义者，没有他们的思想家，他的名字叫卡尔·马克思，当今六分之五的人口依然还生活在半奴隶制的阴郁的状态之中；没有斗争，没有起义，没有罢工，这需要发动，需要引导，资本家是连半步也不让的。……维护卡尔·马克思，不要让我们的子孙认为他是可怕的幽灵。①

## 第二节 春风十里不如有你
### ——《共产党宣言》的内涵及历史意义

### 一、资产阶级与无产阶级谁怕谁

马克思在《共产党宣言》中对资产阶级和无产阶级从各自产生、发展以及相互间的斗争博弈进行了较为详尽的描述，并通过严密的论证得出资产阶级必然为无产阶级所取代。现在看这样的结论，很多人或许很困惑，

---

① 黄凤祝、袁志英、维克多·伯尔编：《伯尔文论》，袁志英、李毅、黄凤祝等译，生活·读书·新知三联书店1996年版，第60页。

资产阶级怎么还存在，好像活得还很滋润，无产阶级好像还没有说的那么强大，它怎么取代资产阶级呢？其实，归根结底一句话：资产阶级和无产阶级到底谁更厉害。

这个厉害，比拼的既是综合实力，也是精神、理念与意识形态层面。

我们先来看资产阶级。

马克思研究认为，资产阶级首先是在封建社会内部产生，说得直白一点，就是原来封建统治阶级的边缘阶层，地主的小跟班，封建产业链的下游端。在咱们中国古代，主要是一些商人，在西方古代主要是一些小贵族、作坊主，关键是他们都被当时的士大夫、皇族看不起，被宗教僧侣集团看不起。

"哪里有压迫，哪里就有反抗"。资产阶级也不甘心被欺负、被瞧不起，尤其是生产力、生产工具进步之后，他赚的银子多，但是没保障啊。这样下去可不行，于是这群人联合起来，先是在理论上造势，"我们要吃饭、我们要自由、我们要平等，我作了贡献，我就要享有权利"。启蒙运动就这样应运而生，英国的《权利宣言》、法国的《人权宣言》就这么出现了。

但是光有钱不行啊，还得有人跟着干革命才行。这时资产阶级目光又向产业链更下游看过去，"哎，市民朋友们、工人战友们、农民兄弟们，别再卖命给地主干活了，你看看你们都吃不饱穿不暖，跟着我一起干革命吧，我们一起争取权利与自由"。马克思辛辣地讽刺道，"为了拉拢人民，贵族们把无产阶级的乞食袋当作旗帜来挥舞"。

在做好了人力、财力、物质、理论和精神动员后，资产阶级发起了冲向统治阶级宝座的一系列革命，打破了旧制度的牢笼和束缚，"无情地斩断了把人们束缚于天然尊长的形形色色的封建羁绊"，使人和人之间只剩赤裸裸的金钱关系。到此，资产阶级终于使自己从一个小跟班成长为世界的扛把子。

现有的成绩、辉煌以及贪婪、欲望，让这位新任大哥日渐骄狂起来，我要"按照自己的面貌为自己创造出一个世界"，通过机器轮船、火枪火炮征服整个世界，要通过贸易手段（管它合法还是非法！）把资源、财富汇集到自己手里才算踏实。但是，世界并不是资产阶级的，社会发展有着自身固有的规律。

我们再来看看无产阶级。

当资产阶级说要革命时，他们以血肉之躯挡住了射向资产阶级的乱箭；当资产阶级说要征服世界时，他们又被武装起来，砍向了同样被迫武装起来的同志们；当资产阶级说要扩大再生产时，他们又奉献上自己全部家当外加劳动力。这时的无产阶级还很幼稚弱小，还是资产阶级的小弟，还没有自己的阶级意识，还没有从被统治中醒悟过来。

随着资产阶级革命的胜利，无产阶级中的先进分子不断从资产阶级行动中汲取知识、掌握理论，快速地成长起来。古人说得好，人走茶凉，过河拆桥。资产阶级统治越加巩固，干起事来越发肆无忌惮，越发觉得自己忽悠来的无产阶级小弟好欺负、好糊弄。通过圈地、剪羊毛、城市化，把无产阶级彻底地固定在资本主义的生产关系中，让其无法摆脱被雇佣的命运，在资本主义制度牢笼里好好待着。

不过无产阶级也不是那么好忽悠的，"每当人民跟着他们（资产阶级）走的时候，都发现他们的臀部带有旧的封建纹章，于是就哈哈大笑，一哄而散"。通过资产阶级革命洗礼的无产阶级从压迫中自发地苏醒过来，从零星地反抗资产阶级运动中，越发看清资产阶级真面目，越发需要本阶级的理论观点和组织机构。

　　这时水到渠成，共产主义者同盟应运而生，《共产党宣言》应运而生，不再是那个被资产阶级满大陆驱逐、追赶、镇压的"幽灵"了，而是从虚幻的、精神层面和资产阶级夹缝中的存在转变成一个独立的、有自身理论指导和组织机构的客观实体。通过三次大的工人运动，无产阶级扎扎实实、独立地站在了历史舞台上。

　　真正战斗就从这里开始了，就从《共产党宣言》发布的那一刻开始了。没有《共产党宣言》，我们不知道自己从何处来、向何处去，不知道自己的使命与理想目标，不知道哪些是敌人、哪些是朋友，不知道怎样挣脱锁链、获得整个世界。《共产党宣言》是无产阶级觉醒的标志，登上历史舞台的号角，是我们思想不竭的源泉、奋勇前进的澎湃动力。

　　舞台只有一个，谁都想拥有主角的光环。

　　资产阶级：我创造了财富，每个铜子儿都是我挖空心思得来的。

　　无产阶级：财富都是无产者劳动实现的，我们要消灭私有制。

　　资产阶级：我开拓了全球市场。

　　无产阶级：每次开拓都是血淋淋的。

　　资产阶级：我建立了国际贸易。

　　无产阶级：都是通过剪刀差在掠夺世界人民。

　　资产阶级：我推动了科技进步。

　　无产阶级：你已成为生产力发展的阻碍。

　　资产阶级：我加快了城市化进程。

　　无产阶级：让更多的人成为无产者。

　　资产阶级：我建立了民主共和制度。

无产阶级：都是你幕后操纵的人线木偶。

资产阶级：我颁布了星期工作制。

无产阶级：那是我们不断争取来的。

资产阶级：我有长枪大炮、先进武器。

无产阶级：这些都具体掌握在每一个无产者手中。

资产阶级：你会让世界混乱、动荡。

无产阶级：无产者失去的是锁链，得到的是全世界。

资产阶级：你会让世界全球化退步。

无产阶级：呵呵……你现在就这么做了。

## 二、共产主义与共产党／斗争哲学与暴力革命

在中国，起名字可是门大学问。

那么，马克思、恩格斯为什么起了"共产主义"这个名字？为什么不叫无产主义、工人主义？为什么不叫社会主义宣言？

"主义"是指某种特定的思想、宗旨、学说体系或理论，是对客观世界、社会生活以及学术问题等所持有的系统的理论和主张。比如马克思主义，就是由马克思、恩格斯以及众多马克思主义者共同实践凝练形成的一整套系统的理论体系。再如实用主义，就是由美国人皮尔士、杜威等人结合美国社会实际提出的一系列理论观点和方法，等等。

19 世纪中期微信群"社会思潮讨论群"正聊得热火朝天：

贵族地主：工人兄弟们，资本家最可恨了，我们也讨厌他们，我们刚刚搞了封建社会主义，回到原来手工作坊当大师傅吧！

宗教僧侣：都怪资产阶级，搞什么工业大革命，这下弄出来

无产阶级，这可咋办呢？放下屠刀立地成佛，应该搞基督教社会主义，大家和和气气多好！

　　小作坊主/小商贩：这个时代好难受，上面有大资本家天天催债，下面有工人兄弟罢工捣蛋！应该让我们来组建政府，我们小资产阶级社会主义才是最好的！

　　空想主义者：我们不能瞎搞什么暴力革命，应该效法自然科学、理性主义，搞一块区域先实验一下，来一个平均主义，或者建立一个乌托邦、理想国、太阳城，如何？

　　马克思、恩格斯私聊：这下尴尬了，友谊的小船说翻就翻了，糟蹋了"社会主义"这个好词了，原来还想着用社会主义来着，必须得换个名字了。

为什么不用社会主义呢？"林子大了，什么鸟都有"。要是共产主义对资本主义没威胁，资产阶级就不会花那么大力气，想那么多怪招来对付共产党了。没办法，在欧洲这小地方，人心复杂啊，大大小小的学说、政党不计其数、星罗棋布。本来想用社会主义的，结果一看，社会主义已经被资产阶级过度使用了。

资产阶级不仅在外部形成舆论压力，一会儿封杀这个报刊，一会儿驱逐出境，甚至腹黑过共产党，来了个"钓鱼执法"，搞了一个科隆共产党人案。还渗透进内部，制造分歧、混乱思想，先是来了个封建社会主义、小资产阶级社会主义，接着来了个蒲鲁东社会主义，最后搞了一个"真正的社会主义"，不过都敌不过马恩的"舌战群儒"。就这样，马克思、恩格斯还只能一个个批驳，一个个解释清楚，不然跳进黄河洗不清，就这样了，还被资产阶级抓着不放。好好的马克思主义思想，还没完全建成体系，就分成了左派、右派、中间派，国际工人运动组织搞了四五个，在俄国还冒出了布尔什维克、孟什维克之类，看着就心疼。

在《共产党宣言》诞生前的时代，"社会主义"主要是代表对原有的社会体系进行修修补补，属于改良主义。而且"社会主义"名词在当时已经被空想主义者和形形色色的社会派别泛滥地使用，成了幻想和改良，甚至流氓无产者的代名词。为了表明自己的阶级立场和政治态度，更为了和这些形形色色的社会主义划清界限，马克思、恩格斯在《共产党宣言》中赋予了"共产主义"新的内涵，"共产主义"才是真正代表工人阶级的运动。

　　近代英文中的共产主义 communism 一词，是 19 世纪 30 年代才出现的一个新词。最初，1834—1839 年间，它作为一种反对资本主义的思潮的名称而在工人秘密集会中使用。到 19 世纪 80 年代，法国工人开始把"共产主义"一词用于他们要努力争取的在消灭资本主义社会之后将要实现的理想社会的目标。此后，"共产主义"一词逐渐在社会上传播开来。①

什么是共产？想到了共产共妻？打土豪分田地？其实"共产"一词咱老祖宗还真没用过，不是咱中国人发明的。"共产主义"是外来词，源于古法语 Communisme 和拉丁语 Communis，原意为 Communal、Community，即为共同体、社团和群落，"一起生活、共同工作、共同分享财产的群体"的意思。最早由日本人从英文译本中将 Communism 译为"共产"，日译原意是"共同集体生产"，是生产之"产"，而非财产之"产"。后来，再由留学日本的中国人转译过来。当然，最早在洋务运动时的《西国近事汇编》中，有人就将 communist（共产主义者）翻

---

① 黄生：《〈共产党宣言〉的共产主义思想：从早期到问世》，华东师范大学 2004 年硕士学位论文。

译为"康密尼人",《西洋杂志》称"socialist（社会主义者）"为"索昔阿利斯脱",《万国公报》称"以百工领袖著名者，英人马克思也"。不过，后来通行的译法还是从日本译法转过来的"共产主义""社会主义"作为规范和标准。

这样解释是不是心里好受点？如果让你选择，你会选择哪一种翻译？坚持走中国特色社会主义道路，还是坚持走中国特色索昔阿利斯脱道路？为共产主义奋斗终身，还是为康密尼人奋斗终身？

马克思、恩格斯在《共产党宣言》中论述了人类社会发展的一般规律，他们俩认为生产力决定生产关系、经济基础决定上层建筑，这一对矛盾推动了社会不断向前进步，同时也论证了为何资产阶级必然灭亡、无产阶级必将胜利。

首先，怎么来理解生产力与生产关系呢？

有一首儿歌叫《采蘑菇的小姑娘》，很形象地说明了生产力与生产关系。生产力就是劳动主体加生产工具，小姑娘就是劳动主体，手里的小铲子就是生产工具，背上箩筐的大小就是生产关系。一开始，用手来挖，感觉箩筐挺大的，挖了好久都没装满，这就是说生产关系符合生产力发展的需要，能够促进生产力的发展，比如封建社会末期资本主义生产关系的萌芽，可以有效地推动科学技术的发展，推动生产力的发展。接着，换了小铲子来挖，生产力提升上来了，感觉箩筐刚刚好，生产力与生产关系很匹配。再下来，研发了一款挖蘑菇机器，感觉箩筐小了很多，生产力已经超过了生产关系，需要更大的箩筐才能满足要求。资本主义早期就是第一种情况，生产力正在由手工向机械化方向进步，生产关系还能满足生产力要求，社会快速进步发展。到了资本主义中后期发展阶段，生产力由蒸汽时代向电气时代发展，甚至到了信息时代，生产力进入了高度发达阶段，但是生产关系这个箩筐却进步不大，因而需要更大的箩筐来取代。历史发展到这里，就需要无产阶级登上舞台，就需要无产阶级政党举起推动社会进步的大旗来。

当人类社会生产力发展到一定程度，资本主义的生产关系将阻碍生产力的进一步发展，而社会主义的生产关系将促进生产力的发展。到了共产主义阶段，整个社会生产力高度发展，人们生活水平得到了极大提高。这是共产主义适应人类生产力发展这一历史潮流的表现。共产主义革命的核心是废除资本主义生产资料私有制，并实行公有制。共产主义革命分为三个阶段：从资本主义到社会主义的过渡阶段，社会主义阶段，共产主义阶段。最终目标是实现"各尽所能，按需分配"。

其次，为啥无产阶级必胜、资产阶级必亡？

"滚滚长江东逝水，浪花淘尽英雄"，人类社会的发展就像滚动的车轮，也似奔流不息的江水，单个人或者群体在它面前是如此渺小。"长江后浪推前浪，前浪死在沙滩上"，虽然粗俗，但话糙理不糙。从长远来看，资产阶级随着社会发展兴起，自然也会随着社会发展而消亡。从过去来看，资产阶级在诞生之时就塑造了自己的敌人和掘墓人——无产阶级，资产阶级像前浪，无产阶级就像后浪，改良主义终究是治标不治本。从当下来看，欧美日等资本主义国家集聚了大量的社会问题，如同千里之堤布满了蚁穴，尤其是宗教问题、种族问题加上人才红利、制度红利、殖民红利逐渐消退，发展缓慢引发了各类并发症，在发展自信上出了很大问题。所以，发展是硬道理，发展是执政兴国第一要务。无产阶级来自社会底层，对社会矛盾体会深切，在执政兴国与促进发展中，既能汲取资产阶级有益与不足，也能比资产阶级做得更好。别人做得好的，我们能做得更好，别人没有做到的，我们要想方设法做到。

在阶级斗争接近决战的时期，统治阶级内部的、整个旧社会内部的瓦解过程，就达到非常强烈、非常尖锐的程度，甚至使得统治阶级中的一小部分人脱离统治阶级而归附于革命的阶级，即掌握着未来的阶级。所以，正像过去贵族中有一部分人转到资产阶级方面一样，现在资产阶级中也有一部分人，特别是已经提高到从理论上认识整个历史运动这一水平的一部分资产阶级思想家，转到无产阶级方面来了。[①]

有人会问：万一发现经济基础并不决定上层建筑，万一发现阶级斗争并不存在或者已经消失，那马克思主义还站得住脚吗？共产主义还能作为最高目标吗？对于上述的几个"万一"，各位看官请细心琢磨一番：

国家经济总量绝不等于生产力发展程度；

现在仍实行君主专制不代表未来仍会如此；

某些实行全民选举的国家不过徒有民主之表而无民主之实；

公司股份无论如何被稀释，总会有居统治地位的董事长和董事们；

一个员工一旦开始对公司具体发展有话语权了，他也就不再是个普通工人了，况且能做到这一点的又能有几个；

眼光不能只盯着高级白领们的风光事业，即便世界五百强企业里也有"民工"，美国社会也有只拿工资的产业工人；

只要资本主义制度下贫富差距仍在拉大，社会不公仍未消除，那即便某一天社会主义中国发展遭遇挫折，资本主义仍然必然灭亡！

---

① 《马克思恩格斯选集》第 1 卷，人民出版社 1995 年版，第 282 页。

最后，为什么会有斗争哲学和暴力革命？

"队伍大了不好带啊"。要保持正确方向，就要与错误思想、路线斗争，委婉一点就是批判。不同的思想对人们的言行影响很大。如果不澄清会造成更多误解。有些甚至是故意抹黑。如果有一个人抹黑，你或许说一句就行。如果成千上万个来抹黑，那只能保持咄咄逼人的态势了。所以从历史发展来看，很容易给大家带来错觉，觉得马克思主义者怎么和谁都斗啊。但是，原则问题不容退缩，一旦退缩就会造成思想的塌方，那影响就是一大片。所以，不论是马克思，还是恩格斯，无论是列宁和斯大林时期的苏联，还是 20 世纪 20—30 年代中国社会大辩论中，马克思主义者都在不停地表达观点、阐释意义，而且随着事情的变化给出马克思主义解释。

在叙述无产阶级发展的最一般的阶段的时候，我们循序探讨了现存社会内部或多或少隐蔽着的国内战争，直到这个战争爆发为公开的革命，无产阶级用暴力推翻资产阶级而建立自己的统治。①

对比欧美与中俄革命，很明显，欧美资产阶级力量大，无产阶级暴力革命很难成功，而中俄资产阶级力量小，革命效果就明显。

在 1848—1849 年革命期间，不仅欧洲的君主，而且连欧洲的资产者，都把俄国的干涉看作是帮助他们对付刚刚开始觉醒的无产阶级的唯一救星。沙皇被宣布为欧洲反动势力的首领。现在，沙皇在加特契纳成了革命的俘虏，而俄国已是欧洲革命运动

---

① 《马克思恩格斯选集》第 1 卷，人民出版社 1995 年版，第 284 页。

的先进部队了。①

"无产阶级，现今社会的最下层，如果不炸毁构成官方社会的整个上层，就不能抬起头来，挺起胸来。"②暴力革命只是最后手段，成立国际工人运动组织，把全世界工人阶级联合起来，争取自身的利益，更进一步就是推倒资产阶级专政，建立无产阶级政权。

但无产阶级政府建立后，就不能再搞斗争搞革命那一套，咱得建设啊。

在当下主要的资本主义国家开展暴力革命以实现社会主义是不现实的。原因固然是多种的，但最重要还是在主要的资本主义国家里，人们的生活水平已经达到一个较高的水平，人们宁愿接受正在享受着的，可能不完美但足够舒坦的生活，而不愿先通过一种巨大的破坏性的行动，去争取一个被宣称很美好的"画饼"。谁能保证在经历暴力革命之后，自己的身边还能剩下些什么，要知道现代军事战争是何其残酷。又有谁能保证暴力革命胜利之后，真的能获得一个比原来的生活更美好更公正的生活呢？

"暖风熏得游人醉，直把杭州作汴州"，在一片纸醉金迷、歌舞升平中人们感受不到危机，尤其是宗教、意识形态灌输下，感觉自己的日子过得还行，甚至认为这就是自己的命，这股"温暖的春风"把人们的头脑吹得如醉如迷，像喝醉了酒似的。但总有那么几个人清醒着。

试想一下：路边横躺着的醉鬼，若没几个路人的摇醒，或许就这样无声无息地逝去。

试想一下：社会阶层中的最底层，若没几个人呐喊，振臂高呼，或许

---

① 《马克思恩格斯选集》第 1 卷，人民出版社 1995 年版，第 250—251 页。
② 《马克思恩格斯选集》第 1 卷，人民出版社 1995 年版，第 283 页。

就那样悄无声息地出现、消失。

不是每个人下来渡个劫就能成为上神的，不是每个人靠自己奋斗就能成为资产阶级的，总有渡劫失败的，更多的则是芸芸众生、无产阶级。

正如海因里希·伯尔所说"幸好有了卡尔·马克思"，才给了更多人希望和理想，才有更多的公平公正和民主自由。

春风十里，不如有你。

尽管眼前依然苟且，毕竟还有诗和远方。

## 第三节　夜空中最亮的星
### ——《共产党宣言》在世界、在中国、在你我身边

### 一、世界是不是平的？ / 谁在推动全球化？

21世纪初，美国作家出了一本书叫《世界是平的》，讲的就是世界全球化的问题，世界变成了"地球村"。同一个村子好啊，鸡犬相闻，村这头狗叫一声，村那头都能听得见。资产阶级总是认为，全球化是我推动的，我是全球化的引领者。

事实是不是这样子呢？

在《共产党宣言》中，马克思认为，生产力决定生产关系、经济基础决定上层建筑。全球化这个事情，主要是生产力发展的结果，只不过资产阶级在头班车上，所以感觉是他领导。

现在情况呢？自20世纪90年代计算机及互联网络技术的发展，尤其到了21世纪以后，电子商务、大数据等的发展，已经让全球真正进入一个万物互联的时代。马克思如果看到，肯定会说，"看吧，当年我就说过，通信技术的进步只会让工人阶级的联系更加紧密"。现在情况还真是变成这样了。

2017 年 1 月，刚上台不久的美国总统特朗普，带头掀起了反全球化的浪潮，英国、欧洲的右派们在民粹时代，更加地叫嚣要逆流而行。

而习近平总书记在多个国际场合旗帜鲜明地表达了反对贸易保护主义、坚持经济全球化的主张。

这剧情的反转让人应接不暇。不对啊，怎么就角色互换了啊！欧美不是全球化的引领者吗？怎么社会主义中国成了全球化引领者？

这就是生产力进步的力量，这就是资产阶级的本质暴露。

资产阶级自工业革命以来玩的那一套，在信息时代突然玩不转了，利益不能通过剪刀差高度集中化了，而是通过信息网络技术分散化了。

无产阶级经过这么多年的发展，突然发现信息网络技术可以把自己与世界互联起来了。

似乎全球化的理想已经实现了。

回到开头那个问题。世界是平的，世界真的是平的吗？是资产阶级推动的，还是无产阶级推动的，抑或生产力发展的必然结果？

然而，世界真的像我们想象的那样成为一个熟悉的世界了吗？在我看来，现在世界人民之间的关系，和哥伦布、麦哲伦时的世界并没有太大的区别。我们是可以了解地球另一端正在发生的事情，但是你能及时到现场去感受吗？答案是不能。为什么？我们还不自由，我们需要国家颁发的护照才能在可能的情况下，进入被允许进入的国家。

我们可以随时随地和另外一端的人交流，但你要真想熟悉对方，似乎很难，就像有首歌唱的"我们已成了最熟悉的陌生人"，我们可以很熟悉对方，但却无法改变"陌生人"这个事实。

有些人在网络上能成为朋友，但在现实中却不一定。你可以和另外一个国家的人交流，但你不一定能懂得对方。因为，我们有着语言上的障碍，还有文化、风俗习惯、政治意识形态教育等方面的不同。对于同样的问题，每个人都有着不同的看法，有时这些看法甚至是对立的。想象中的和谐并不存在。

几个世纪以前，欧洲人凭借着《马可·波罗行纪》而听说了中国这个神奇的东方国度。当时，欧洲人的一部分只是对非洲北部和近东比较了解。这么多年过去了，他们却始终和自己比较了解的一群人斗成了一团糟，现在情形仍然像一个难以合上的潘多拉的盒子。

是不是熟人世界更容易有利益争端，就像有部叫《杀熟》的电影一样？现在的欧美普通人对于现在的中国仍然缺乏足够的了解和认知，通过几本书籍、几张照片、几段视频、几部过度渲染的电影就能认识中国？

对于普通的欧洲人、美国人来说，中国还是那样的遥远，还是那样的古老，还是那样的神秘，在他们眼中中国还是一个奇异的国度，仿佛和他们不在一个星球上。这还是号称自由国度的人对世界认识的现状。

反过来看，中国人对于欧洲、美国就很熟悉吗？也不尽然。虽然满大街、教科书里，都有着欧洲美国的介绍，甚至连文化习俗都有详细的解读，但是不具体去过这个地方，你能熟悉这个地方吗？你能理解这个地方人的生活、思想状态吗？你能知道他的言行判断标准吗？中国人对于欧洲、美国的认识比以前有进步，但是还不能称得上熟悉的程度。熟悉，只是极少数人，还是带有某种目的和使命的人物才能做到的。

从整个人类历史发展的历程来看，世界人民始终致力于全球化。这是一个半伪命题，实际上只是少数人致力于全球化，大多数人还是低着头看着自己正在走的路。世界是平的也是一个伪命题，技术是利益的延伸而已。普通百姓并不是不想世界统一，而是人首先面对一个生存问题，对于普通人而言，世界全球化是个高级问题，在无法解决生存问题之前，这个问题不会走进他们的视线。而我们共产党人始终把解决生存问题、贫困问题放在首位，并以此为基础在全球分享自身经验，促进人类命运共同体的建设和人的自由全面发展。

　　一些资产阶级学者明知道世界是隔离的，还向民众散布地球是平的，宣传民主、自由、平等和博爱，只给予希望而不给予实际手段，就像在沙漠中只告诉有水源，而不说明怎样获得水源一样。在这一点上，马克思超越了他们这群人，既给予了希望也给予了实现希望的手段，所以引发了很多人对他的批评，也引发了无数人的争论。作为他的衣钵传人，中国共产党领导的中国自然是西方资产阶级的眼中钉、肉中刺。

　　美国前国务卿杜勒斯在 20 世纪 50 年代初提出"和平演变"十条：1. 尽量用物质来引诱和败坏他们的青年，鼓励他们藐视，鄙视，进一步公开反对他们原来所受的思想教育，特别是共产主义教条。2. 一定要尽一切可能，做好宣传工作，包括电影、书籍、电视、无线电波和新式的宗教传布。3. 一定要把他们的青年的注意力，从他们以政府为中心的传统，引开来。4. 时常制造一些无风三尺浪的无事之事，让他们的人民公开讨论。5. 我们要不断地制造"新闻"，丑化他们的领导。6. 在任何情况下，我们都要传扬"民主"。7. 我们要尽量鼓励他们（政府）花费，鼓励他们的信用，使他们货币贬值，通货膨胀。8. 我们要以我们的经济和技术的优势，有形无形地打击他们的工业。9. 我们要利用所有的资源，破坏他们的传统价值观。10. 暗地运送各种武器，装备他们一切的敌人，和可能成为他们的敌人的人们。[1]

---

[1]　约翰·福斯特·杜勒斯：《战争或和平》，北京编译社译，世界知识出版社 1959 年版。

### 二、《共产主义宣言》与中国共产党

"洛阳纸贵"的情形在每个时代都有。

《共产党宣言》一进入中国人的视野，便如一滴水滴入油锅中，瞬间沸腾起来，很多关注民族命运的先进分子，纷纷翻译、手抄宣言，广泛宣传：

> 1903 年，赵必振摘译，《加陆马陆科斯及其主义》；

> 1905 年，朱执信摘译，《德意志社会革命家小传》；

> 1906 年，强斋摘译，《万国社会党大会史》；

> 1906 年，叶夏生摘译，《无政府党和革命党说明》；

> 1907 年，震述摘译，《马尔克斯焉格尔斯合著之共产党宣言》；

> 1908 年，民鸣摘译，《共产党宣言》《共产党宣言序言》；

> 1912 年，蛰伸摘译，《社会主义大家马儿克之学说》；

> 1919 年 4 月，舍摘译，《共产党的宣言》；

> 1919 年 5 月，渊泉摘译，《马克思的唯物史观》；

> 1919 年 8 月，张闻天摘译，《南京学生联合会会刊》《社会问题》；

> 1919 年 11 月，李泽彰摘译，《马克斯和昂格斯共产党宣言》；

> 1920 年 8 月，陈望道译《共产党宣言》；

> ……

十月革命的一声炮响给我们送来了马克思列宁主义，也使《共产党宣言》在当时中国先进知识分子之中广为流传。

"共产主义"这个词，在中国共产党成立之前就已经有了，中共早期领导人李大钊曾经给"共产主义"起名是"亢慕义"，早在 1920 年，李大

钊就在北京景山东街马神庙的原北京大学第二院内成立了一个叫作"亢慕义斋"的图书馆。"亢慕义"就是李大钊把英文"共产主义"音译过来的一个说法，"斋"当然就是"书斋"的意思。

　　真理的味道非常甜。1920 年春，在浙江义乌分水塘村，一位小伙在用毛笔疾书，旁边放着当地的传统春节食物——红糖粽子。过了许久，他母亲在屋外喊："红糖够不够，要不要我再给你添些？"他应声答道："够甜，够甜了！"谁知，当母亲进来收拾碗筷时，却发现他嘴角满是墨汁，红糖一点儿没动。他就是陈望道，当时他正在翻译第一个中文全译本的《共产党宣言》，随后便参与了中国共产党的创立。他一生坚定共产主义信仰，并以身体力行诠释"真理的味道是甜的、信仰的力量是伟大的"真谛。

在《共产党宣言》的直接影响下，《中国共产党宣言》应运而生。1920 年 8 月间，上海共产主义小组在上海正式成立，很快发展到十几个人，11 月制定了一份《中国共产党宣言》的文件。这篇宣言只有大约2200 字，分为三个部分，标题分别是：共产主义者的理想、共产主义者的目的、阶级争斗的最近状态。文中重申了《共产党宣言》开宗明义揭示的阶级社会是阶级斗争历史的原理，指出："阶级争斗从来就存在人类社会中间，不过已经改变了几次状态，因为这是以生产工具的发达为转移的。"文中坚信《共产党宣言》所阐明的资本主义必然灭亡和共产主义必然胜利的规律以及无产阶级是资本主义掘墓人的结论，强调无产阶级努力的发展和团聚"会使资本主义寿终正寝的"。遵循《共产党宣言》的指引，文中宣告中国要建立革命无产阶级的政党——中国共产党，领导劳苦大众，开展阶级斗争。

毛泽东同志终身酷爱读书。在他的一生中,读的遍数最多、读得最熟、读得时间最长的一本书就是马克思、恩格斯著的《共产党宣言》。1936年,毛泽东与美国记者斯诺谈话时说:"正是《共产党宣言》这部马克思主义著作,使我树立起对马克思主义的信仰。我接受了马克思主义,认为它是对历史的正确解释,以后,就一直没有动摇过。"1939年底,他自己说《共产党宣言》读了不下一百遍,后来的几十年里,他"每年都把《共产党宣言》读几遍"。毛泽东同志不但研读中文版的《共产党宣言》,而且对英文版的《共产党宣言》也颇有兴趣。他当年的秘书林克同志回忆说:"从1954年秋天起,毛主席重新开始学英语。毛主席想学一些马列主义经典著作的英文本,第一本选的就是《共产党宣言》。"

邓小平同志很早就接触到了《共产党宣言》。1949年,百万雄师突破长江天险、解放南京后,他与陈毅谈起旅欧经历,说是读了《共产党宣言》等启蒙书才走上了革命道路。1992年,他在南方谈话中对大家说:"我的入门老师是《共产党宣言》和《共产主义ABC》。""我坚信,世界上赞成马克思主义的人会多起来的,因为马克思主义是科学。""马克思主义是打不倒的。打不倒,并不是因为大本子多,而是因为马克思主义的真理颠扑不破。"

江泽民同志在20世纪90年代中央党校讲话中,对参加培训的全国中高级干部讲到这个问题,说大学时候曾经打着手电筒躲在被窝里阅读《共产党宣言》。

所以,我们说没有《共产党宣言》就没有俄国十月革命,没有俄国十月革命的一声炮响,就没有中国共产党的成立。而没有中国共产党就没有新中国,也就没有今天的中国特色社会主义。

从这个意义上讲,《共产党宣言》确确实实对中国的革命、建设和改革产生了巨大的影响，并将继续指引着中国不断前行。从世界范围来讲，无论是西方的资本主义国家，还是正在建设中的社会主义国家，毋庸置疑，《共产党宣言》是一本影响深远、具有划时代意义的经典篇章。

用革命哲学、斗争哲学取得政权，就不能再用斗争方式去破坏自己的根基。再挖墙脚也不能挖自己的。作为一个社会主义国家，我们如何进一步推动共产主义运动在世界的发展是一个十分重要的课题。

资产阶级必然灭亡，社会主义必然胜利。我们绝不简单地认为哪一天美国突然宣布进行社会主义改造，社会主义就胜利了，资本主义就灭亡了。社会主义的胜利，是政治、经济、社会、文化等多方面的胜利，也是在全球范围内的胜利。社会主义的种子，可以在社会主义的中国长成参天大树，也能在仍是资本主义的欧美国家生根发芽，并继续影响着这些国家的政治经济政策，事实上无产阶级力量本身就诞生于资本主义世界。在国际工人运动的推动下，当下的资本主义早已不是当年的资本主义，现在的资本主义已经展现了更多的社会主义元素。作为一个动态的过程，资本主义正在走向灭亡，而社会主义正在走向胜利！

然而"共产主义决不是'土豆烧牛肉'那么简单，不可能唾手可得、一蹴而就"，当前无论是政治经济还是社会文化，抑或是思想道德，我们离共产主义社会都还有巨大差距，但绝"不能因为实现共产主义理想是一个漫长的过程，就认为那是虚无缥缈的海市蜃楼，就不去做一个忠诚的共产党员"。①"理想因其远大而为理想，信念因其执着而为信念"②，作为一个共产党员，我们一刻也不能丢掉自己的理想信念；作为一个共产党

---

① 习近平：《做焦裕禄式的县委书记》，《学习时报》2015 年 9 月 7 日。
② 习近平：《在庆祝中国共产党成立 95 周年大会上的讲话》，《人民日报》2016 年 7 月 2 日。

员，我们的理想信念就是"资产阶级的灭亡和无产阶级的胜利是同样不可避免的"，我们的理想信念就是共产主义！

或许我们目前能够做的，就是做好自己的事情，大力地发展社会主义。我们已经做了很多，做得很好，但我们可以做的，需要做的，还有很多，我们也应该要做得更好。我们已经为解决全球贫富差距、社会公正、环境污染等问题提供了中国智慧和中国方案，但全球问题的解决仍然需要付出更大的努力。我们必须不断推动中国的发展，使社会主义中国成为他国的参照，让中国特色社会主义为世人所向往。而我们又必须做到这一点！唯有如此才能让"船小好掉头"的国家看到社会主义的巨大优越性，而后选择改变本国基本的政治经济制度。也让工人阶级政党能在资本主义国家合法化，并且能够更有利地通过选举连续地、长久地赢得执政地位。

我们不能掉进思想的旋涡去考虑马克思的暴力革命理论是否已经过时，去钻要不要抛弃暴力革命的路径方法这个牛角尖，也不要去纠结何时才能让星条旗飘扬的美国被锤头和镰刀的大红色所取代，而应该专心致志做好社会主义中国的发展，展现出社会主义制度的优越性，坚守住社会主义的主阵地，我想，这就是当代对马克思主义的最好的实践。

今天的中国，你爱搭不理；明天的中国，你高攀不起。

今天的共产主义，你爱搭不理；明天的共产主义，你依然必选。


**参考文献：**

1.《马克思恩格斯选集》第 1 卷，人民出版社 1995 年版。

2.《马克思恩格斯文集》第 2 卷，人民出版社 2009 年版。

3.《列宁全集》第 2 卷，人民出版社 1995 年版。

4. 习近平：《做焦裕禄式的县委书记》，《学习时报》2015 年 9 月 7 日。

5. 习近平：《在纪念马克思诞辰 200 周年大会上的讲话》，人民出版社 2018 年版。

6. 孙伯鍨、侯惠勤主编：《马克思主义哲学的历史和现状》（上卷），南京大学出版社 2004 年版。

7. 黄凤祝、袁志英、维克多·伯尔编：《伯尔文论》，袁志英、李毅、黄凤祝等译，生活·读书·新知三联书店 1996 年版。

8. 约翰·福斯特·杜勒斯：《战争或和平》，北京编译社译，世界知识出版社 1959 年版。

9. 日一夫：《中共领袖与〈共产党宣言〉》，《新湘评论》2011 年第 2 期。

# 第三章

# 顶天立地谈信仰

"你幸福吗？""我姓曾。"

"你姓什么？""我信教。"

"你信什么？""信春哥，不挂科""信夜华，得永生！"

"你信什么？""我信仰共产主义！"

对于同样的问题，为什么有很多种回答，而且每个回答背后的内涵也不同。信教的肯定是位宗教信徒，信春哥的肯定是位紧张应考的学生，信夜华的肯定是位《三生三世十里桃花》的 fans（粉丝），修仙、修神，等待飞升。共产主义信仰是入党的门槛和标准，是进入共产主义大门的试金石。

对于信仰，《现代汉语词典》是这样解释的，是指对某种主张、主义、宗教或某人信奉和尊敬，拿来作为自己行动的指南或榜样。看到了吗？你信仰的对象，可以是人，可以是物，可以是虚幻、想象的东西，也可以是某个观点、某个主张，还可以是某个理论、某个主义。守财奴的"金币"，孔乙己的"面子"，基督教的"上帝"，等等，都是信仰的载体。

那什么是信仰？为什么叫信仰？信仰都有哪些？非得要选择一个信仰吗？此外，信仰有什么功能和作用吗？共产主义信仰和宗教信仰是一回事吗？信仰共产主义管用吗？对最后一个问题，我微微一笑：共产主义信仰不仅管用，还能管饱。

欲知为何，且看下面解答：

## 第一节　上九天揽月，下五洋捉鳖
### ——信仰是啥？为啥要有信仰？

### 一、什么是信仰？

> 康德："有两种东西，我对它们的思考越是深沉和持久，它们在我心灵中唤起的惊奇和敬畏就会日新月异，不断增长，这就是我头上的星空和心中的道德定律。"

"信仰"一词，看上去就非常高大上，既感觉虚无缥缈，又感觉无时无刻不在。有人为它"抛头颅、洒热血"，有人为它"粉身碎骨浑不怕，要留清白在人间"，有人为它"走上火刑架"，也有人为它甘愿"苟且偷生""遗臭万年"。对了，它就是这么神奇。

什么是"信仰"？为什么它具有这么神奇的力量，能让人既可因信仰而生，也可因信仰而死？实际上，大哲学家康德的话中已经包含了信仰的几个关键词：惊奇、敬畏，外在世界、内心道德。

信仰起源于人对外在世界的敬畏。在原始社会，与风雷闪电、虎狮狼豹相比，刚刚从类人猿进化而来的人类还非常弱小，当然在进化之前也属于动物界的弱势群体。因而为祈求生存对强大事物进行膜拜，进而祭祀。这种原始崇拜，东西方世界都有，并且逐步形成了各自神话体系，上千年积累下来，诸天神佛数量庞大、种类繁多，令人目不暇接、瞠目结舌。

信仰的第一要义是"信"，就是要相信。比如对火的崇拜，历经数千年的尝试，原始人从畏惧火到使用火，因为他们相信火能够带来温暖、带来热食，进而是健康、安全，从敬畏到惊奇，这样对火的崇拜就转化为对火的信仰。在中国，火神叫祝融，在古希腊，火神叫赫菲斯托斯。当然，为人类盗火的普罗米修斯，理所当然地是大大的英雄。我们有时也把马克思当作中国的普罗米修斯，就是因为他的学说为中国革命送来了火种。说到这里已经很明显了，信仰的第一个效用就是"管用"，能带来实实在在的益处。

传说地球上本没有火种，人类没有火烧烤食物，只好吃生的东西，没有火来照明，在无边的黑暗中度过一个个漫长的夜晚。普罗米修斯是个勇敢而极富同情心的神。他看到人类生活困顿，决心为人类盗取天火。他躲在太阳神阿波罗驾车的必经之路，悄悄地偷取火种并带到了人间。主神宙斯得知是普罗米修斯盗走了天火，便大发雷霆。他用铁链把普罗米修斯锁在高加索山的悬崖绝壁上，接着又派了一只凶恶的鹫鹰，每天去啄食普罗米修斯的肝脏。普罗米修斯忍受着巨大的痛苦，但他不后悔，他坚定地说："为人类造福，有什么错！我可以忍受各种痛苦，但决不会承认错误，更不会归还火种！"受此感动的希腊大英雄赫拉克勒斯不远万里救下了普罗米修斯。①

信仰的第二要义是"仰"，麻烦您抬个头，视角向上，看到或者想到某个高于你的存在，就是"仰望、仰慕、敬仰"的对象。比如上帝"耶和

---

① 普罗米修斯盗火，百度百科，http://baike.baidu.com/link?url。

华"，既给人类创造了乐园，又让蛇来考验人的心性，把听话的送上了诺亚方舟，不听话回头张望的变成了石头，其他的都消灭在滔天洪水中。现在理解何为"伴君如伴虎"了吧，满天神佛不是那么好伺候的，有的要猪牛羊，有的要新鲜的水果食物，有的要童男童女，还有西门豹治邺城的河伯，居然还要娶个黄花大姑娘。这些都是高高在上的，都是必须仰望的存在。是故，信仰的第二个效用就是心存敬畏，做事要有度。

> 上帝耶和华见到地上充满败坏、强暴和不法的邪恶行为，于是计划用洪水消灭恶人。同时他也发现，人类之中有一位叫做诺亚的好人。他指示诺亚建造一艘方舟，并带着他的妻子、儿子与媳妇以及牲畜与鸟类等动物进入方舟。四十天的大洪水淹没了最高的山，在陆地上的生物全部死亡，只有诺亚方舟中的生命得以存活。洪水散后，诺亚将一只祭品献给神。耶和华闻见献祭的香气决定不再用洪水毁灭世界，并在天空制造了一道彩虹，作为保证。①

信仰的第三个要义是"真"，对你信的东西得真诚，得掏心掏肺。你看达摩祖师"上班坐禅，困倦打拳，饥饿吃饭"，面壁十年成就真身。姑且不论何为真身，这态度就值得学习，这就是信仰的力量。再看布鲁诺，为捍卫日心说慨然赴义，"高加索的冰川，也不会冷却我心头的火焰，即使像塞尔维特那样被烧死也不反悔"，"为真理而斗争是人生最大的乐趣"，这也是信仰的力量。再看邻邦日本武士道，为了天照大神，搞了一套切腹自杀的仪式，并且自认为是无上光荣之事；同样，在清末民初的义和团身上，号称神功护体、刀枪不入。总而言之，信仰的第三个效用就是有力

---

① 诺亚方舟，百度百科，http://baike.baidu.com/link?url。

量，但不能走上歪路、邪路，不然破坏力更大，要有科学理论作为指导。

> 相传达摩在嵩山西麓五乳峰的中峰上部、离绝顶不远的一孔天然石洞中面壁十年。他就在这个石洞里，面对石壁，端端正正地坐在那里，两腿曲盘，两手作弥陀印，双目下视，五心朝天入定。开定后，他就站起身来，做一些径行活动，锻炼一下身体，待倦息恢复后，又是坐禅入定。就这样进行了长达九年的修性坐禅。当他离开石洞的时候，坐禅对面的那块石头上，竟留下了他面壁姿态的形象，衣褶皱纹，隐约可见。[①]

为什么要有信仰呢？

有人说，中国的门卫是世界上最具有生命关怀和终极意识的职业，因为他们每天都在反复追问：你是谁？你从哪里来？你到哪里去？

有人说，"人类一思考，上帝就发笑"，也有人说"人类停止思考，也就停止进步、迷失自我""思考是人类进步的阶梯"。其实，人与动物的根本区别就在于有自己的独立意识，通俗一点就是会思考，会琢磨事。

> 思想、观念、意识的生产最初是直接与人们的物质活动，与人们的物质交往，与现实生活的语言交织在一起的。人们的想象、思维、精神交往在这里还是人们物质行动的直接产物。表现在某一民族的政治、法律、道德、宗教、形而上学等的语言中的精神生产也是这样。人们是自己的观念、思想等等的生产者。[②]

孔夫子站在河边的石头上大喊一句："逝者如斯夫"，哎呀时间过得好快啊，这才几年工夫，转悠了十来个国家了，我的两鬓都生华发了。人生

---

① 达摩面壁，百度百科，http://baike.baidu.com/link?url。
② 《马克思恩格斯选集》第1卷，人民出版社1995年版，第72页。

在世，如白驹过隙，哗啦啦，说没就没了。那我存在的意义何在？就是吃吃喝喝睡睡几十年？还是要干点正事，那就"先定个小目标，挣它1个亿"？不管什么目标，人要确立自己在世界之中的位置、方向，而不能泯灭在社群之中，你先要成为你自己。

　　人必须要有信仰，因为它是一种精气神，使人在万念俱灰的失落中，重拾信心而继续前进；它是一种道德底线，使人在眼花缭乱的物欲中，谨守纯真、质朴而岿然不动；它更是一种追求，使人在百般苦、千般难中，至死不渝地追寻梦想的绽放。①

　　一个人信仰的确立不是一蹴而就的，而是循序渐进的。首先是相信，在此基础上通过内外因素的交互作用，强化了这种相信，就转化为信条，并以此来指导思维、言语和行动。再上升一个层次，就变成了信念，主动靠拢、积极作为。在经过几轮强化之后，多个信念之间相互较劲，最后诞生了一个核心信念、最高信念，接着就形成了自身的信仰，个体的言行举止都成了一种自觉。正如现代管理学奠基人德鲁克所说："信仰不是非理性的、伤感的、情绪化的、自主自发的。信仰是经历严肃的思考和学习、严格的训练、完全清醒和节制、谦卑、将自我服从于一个更高的绝对意愿的结果。"

　　信仰会让人或组织变得有力量。今天的香格里拉有着连绵雪山，道路艰险而难以逾越，历史上靠双脚从这里走过的只有两支队伍，一支是喇嘛教的僧侣，另一支是中国工农红军，他们都在追求自己的精神天堂。更能证明信仰力量的民族是犹太民族，犹

---

① 崔林：《人必须要有信仰》，中国法院网，http://www.chinacourt.org/article/detail/2014/05/id/1286789.shtml。

太人创立了一神教——犹太教，因为找到了永恒和神圣，所以，历经千年大流散，仍形散神聚，尤其是以 1500 万人产生出五分之一的诺贝尔奖获得者。①

信仰关乎人生全部的目标和最后归宿，也是人生发展的动力和精神支柱。"信仰"一定既要"信"，又要"仰"；"信"则坚定不移，"仰"则很难到达。信仰的标准不能太低，因为太低就很容易实现，一旦实现了就没有了方向和目标，就会迷惘，想不通时会无助，想透彻了会无聊，无路可走很麻烦，一眼到头也无趣。所以信仰一定不能是"当领导""成土豪"或者"做帅哥"，虽然这些对有些人来说挺"信"的，而且也有"仰"的难度。另外，即使这些都实现了，人生还未必圆满。比如，帝王将相已经功成名就还在追求"长生不老"，富豪财阀已经香车宝马还在渴望"修身养性"，革命先辈衣食无忧还在追求"自由解放"，这就说明人类的终极目标不可能是功名利禄，而是要有更高的理想和追求。

## 二、如何选择一个正确的信仰？

看来信仰是件挺复杂的事情，用得好，管用、有益，用不好，破坏力也很大。怎么来评判信仰好坏呢？首先来给信仰排排坐、分分类。

就历史发展来看，分原始信仰、宗教信仰、哲学信仰。

就信仰对象来看，分政治信仰、道德信仰、宗教信仰、法律信仰、职业信仰等。

就信仰性质来看，分理性信仰、非理性信仰。

就表现形态来看，分具象信仰、抽象信仰。

---

① 公方彬：《我们为什么要信仰共产主义》，《中国青年报》2015 年 10 月 19 日。

就地域文化来看，分西方人信仰、中国人信仰、印度人信仰等。

主要来看看欧美和中国信仰上的差异。大体上来看，西方人的信仰对象是神，即使在现代社会中，他们所信奉的民主、自由、科学等等，也无不是被神化的，被涂上神的色彩，带上神的光环。中国人的信仰对象则是人，这以中国的儒家思想为典型。历代中国的帝王对孔子的封号竞相抬高，层层加码，从"先师""至圣"到"大成文王"，却从来没有超过一个界限——孔子是人而不是神。与西方人以圣徒、天堂为最高境界不同，中国人的最高境界是属于人的，哪怕是从弥勒佛到观音，从张天师到济公，也都是可亲可近的、人化的。印度人则以"法"为信仰对象，追求的是与此岸对立的彼岸、与生死对立的解脱、与现象对立的本质、与有无对立的空。

与西方严肃的宗教信仰相比，中国人的信仰比较复杂。在对生命本源的追问与思考中，我们更敬重先人、更注重活在当下。我们有没有信的东西？有，有信佛道鬼神，有信打卦算命，也有信因果报应的。但这种"信"不是为了"仰"，是为了应对困难、问题和危机，或者求个心理安慰，突显的是实用主义态度。俗话说"平时不烧香，临时抱佛脚"，诸天神佛不会因为我们"临时"抱佛脚而怪罪。从信奉的对象来看，可以信儒释道，可以拜天地君亲师，可以拜土地公公灶王爷。我们理财有财神，高考有魁星，婚姻有月老，求子有观音，航海靠妈祖，当然还有风伯、雨师、雷公、电母、河神、海龙王、阎罗王、玉皇大帝、关二爷、常山赵子龙，基本上三教九流无所不包、应有尽有，性格各异、活灵活现，衣食住行都有涵盖，生老病死都有照顾，吉凶祸福都有庇佑，各个工种都有分布，方方面面都有安排，信奉的目的是为了更好地安顿现实和生活。

迷信算不算信仰？迷信是人对事物的一种痴迷信任状态，迷惘、盲目、不加分辨地相信，而信仰显然要高级很多。在中国古代有很多迷信的活动，比如看星望气、相术占卜等，在隋唐时期很多达官贵族做事前都要事先占卜的，诗句"南朝四百八十寺，多少楼台烟雨中"从侧面反映了这种情况。当然也有很多破除迷信的故事，比如西门豹治邺时革除河伯娶妻陋习，范缜的反佛和《神灭论》等。

> 魏文侯的时候，西门豹被派管理邺城。结果到了当地却发现田地荒芜、人烟稀少，有人告知是"苦于给河伯娶媳妇，本地民穷财尽"。原来是邺城的官绅和巫婆勾结在一起，他们告诉老百姓"河伯是漳河的神，每年都要娶个漂亮的姑娘，不然就发大水把田地都淹了"。西门豹知道这是官绅跟巫婆利用迷信来鱼肉百姓，便设计把巫婆、弟子、三老等人扔进河里跟河伯"报告情况"，惩治了地方恶势力，革除了"为河伯娶妻"陋习，并发动百姓凿渠引水灌溉农田，大力兴修漳河水利，使邺地又繁荣起来。

什么是宗教信仰？与迷信一样，基于非理性因素，但又高于迷信，是一种将崇拜、敬畏对象神圣化、系统化、正规化、组织化的信仰。很多宗教也源起于对生的渴望和对死的恐惧，比如佛教的创始人释迦牟尼就是因为看到了"生老病死"的景象而去打坐悟道的；道教的重要工作之一就是"炼丹"，炼丹的目的是什么呢，长生不老；基督教倒是不追求长生不老，追求的是救赎，觉得人是有原罪的，只有获得救赎，才能上天堂，过上好日子，所以基督教也是源于对死亡的思考，超脱了尘世而追求天堂。

> 马克思："宗教是被压迫生灵的叹息，是无情世界的心境，正像它是无精神活力的制度的精神一样。宗教是人民的鸦片。"①

----

① 《马克思恩格斯选集》第1卷，人民出版社1995年版，第2页。

列宁："对于辛劳一生、贫困一生的人，宗教教导他们在人间要顺从和忍耐，劝他们把希望寄托在天国的恩赐上。对于依靠他人劳动而过活的人，宗教教导他们要在人间行善，廉价地为他们的整个剥削生活辩护，向他们廉价出售进入天国享福的门票。宗教是人民的鸦片。宗教是一种精神上的劣质酒，资本的奴隶饮了这种酒就毁坏了自己做人的形象，不再要求多少过一点人样的生活。"①

总而言之，宗教不是洪水猛兽，在特定的历史时期还是可以发挥一些积极作用，没必要将其妖魔化，但是也没必要认为有了宗教信仰就可以解决一切问题。

历史上的宗教和宗教之间经常爆发战争，一打起来就是你死我活头破血流都不带谈判的。最著名的就是十字军东征，打了将近 200 年。法国宗教战争，又叫胡格诺战争，连续八次的天主教和新教的激烈对抗，还有"三十年战争"等等，每次都有屠戮。所有的宗教教义都劝导人们修德向善，为什么还会有这么多的屠戮呢？主要因为宗教大都有很强的排他性，所谓的宗教极端组织，就是指排他性非常强的宗教组织，比如说 ISIS。

狭义的排他指身份上的排他，比如"异教徒"，在中世纪甚至之后的很长一段时间里，如果说你是异教徒，那么你在他眼里就不是一个人了，杀你也不必受到上帝的惩罚，反而是维护了教派的权威。

广义的排他性主要是指文明上的排他性。比如中华文明和西方文明的冲突，主要就是儒教文明和基督教文明在观念上的冲突，还有伊斯兰教文明和西方文明的冲突，以及其他多种因素造成了中东地区持续不断的

---

① 《列宁全集》第 12 卷，人民出版社 1987 年版，第 131 页。

冲突。

什么是哲学信仰？与宗教一样，哲学也在追寻人的存在意义、本质，人的生与死、善与恶、美与丑、秩序与自由、理想世界等等。因时代不同、认知水平不同，人类思考深度、内涵、模式不同，哲学信仰也存在很大差异，比如唯物主义、唯心主义等。哲学注重建立在理性基础上的思辨，而宗教强调建立在体验或幻想上的信仰；哲学强调"爱智慧"，宗教就剩了一个"爱"；哲学"思"，宗教"信"。

什么是科学信仰？就是对真理的追求与执着。信仰是人的精神支柱，科学是人改造世界的物质基础，所以我们既要发展科学，也要完善与文明相匹配的崇高的信仰。科学总是在问"为什么"，依循客观规律不断探索前进；宗教则总是告诫"是什么"，强调的是"信"，"信则灵"，就是让你干啥就干啥，哪么多问题，佛祖、上帝、安拉、玉皇大帝忙着呢。

著名科学家赫尔巴特说："当喉咙发干时，会有连大海都一饮而尽的气概，这便是信仰；等到口渴时，至多只能喝两杯，这就是科学。"这句话形象地点出了信仰的感性特征和科学的理性特征。

什么是政治信仰？人们对某种政治学说和政治制度真诚信服和坚定不移地遵循与执行的态度。比如：共产主义、三民主义、自由主义、共和主义等。

"以身殉志，不亦伟乎"的方志敏，1922 年加入中国社会主义青年团，1924 年转入中国共产党，参与领导弋横起义，创建赣东北苏区，领导组建中国工农红军第 10 军。入党之初，他满怀激情地写道："不管阶级敌人怎样咒骂共产党，但共产党终究是人类最进步的阶级——无产阶级的政党。……从此，我的一切，直至我的生命都交给党去了。"1934年11月，他奉命率红军北上，被七倍于己的敌军围困，为接应后续部队复入重围，终因寡不敌众，于1935年1月29日被俘。被捕入狱后，方志敏写道："敌人只能砍下我们的头颅，决不能动摇我们的信仰！因为我们信仰的主义，乃是宇宙的真理！为着共产主义牺牲，为着苏维埃流血，那是我们十分情愿的啊！"1935年8月方志敏被秘密杀害，时年36岁。

经济基础决定上层建筑，不同的社会阶级、阶层自有其不同的政治信仰，并指导个体、组织、阶级集团的行动。从整个人类社会发展历程和规律来看，共产主义信仰是科学的政治信仰，是有史以来最崇高的信仰，"是东方的红日，是航标灯，是生命的绿洲，是指南针，是望远镜"[1]。有了科学的共产主义信仰作支撑，就会有毛泽东诗歌里的那种豪情，"可上九天揽月，可下五洋捉鳖，谈笑凯歌还。世上无难事，只要肯登攀"。

## 第二节　红军不怕远征难，万水千山只等闲
### ——我们应该有什么样的信仰

**一、共产主义信仰，我有我可以！**

什么是共产主义信仰？

共产主义信仰，是指对共产主义学说和理论的信服、尊敬和崇拜，并朝着其指引的方向而不懈奋斗。

---

[1]　赵廷河：《要坚定政治信仰》，人民网，http://theory.people.com.cn/GB/40537/15382983.html。

马克思《人生》："转眼即逝的人生，正是一次激情的战斗！"

恩格斯《咏印刷术的发明》："凝视着真理，同它形影不离，我既不怕烈火，也不怕死亡，难道我还要受到质疑？"

高尔基《海燕》："这是胜利的预言家在叫喊：让暴风雨来得更猛烈些吧！"

夏明翰《就义诗》："砍头不要紧，只要主义真。杀了夏明翰，还有后来人。"

毛泽东《秋收起义》："军叫工农革命，旗号镰刀斧头。匡庐一带不停留，要向潇湘直进。"

陈毅《梅岭三章》："投身革命即为家，血雨腥风应有涯。取义成仁今日事，人间遍种自由花。"

当然，共产主义信仰也不是那么容易确立的。

我们为什么称马克思、恩格斯为伟大的革命导师？

首先是因为他们率先确立了共产主义信仰，并成为最早的共产主义者。

马克思、恩格斯的共产主义信仰也不是一蹴而就的，是经历了长期的学习、研究与思考，辩论、实践与革命。马克思、恩格斯都是出身富裕家庭，尤其是恩格斯家里还是大商贾。两个人早期都属于资产阶级子弟，接受了资产阶级教育。马克思家庭与学习氛围主要偏自由主义开明派，曾在波恩大学、柏林大学读书，最后拿了耶拿大学的博士学位，起初是位哲学学生和研究者；恩格斯，在当时是典型的"高富帅"，家里是宗教虔诚派和对金钱的热烈崇拜，当过兵，没上过大学，起初是位哲学爱好者。

同为德国人的两位革命导师，一开始迷恋上了黑格尔哲学，后来又转向了费尔巴哈，并通过《莱茵报》《德法年鉴》的锻炼，逐步由唯心主义向唯物主义、革命民主主义向共产主义转变。这是两人世界观的第一次转变。经过一段时间的研究与实践，他们在批判、批驳以及清算自己以前思想的基础上，实现了世界观的第二次转变。通过撰写《1844年经济学哲学手稿》、合著《神圣家族》《德意志意识形态》等，通过参与工人政治活动、改组共产主义者同盟、合写《共产党宣言》等，开始向辩证（历史）唯物主义和科学社会主义转变，并成为坚定共产主义信仰的共产主义者。[1]

马克思，从1830年进入中学开始就受到各种思潮影响算起，到1843—1844年左右他基本确立共产主义信仰为止，历经将近13年的时间。恩格斯，从1838年辍学经商开始，受到了各种政治思想的影响算起，到1845年写作《英国工人阶级状况》时确立共产主义信仰为止，在马克思的指导和影响下也花了近8年时间。

在中国，我们以毛泽东同志为例。他是1910年进入学堂读书，从受到资产阶级改良派思想影响算起，到1920年发起成立长沙共产主义小组，确立共产主义信仰为止，前后大约10年时间。其间，他经历过当兵、失业，也为是否出国留学而纠结，当过北大图书馆的管理员等等，经过审慎、慎重、长期思考与实践，他最终走上了革命的道路，成为一名共产主义者，并终身遵循、矢志践行。

在共产主义信仰这条光明、正确、艰险的大道上，除了坚定的共产主义信仰者、革命者，还有许多放弃者、掉队者、投降者、投机者、叛变者。

中共一大13名代表的结局。有的始终坚持下来，成为党的

---

[1]　孙伯鍨、侯惠勤主编：《马克思主义哲学的历史和现状》上卷，南京大学出版社2004年版。

领导人，如毛泽东、董必武；有的英勇牺牲了，如李汉俊、何叔衡、陈潭秋、邓恩铭；有的积劳成疾病逝了，如王尽美；有的中途离开党组织，如李达、刘仁静、包惠僧；有的成为党的叛徒，如张国焘、陈公博、周佛海。[①]

"莫道谗言如浪深，莫言迁客似沙沉。千淘万漉虽辛苦，吹尽狂沙始到金。"刘禹锡的这首《浪淘沙》深刻说明了信仰之路的不易。"艰难困苦，玉汝于成"，天上不会掉馅饼，共产主义信仰的确立是一件严肃、慎重、历经考验的事。

为何要选择共产主义信仰？因为共产主义信仰科学正确、使命崇高、实践有力。

首先是科学正确。共产主义理论是科学的，是关于共产主义的本质、性质、特征和发展规律的科学理论，是由科学的哲学、经济学、社会管理学、行为科学等科学理论组成的完整严密的理论体系，是人类关于社会发展理论的最先进、最科学的成果。马克思揭示出人类社会形态为什么按照原始社会、奴隶社会、封建社会、资本主义社会、共产主义社会由低级向高级依次更替的机理，论证了共产主义实现的必然。

其次是使命崇高。共产主义信仰讲的不是"个人解脱"，而是"人类解放"，是无产阶级的解放和全人类的解放。共产主义者把理想追求限定于现实世界和人类历史，但也具有极高的思想境界，要通过建立无产阶级政府，走向共产主义社会，从而实现人的自由而全面的发展。

最后是实践有力。共产主义信仰主要不是一种精神解脱和信仰疗法，

---

① 《中国共产党历史学习百问》，学习出版社 2021 年版，第 21 页。

而是以实际行动来推动生产力的发展，优化生产关系的结构，通过物质文明和精神文明的双重积累来改变全人类（包括自身）的现实处境，求得人类的解放，靠的是自身的力量，自身阶级的力量，团结起来的各阶层的力量，而不是神秘的救世主或者神仙皇帝。它还打上了无产阶级的粗犷豪放的阶级性格的印记，把人的注意力引向自身之外广阔的社会领域和崇高的社会目标，起着精神引领和救治的意义。

共产主义信仰不同于宗教信仰。无产阶级登上历史舞台之后，资产阶级百般阻挠和抹黑，尤其是将共产主义信仰与宗教信仰混淆，将共产党与宗教组织等同，这种歪曲和曲解的伎俩，目的是把为改变此岸世界而斗争的学说，变为憧憬彼岸世界的梦想，否认阶级对立的事实，模糊革命斗争的意义，把革命学说变为劝世箴言，以此来达到打击共产主义运动的目的。

哲学家罗素：耶和华等于辩证唯物主义，救世主是马克思，无产阶级是选民，共产党是教会，耶稣降临是革命，地狱是对资本主义的处罚，千年王国是共产主义。

约瑟夫·熊彼特：在某种意义上说，马克思主义是一种宗教，因为，"第一，它提供了一整套最终目标，这些目标体现着生活的意义，而且是判断事物和行动的绝对标准；第二，它提供了达到这种目标的指南，这一指南包含着一个拯救计划，指出人类或人类中被选择出来的一部分应该摆脱的罪恶"。[1]

共产主义信仰本质是政治信仰，其扎根于实践，具有现实性，不仅优于停留在观念层面的道德信仰和宗教信仰，而且不同于其他一切政治信

---

[1] 陈先达：《做坚定的马克思主义理论工作者》，《光明日报》2016年3月2日。

仰，其处于政治信仰的最高环节。而宗教信仰则基于非理性的宗教神学，属于精致繁琐的唯心主义哲学，把人所追求的最高目标设定为一种神格理想，认为人生的目的不是为了当人或当更好的人，而是为了更好地升天。

共产主义是救世的，是改造社会的，是认识世界和改造世界的学说；而宗教是救心的，宗教信仰是自救自赎的。宗教努力使各人回归自己的内心世界、改变自我，继而通过改变了的人而改变社会、改变世界。共产主义解决的是社会不公问题，而宗教解决的是个人灵魂失衡问题。宗教抚慰对宗教信仰者有效，而对非信仰者无效。马克思主义以解放人类为目标，解决社会向何处去的问题。不管你对共产主义信与不信，消灭剥削，消除两极分化，消灭阶级，获得解放的不是某个人，而是整个社会。

共产主义是治河换水，治水救鱼，只有水好，鱼才能成活；宗教是救鱼的，水有没有污染是否适合养鱼，这不是宗教的任务。宗教劝导各归本心，培养自己的慈悲心、善心、爱心。宗教有各种清规戒律，规范信徒的行为。从这角度，宗教具有伦理性质，修身养性，行善积德，劝人为善。宗教有它特有的社会功能，我们重视宗教对人心教化的良性作用。但社会不可能通过逐个改造人心而得到根本改造。只有变革社会，建立一个共同富裕的公平正义的社会，人才真正有安身立命之处。

那么，作为信仰共产主义的共产党员能不能信教呢？答案显然是不能。

首先这是党的哲学根基决定的。共产党是以马克思列宁主义为指导思想的无产阶级政党，而马克思主义的哲学根基是唯物的，认为物质第一性，意识第二性，也就是物质决定意识，社会存在决定社会意识，世界上不存在先知先觉的超自然意识来"设计""安排"社会存在。马克思主义的唯物主义哲学根基，决定了马克思主义的政党是唯物的，既然"唯物"，自然就不"唯心"，也就不相信超自然的思维和意识，不信神。

其次是申请入党之人自主的选择。让我们回顾一下我们的入党誓词。它的第一句就是"我志愿加入中国共产党！"志愿的含义包括了志向和愿望，而它的前提就是"自愿"。入党不是任何人强迫的结果，而是我们自主自愿的选择，这个"自愿"不仅仅是自愿成为一名共产党员，更是自愿承认党的纲领，遵守党的章程，贯彻党的宗旨，接受党的教育等等，自然也包括相信党的哲学根基，也就是唯物主义、无神论。党不会强迫公民入党，也便不存在强迫谁成为唯物主义无神论者的说法。

这里有几点要说明清楚：

第一，要明确共产党员绝不能信仰宗教，这是我们党的政治纪律，是我们党区别于大多数政党的一大特点。中国共产党是一个唯物主义的政党，而我们是自愿选择加入这个"不信教不信神"的政党，在逻辑关系上讲，应该是先成为无神论者，才可能成为一个共产党员。试想，一个有神论者怎么可能去加入一个要"打倒"自己的"上帝"的组织呢？

第二，要更全面地认识"宗教信仰自由"。当一个人还不是党员的时候，作为国家公民，他可以选择信教，佛教基督教啥的都行。他可以选择"信"很多教，到什么山头拜什么佛。他当然也可以选择不信教。我们不能把"宗教信仰自由"狭隘地理解为"信什么教的自由"，它同样应该包括"不信教的自由"。进一步地，党员不是没有享受到宪法所赋予公民的宗教信仰的自由，而是他在这种自由中选择了成为一名无神论者，一名唯物主义者。

第三，要认识到党纪与国法的关系。宪法是国家的根本大法，全体公民都依法享有宪法所赋予的权利，也都必须遵守相应的规定、履行相应的义务，这没有任何疑问。但宪法是根本的，也是底线的，它规定的是对公民和政府的底线要求。"底线"也是"底限"，任何情况下它都不得被突破。

但具体情况下，"底线"可以提高，党纪就是这样的。党纪不是突破了宪法规定的底线，而是根据自身的实际提高了对党员的要求，这是在更好地维护宪法的权威。

同时，为保持党的先进性、纯洁性，我们既要求申请入党者是一个唯物的无神论者，也要求入党之后不断学习不断坚定自己的唯物主义世界观，因此才会有党章党规中关于已入党的党员不能有宗教信仰的规定。这样的规定不是在剥夺党员的合法权利，而是在帮助并要求党员进一步坚定自己主动选择的、正确的、唯物的世界观。

## 二、共产主义信仰之花在中国绽放！

有了信仰会怎样呢？有了信仰会使一个民族变得伟大，使一个集团或个人变得有力量。[①] 正如习近平总书记所说："人民有信仰，民族有希望，国家有力量。"一个人有了坚定正确的理想信念，就能不懈努力、执著追求；一个国家和民族有了坚定正确的理想信念，就能披荆斩棘、攻坚克难。

> 1931 年，北洋内政部长朱启钤说过一段话："中国内战大抵靠武器、银元、主义。而银元不如武器，武器不如主义。我北洋只有武器，银元又少，主义全无，为过去之雄尔。而今南京国府有银元，有武器，略有主义，为当下之雄尔。吾观之十五年之后，有武器有坚定主义之共产少年恐为中国之雄尔。"

历史证明了他的话——有武器有坚定共产主义信仰的中国共产党领导中国人民，创造了人类社会发展史上惊天动地的发展奇迹，使中华民族焕发出新的蓬勃生机。

---

① 公方彬：《我们为什么要信仰共产主义》，《中国青年报》2015 年 10 月 19 日。

　　磊落奇才唱大同，龙津水浅借潜龙。

　　愿消天下苍生苦，尽入尧天舜日中。

　　这首诗的作者叫彭湃。

　　彭湃 1896 年出生于广东。1921 年归国加入中国社会主义青年团，1924 年初由团转入中国共产党。1927 年 10 月，在海陆丰地区领导武装起义，建立了海丰、陆丰县苏维埃政府（这是中国第一个农村苏维埃政权）。1929 年，因叛徒出卖不幸被捕，虽受尽酷刑，仍坚贞不屈。就义时年仅33 岁。

　　彭湃家当年是海丰县最大的地主，据说有乌鸦都飞不过的田产。就这样一个富家子弟，在日本留学时，第一次读到了《共产党宣言》，《共产党宣言》告诉他：过去的一切运动，都是少数人的，或者为少数人谋利益的运动。无产阶级的运动是绝大多数人的，为绝大多数人谋利益的独立的运动。正是在这般信仰的感召下，彭湃拨开了思想的迷雾，认识到只有共产主义才能救中国。他将自己的共产主义理想投入实践的第一步，是把自己从有产者变成无产者，把自己分得的田契亲自送给佃户，佃户不敢要，他便在家门口召开群众大会，当众将田契、租簿一张张烧毁。彭湃用一把火烧掉了自己数百万计的家产，也烧掉了他与传统剥削和压迫制度的关联，烧亮了自己带领劳苦大众站起来革命的信仰之光。

　　而无数个有信仰的人组成的队伍将是不可战胜的。

　　有这么一个地方，那里很美好，天空一碧如洗，白云擦过耳边，时而天地澄澈，时而云雾茫茫，你可以尽情地自拍、发定位、晒到朋友圈……

　　那里很荒凉，天空中连鸟飞过的痕迹都没有，只有皑皑的白雪和嶙峋的岩石，你可以尽情地发呆、放空、思考人生……

　　那里很凶险，海拔将近 5000 米，稍微走一点路你就会气喘如牛，就会四肢麻木，就会眼前发黑，500 米的台阶，你可能会走上一个半小时，你可以尽情地享受那种高原缺氧给你带来的征服千难万险的快感……

所以，你要穿上厚厚的羽绒服，背上几个氧气瓶，兜里揣上巧克力，出发前再喝上几罐饮料来补充体力，当然你还要吃一顿丰盛的早饭。然后坐上缆车穿云入雾到达山顶，最后"征服"那最后几百米的山路。但是，如果你手无寸铁，如果你没有羽绒服、氧气瓶，如果你没有巧克力和缆车呢？在山上饿了吃什么？渴了喝什么？累了在哪儿休息？晚上怎么睡觉？

80 多年前，那群衣衫褴褛，骨瘦如柴的红军战士，携带着沉重的装备，是怎样一步步从山脚开始，克服严寒，面对冰雪，熬过高原缺氧带来的种种反应，爬过那一座座人迹罕至的雪山？

是什么能让他们毫不犹豫地去爬那鸟儿也飞不过去的雪山？是什么能让他们在寒冷、疲惫、高原缺氧的痛苦折磨下一往无前？是什么让他们能够义无反顾地相信胜利一定在前方，希望一定在前方？是追击的敌军和炮火吗？不，因为我们知道，他们可以退缩，甚至可以叛变和逃离。是丰厚的粮饷，高官厚禄的许诺吗？不，因为他们谁都不知道，自己能否活着走下雪山。

那是什么呢？没有别的词，只能是信仰。"我们胜利有把握，向前杀敌莫错过，把我们红旗插遍全中国。"

我们曾经拥有灿烂文明

转眼都飘散如烟

我们曾经堕入无边黑暗

想挣扎无法自拔

我们曾经问遍整个世界

从来没得到答案

我们曾经失落失望失掉所有方向

直到看见马克思主义才是唯一的答案

冥冥中这是我们唯一要走的路

我们曾跨过雪山和草地

也穿过茫茫山林

绝望着也渴望着有哭有笑前进着

时间无言如此这般

信仰征途已在眼前

共产主义故事讲到了今天

中国共产党的历史上，像彭湃这样的志士仁人不计其数，像红军中的每一个战士，他们的信仰是共产主义，也是他们心中的可爱的中国。

革命烈士方志敏曾说过："目前的中国，固然是山河破碎，国弊民穷，但谁能断言，中国没有一个光明的前途呢？不，绝不会的，我们相信，中国一定有个可赞美的光明的前途。"多么质朴而感人至深的呼唤啊！历史的车轮滚滚向前，敌人的铡刀吓不倒英勇的革命先辈们，因为他们是有着坚定信仰的共产党人。

信仰，一个沉甸甸的词汇。在革命时期，它是志士仁人为了建立新中国洒下的鲜血，在建设时期，它是工人百姓为了建设新中国淌下的汗水，在改革时期，它是人民群众为发展新中国激荡的青春和智慧。

在社会主义建设阶段，共产主义信仰依然不曾磨灭！为人民服务的宗旨不曾改变！中国共产党始终不忘初心、奋力前行！

1950 年 3 月 18 日，刊登在《留美学生通讯》上的致全美中国留学生的公开信中写道："祖国在向我们召唤，我们的人民政府在向我们召唤。让我们回去把我们的血汗洒在祖国的土地上，灌溉出灿烂的花朵。回去吧，赶快回去吧！祖国在迫切地等待我们！"

在国外初展风采的钱学森、邓稼先、朱光亚等人积极响应，纷纷选择了回到刚刚历经战火，仍是废墟一片的中国。是啊，祖国在迫切地等待着，等待着这群年轻人。当时的中国百废待兴，与西方国家的国防、工业等方面存在巨大差距。要让国家和民族屹立于世界，我们首先必须要有自己独立的国防体系、工业体系，而这就是那群年轻人的广阔舞台。

钱学森在哈尔滨参观军事工程学院时，时任院长陈赓大将问的第一句话是：中国人搞火箭、导弹行不行？钱学森回答得很干脆："外国人能搞的，难道中国人不能搞？中国人比他们矮一截？"

铁人王进喜带领工友用 4 天时间，竖起一座重 60 吨、高 40 米的井架！用脸盆端、水桶挑，靠人力端水 50 多吨以保证钻井按时开钻！

试问"两弹一星精神"是什么？是"热爱祖国、无私奉献，自力更生、艰苦奋斗，大力协同、勇于攀登"。

试问"铁人精神"是什么？是"有条件要上，没有条件创造条件也要上"，是"宁可少活 20 年，拼命也要拿下大油田"。

试问信仰是什么？是白手起家艰苦创业，是为国家摆脱"病夫"的帽子、"贫油"的帽子，是"国家需要的就是我要干的"，是"为人民服务""为中华之崛起"！

将有限的生命融入无限的时代潮流中去，去为国家和民族的未来，奉献自己的青春和智慧，在回答信仰之问上，激情燃烧的岁月中的建设者们用"两弹一星精神""大庆精神""红旗渠精神"交出了一份优秀的答卷。孔繁森、焦裕禄、郑培民、吴仁宝……他们中有乡村小支书，也有省市大书记，尽管出身不同，职责不同，功绩不同，但都有一个响亮的名字，叫人民公仆，都有一个笃实的追求，叫共同富裕，都有一个坚定的信仰，叫共产主义。

> 无产者没有什么自己的东西必须加以保护，他们必须摧毁至今保护和保障私有财产的一切。过去的一切运动都是少数人的或者为少数人谋利益的运动。无产阶级的运动是绝大多数人的、为绝大多数人谋利益的独立的运动。①

谁把人民放在心里，人民就把谁举过头顶。一个带领百姓发家致富的，让百姓感到须臾不可离开的党的干部，就真正践行了自己的信仰。我们党员必须明确，我们什么时候做到了让人民群众获得看得见、摸得着的实实在在的利益，在物质和精神上都走上共同富裕的道路，什么时候我们才叫践行了自己的共产主义信仰。

信仰从来不是空洞的口号，它是有血有肉的，展现在一个又一个的奋战在一线的生动实践中。信仰，在夏明翰那里，是"砍头不要紧，只要主义真"；在陈树湘那里，是"誓为苏维埃流尽最后一滴血"；在孔繁森那里，是"咱是党的人"；在郑培民那里，是"做官先做人，万事民为先"；在任长霞那里，是"己不正哪能正人，心不公岂能为公"……

> 马克思："只要人民在心目中有了明确的目标，他们就会显示出足够的勇气。"②

> 毛泽东："四海翻腾云水怒，五洲震荡风雷激。要扫除一切害人虫，全无敌。"

> 《国际歌》："从来就没有什么救世主，也不靠神仙皇帝，要创造人类的幸福，全靠我们自己！"

---

① 《马克思恩格斯选集》第 1 卷，人民出版社 1995 年版，第 283 页。
② 《马克思恩格斯文集》第 1 卷，人民出版社 2009 年版，第 459 页。

共产主义信仰强调的是实践，是改造主观世界、客观世界，是实现"生产力高度发展，社会产品极为丰富，人们具有高度的思想觉悟"，而这些都是要通过解放和发展生产力来达到。生产力的解放伴随的是人的解放，共产主义的奋斗过程就是人民群众物质文化水平不断提高的过程，当所有人在共产主义事业中升华精神境界、感受到真正的实惠，必然会对共产主义事业和共产党产生由衷的拥护和爱戴，并吸引更多的志士仁人投身到这项伟大的事业中来。共产主义既是一个美丽而又崇高的理想信仰，也是实实在在发生着的"现实的运动"，值得我们毕生去追寻。

## 第三节　神女应无恙，当惊世界殊
### ——hold（把握）得住的共产主义信仰

### 一、共产主义信仰挺管用

有句广告词叫"不看广告看疗效"，曾风靡一时，给人留下了深刻印象。

回首共产主义信仰在中国，共产主义事业在中国，到底发生了哪些变化？而印证此"疗效"的就是"神女应无恙，当惊世界殊"，中国已经发生了翻天覆地的变化。

2015 年的时候，一位不知名人士，在 Quora（相当于美国的知乎）上提出了一个问题："中国知识精英怎么还不发起颜色革命？这看上去很简单，不是吗？"

一年多的时间里，超过 100 名网友给出了答案，美国人、印度人、挪威人以及海外华人……长期受到西方媒体轰炸的他们，却道出了风格各异的精彩见解，其中，上海姑娘 Michelle Zhou

的回答无疑是简短犀利，获赞两万。

Michelle Zhou：我们看上去像受迫害？被洗脑？没自由？不管是不是知识精英，这就是中国人为什么不造反。我曾经试着解释为什么中国不需要西式民主……一而再再而三……吵够了。

20年内，从一无所有到下面这样……

20年内，从一穷二白到这样！

我老家！我们地底下可没有石油！我们看上去像受迫害？被洗脑？没自由？像要换一个更好的政府？谢谢你的建议，中国现行制度运转良好。①

很简单，因为我们发展得还不错。

70后成长在我国刚刚改革开放的阶段，封闭多年的国门一朝打开，人们忽然发现已经被世界落下了很远。一时间洋品牌充斥市场，洋思潮泛滥天下，日本的电器好像永远用不坏，连桑塔纳轿车我国都造不了，尖皮鞋喇叭裤大波浪卷发引领时尚潮流，"资本主义社会怎么就那么发达呢？"在70后的印象中，当时的中国相比西方则是全面落后，他们有着奋发图强的呐喊，有些人也有着"外国的月亮比中国的圆"的感叹。

80后的成长伴随着我国的发展，改革开放取得了一定的成效，合资品牌把"原装进口"拉下了神坛，传统文化开始和西方文化一度对抗，随着生活水平的逐步提高，80后们对于外国不再盲目崇拜，而是向往与戒备并存。中国开始在国际社会上崭露头角，复兴之路却并非一帆风顺，80后的记忆当中有港澳顺利回归、世贸协定签署的振奋，但是更深刻的是

---

① 《外国网友问中国为什么没有颜色革命　上海姑娘回答获赞2万》，观察者网站，http://www.guancha.cn/america/2016_07_16_367725_s.shtml。

驻南斯拉夫大使馆被炸全民抗议的屈辱，是南海撞机王伟魂归大海的揪心。80 后们一方面见证了祖国的发展，另一方面也经历着大国崛起过程当中的阵痛。所以说，80 后们大都有着强烈的忧患意识和偏向悲怆的民族情怀。

90 后是成长环境优越的一代青年。进入 21 世纪的中国，科技的进步伴随着经济的繁荣，物资的充裕推进了文化的发展。强大的国家带给 90 后的是一种天生的优越感，"美国无敌小护照，德国良心下水道"已经成为他们茶余饭后的调侃段子，"崇洋媚外"的帽子不再适合他们，他们只把外国当作一个可以去旅游或者是上学的地方，所以大多留学生会选择回国效力；他们只把外国商品当作是购买时的一个选项，所以一手 iPhone 一手华为照样用得很开心；他们对于国家的认同和热爱其实毫不低于 70 后、80 后，而胸怀更为开阔——他们会和"台独"分子开展有理有据的论战，他们会为永暑礁降落军机而欢呼，而在日本熊本县发生地震的时候，他们也会在网上点燃一支小蜡烛，为遇难的民众祈福。所以说，90 后们开始拥有了一颗真正意义上的大国之心。

我们欣喜地看到，00 后已经崭露头角，10 后正在迅速成长，一代比一代开放包容，一代比一代自信自强。有着这些越来越优秀的青年人，我们的事业还有什么可担心的？

其实我想说，在中国待着还是蛮好的，我总结了几点，大家听听对不对：

第一是安全。说中国是当今世界上最安全的国家之一，应该没有什么人反对吧？如果说有人半夜在大街上溜达，你会不会觉得他十分勇敢？如果说快递小哥说他敢到城市任何一个角落送快递，你会不会觉得他特别敬业？如果说一个女孩子自己一个人坐公交车，你会不会觉得她随时会遭遇骚扰？我国是命案发案率最低、刑事犯罪率最低、枪爆案件最少的国家之一，每 10 万人口的命案是 0.5 起。2021 年，根据国家统计局的调查，人民群众的安全感达到了 98.6%，当今中国成为世界上公认的最安全的国家之一。对于拥有 14 亿多人口的国家而言，毫无疑问，这是了不起的成绩。

第二是便捷。出行便捷，有宽阔的马路，有飞驰的高铁，有密密麻麻的航班，多个一小时都市圈已经建设成功，基础设施和基础服务日益完善，高铁技术世界第一，造桥技术世界第一，道路高架技术世界第一，等等。生活便捷，出门只要带个手机就可以了，顶多再带个充电器，连卖烤红薯都可以用电子支付，网店四处开花，快递无处不达，只要你愿意甚至可以足不出户地生活一辈子。

第三是美食。说到这一点可能大家都会笑，美食也是制度的优点了吗？"仓廪实，天下安"，"民以食为天"，不但要吃，而且要吃好，要好吃，这是刻在民族基因里的。论一个吃货的养成，需要先进的生产力作为必要条件。你们最喜欢吃的是什么东西？有没有想过为什么基本上你们想吃什么就能吃到什么？食物的构成主要分成几类，主食——大米白面，蔬菜——白菜包菜，水果——瓜果梨桃，肉类——鸡鸭鱼肉。其中成本最低的、最高产的是什么呢？主食。一般来说，种植蔬菜水果的成本高于主食，肉类的成本更是远远大于水果蔬菜。对于各种食物能够做到想吃就吃，其实是件很了不起的事。何况还有各种各样花样翻新的烹调方式，食物的成本就更是翻着个地往上涨了。没点实力，是吃不到好吃的东西的。

第四是护照。前几年网上流行说，美国的护照很牛："不管你身处何方，美国政府和军队都是你强大的后盾。"当时把很多人感动得热泪盈眶，事实是，这些人可能一辈子没见过美国人，真正的美国护照里写的是：美利坚合众国国务卿在此要求相关人士给予该美国公民／国民通行便利及在需要时提供合法的帮助与保护。中国护照上写着：中华人民共和国外交部请各国军政机关对持护照人予以通行的便利和必要的协助。意思差不多吧？你要是非要解读出个别的意思来，我也没办法。现在，随着中国政治经济和军事实力的提升，中国的护照也越来越好使了。护照的强大不在于你可以免签多少国家，而在于你危难时是不是有军舰接你回家。

所以说，身为中国人的感受还是不错的，而且会越来越不错。

新中国几十年来取得的成就，在世界上任何国家看来都是一个奇迹，这个奇迹不光是因为我们中国人民的勤劳勇敢，更多的是得益于有一个伟大的政党和一个伟大的制度，这就是中国共产党和社会主义制度。只有中国共产党才能救中国，才能发展中国，不是一句空洞的口号。

## 二、未来发展还得靠共产主义

习近平总书记在庆祝中国共产党成立 95 周年大会上提出四个自信，即中国特色社会主义道路自信、理论自信、制度自信、文化自信。

我们需要有自信，没有自信的人和国家都是没有脊梁的，我们有理由相信我们现在所处的是一个好的时代，而且生活会越来越好。可能就在十年前，还会有很多人认为资本主义国家（其实专指老牌资本主义国家）比我们要先进得多，但是近些年来的飞速发展用铁的事实告诉我们，社会主义是远比资本主义更能够促进生产力发展的社会制度。

判断一个社会制度的优劣其实可以有很多个标准，有人用孩子们夏令营的"惊人表现"来判断，有人用护照上的"霸气宣言"来判断，有人用有没有选票来判断，有的人判断标准更简单——月亮圆还是不圆。我们觉得看一个社会制度先进与否，不仅看当下，更要看潜力，看未来发展趋势。

回到引言里面的一个问题：共产主义信仰不仅管用，首先管饱。

把共产主义事业作为最高理想的中国共产党人，始终不曾忘记解决人的第一需要：生存，进而是体面地生活。

"手中有粮，心中不慌"，不论是革命年代，还是建设、改革年代，农业、农村、农民问题始终是中国的第一个问题。中央连续10多年一号文件都是关于"三农"工作。"小康不小康，关键看老乡"，扶贫首先要解决吃的问题，其次才能考虑发展问题。

改革开放以来，党和国家实施大规模扶贫开发，使7亿农村贫困人口摆脱贫困，谱写了人类反贫困历史上的辉煌篇章。党的十八大以来，以习近平同志为核心的党中央把脱贫攻坚摆在治国理政的突出位置，作为全面建成小康社会的底线任务，组织开展了气壮山河的脱贫攻坚人民战争，攻克了一个又一个贫中之贫、坚中之坚，取得举世瞩目的成就。2021年2月25日，习近平总书记在全国脱贫攻坚总结表彰大会上向全世界宣告中国举世瞩目的减贫成就："我国脱贫攻坚战取得了全面胜利，现行标准下9899万农村贫困人口全部脱贫，832个贫困县全部摘帽，12.8万个贫困村全部出列，区域性整体贫困得到解决，完成了消除绝对贫困的艰巨任务，创造了又一个彪炳史册的人间奇迹！"①

消除贫困、改善民生、逐步实现共同富裕，是社会主义的本质要求，是中国共产党的重要使命。所以，共产主义信仰不仅要能管用，首先要管

---

① 参见《领航中国｜彪炳史册的人间奇迹——党的十八大以来我国脱贫攻坚成就举世瞩目》，新华网，http://www.news.cn/2022-09/13/c_1128999916.htm。

饱，全人类的解放不是一句空话，要靠各种措施、办法扎扎实实去推动、去实现。

把共产主义事业作为最高理想的中国共产党人，始终不曾忘记世界上其他民族和人民的生存、发展。作为第一个提前实现千年发展目标贫困人口减半的发展中国家，在实现自身发展的同时，中国也积极开展南南合作，先后为120多个发展中国家落实千年发展目标提供了力所能及的帮助。联合国开发计划署署长海伦·克拉克曾撰文称，"中国将她的人民从贫困中以前所未有的速度脱离了出来，呼吁各国分享中国的减贫经验"。

中国经验再度表明，在全球化的背景下，当以经济增长为导向的强大领导层出现，聚焦于发展的业绩而不是根深蒂固的政策和利益时，经济和社会快速发展能够在贫困国家发生。在这一背景下，在一代人之内实现经济转型的国家目标，能激励和动员全国人民一致行动。[1]

反过来，我们关注另外一些案例。

伊拉克战争：2003年3月，以英美军队为主的联合部队对伊拉克发动的军事行动，到2010年8月美国战斗部队撤出伊拉克为止，历时7年多。伊方10800名士兵伤亡，武装分子26544人伤亡，30万左右平民死亡，480万难民。

叙利亚危机：2011年初，叙利亚政府与叙利亚反对派之间发生冲突，至今未达成和平协议，经济倒退30年。联合国称，叙利亚在内战前有2300万人口，其中有1350万人被迫逃离家园，

---

[1]　2012年，中国—经合组织发展援助委员会研究小组发布的《经济转型与减贫：中国的经验和对非洲发展的启示》报告。

国内流离失所人数达到 650 万人，480 万人逃往国外。

二战后美国主要出兵：朝鲜战争、越南战争、黎巴嫩维和行动、入侵格林纳达、入侵巴拿马、海湾战争、索马里维和行动、入侵海地、卢旺达维和行动、南斯拉夫维和行动、科索沃冲突、阿富汗反恐行动、伊拉克战争、空袭利比亚、空袭叙利亚等。

这么看来，在促进世界进步与和平发展上，我们中国应该更有些潜力吧。

通过几次工业革命，尤其是信息网络与计算机技术的快速发展，生产力发生了天翻地覆的变化。生产力的变化带来的是社会财富的丰富，在此基础上进行的社会分配的相对数量也有了很大的改善。

随着移动支付的流行，大多数人会遇到这样的烦恼："带个钱包上街，会不会太丢脸？"以前经常出现"我钱包哪去了"变成了"我手机哪去了"，"一部手机走天下"。就是这样让国人已经习以为常的移动支付，却被其他国家和地区的网友惊叹：从便利店到路边小摊，二维码已经成了标配。由便捷的移动支付衍生出全新的信用体系、金融科技模式，让中国在互联网领域首次领先世界。中国已经一只脚踏进"无现金社会"的门槛。是不是感觉离共产主义社会又近了一步？

孟子说："独乐乐不如众乐乐"，共产主义说要造福全人类。好吧，说得都有理。在电商引领世界潮流时，中国的其他技术也正在走向世界。

自 2008 年 8 月 1 日中国第一条 350 公里 / 小时的高速铁路——京津城际铁路开通运营以来，高速铁路在中国大陆迅猛发展。2022 年中国铁路营运总里程突破 15 万公里，其中高铁运营里程突破 4 万公里，稳居世界第一。中国高铁不断以自主创新成就自我超越，由"跟跑"到"领跑"、从"中国制造"到"中国

智造"，全面掌握了高速、高原、高寒、重载铁路技术。可以说，
中国铁路总体技术水平已经进入到一个崭新时代。①

把共产主义事业作为最高理想的中国共产党人，始终不忘初心，先从
人们的衣食住行开始，逐步走出了自己独有的制造之路。在 20 世纪 80 年
代，我们用大量的鞋子、袜子才能换来别国的一架飞机，到现在我们自己
的大型客机已经成功首飞并投入商业运营。在 90 年代，因为人口的大规
模流动，春运给了中国铁路巨大的压力，如今的高铁四通八达。

为推动产业转型升级，中国大力推进铁路、核电等产能和装
备行业"走出去"，并建立了跨部委、跨行业的"走出去"战略
协调和管控机制；进一步明确了政府作为牵头部门，加大了国家
在财政、金融等方面的支持力度，并配套建立了亚洲基础设施投
资银行、丝路基金，放宽了境外投资审批权限，全力推动相关产
业"走出去"。②

把共产主义事业作为最高理想的中国共产党人，始终放眼世界，在提
升自身生产力发展水平的同时，也积极主动走出国门、引领推动全球化，
让生产力发展的光芒，照亮、造福更多国家和人民。以生产力作为标准，
谁能够更快地发展生产力，谁就是更好的社会制度。代表未来发展方向的
共产主义中国，已然具备了更快的速度、更稳的态势、更多的后发优势。

习近平总书记指出："中华民族伟大复兴，绝不是轻轻松松、敲锣打
鼓就能实现的。"但是今天，我们比历史上任何时期都更接近、更有信心

---

① 参见《非凡十年看变迁 | 中国高铁的领跑模式》，新华网，http://www.news.cn/poli-
tics/2022-07/11/c_1128821004.htm。
② 《中国高铁携四大优势"走出去"》，新华网，http://news.xinhuanet.com/fortune/2015-12/
02/c_1117333853.htm。

和能力实现中华民族伟大复兴的目标。百年奋斗，初心不改，栉风沐雨，砥砺前行，今天的我们应该对我们的道路坚定信心，应该对我们的信仰坚定信心。

就这样被你征服

共产主义的光明前途

我的行动已经启幕

我的地盘由你做主

就这样被你征服

明确未来的前进道路

我的信念如此坚固

我的付出无比幸福

这么一个宽容、和谐、积极、科学、有利于所有人的信仰，已经被几十年里取得的巨大成就所证明了的信仰，我们有什么理由，不去相信呢？

期待你的回答！

## 参考文献：

1.《马克思恩格斯选集》第 1 卷，人民出版社 1995 年版。

2.《列宁全集》第 12 卷，人民出版社 1987 年版。

3. 孙伯鍨、侯惠勤主编：《马克思主义哲学的历史和现状（上卷）》，南京大学出版社 2004 年版。

4. 公方彬：《我们为什么要信仰共产主义》，《中国青年报》2015 年 10 月 19 日。

5. 中国—经合组织发展援助委员会研究小组发布的《经济转型与减贫：中国的经验和对非洲发展的启示》报告，2012 年。

6. 赵廷河:《要坚定政治信仰》，人民网，http://theory.people.com.cn/GB/40537/15382983.html。

7.《中国共产党历史学习百问》，学习出版社 2021 年版。

8. 陈先达:《马克思主义信仰和宗教信仰的不同在哪里》，《吉林日报》2017 年 2 月 20 日。

9.《中国高铁携四大优势"走出去"》，新华网，http://news.xinhuanet.com/fortune/2015-12/02/c_1117333853.htm。

10. 桑林峰:《共产党员绝不能信仰宗教》，《中国纪检监察报》2016 年 4 月 30 日。

# 第四章
# 中国共产党从哪里来

从哪里来，到哪里去，这是哲学家的终极追问。

作为共产党员，也要有追问的意识，"中国共产党从哪里来？"

这个世界没有无缘无故的爱，只有懂得，才能珍惜。只有知道了我们从哪里来，才能知道往哪里去；只有知道了来时路上的九死一生，才可能且行且珍惜。

中国共产党究竟从哪里来？

有的人说，是从摸着石头过河的探索中而来，因为这条路，从未有人走过。

也有的人说，是从历经种种苦难的磨砺中而来，因为这条路，荆棘密布。

忆往昔峥嵘岁月稠。想当初，这个组织没人、没钱、没背景，任何政治力量都瞧不起，看不上；想当初，这个组织走弯路，交学费，付出成长的代价，多少次淹没在敌人的围追堵截中；想当初，这个组织遭遇着各种逃离、掉队、背叛，几次濒临生死境地……

九死一生，苦难辉煌。

但历史就是这么神奇，捉摸不透，自有规律，充满奇迹。

正所谓"历史是最好的教科书"，习近平总书记在党的二十大报告中指出，"中国共产党已走过百年奋斗历程。我们党立志于中华民族千秋伟业，致力于人类和平与发展崇高事业，责任无比重大，使命无上光荣"。百年恰是风华正茂，无论我们走得再远，走到再光辉的未来，也不能忘记走过的过去，不能忘记为什么要出发。

还是来看几个问题吧：

历史为什么选择了中国共产党？

一个弱小的政治力量如何才能迈出第一步？

中国的革命和发展究竟该走什么样的道路？

中国共产党靠什么越挫越勇，中国道路凭什么越走越宽？

如果你也曾思考，不妨让我们一起回到源头，追寻历史。

## 第一节　横空出世

### ——历史为什么选择了中国共产党

我们经常听到这些耳熟能详的表述，"只有中国共产党才能救中国""没有共产党就没有新中国"。

但我们应该继续追问一句：为什么？

很简单：其他政治力量都不行，中国共产党很给力。

先说其他政治力量。

我们还是先来看一张 20 世纪初中国社会广为流传的时局图吧。

在这张时局图中，西方列强被刻画为一个又一个的"禽兽"……抑或"禽兽不如"。诸如有寓意为俄国的熊、英国的犬、法国的蛤蟆、美国的鹰、日本的太阳以及德国的肠子。就像时局图两侧描述的那样"不言而喻，一目了然"。

人为刀俎，我为鱼肉。

此时中国就像案板上的鱼肉一样任人宰割，这就是近代中国最真实图景，要军力没军力、要经济没经济、要科技没科技、要地位没地位，腐败的清政府已经卑微到"量中华之物力，结与国之欢心"的尘埃里。

可惜，卑微到泥土里，开不出高贵的花。

面对前所未有的大变局，有人卑躬屈膝，甘做亡国奴，有人充耳不闻，唱着后庭花，也有人苦心探索，敢问路在何方？于是，一次次试探换来的是一次次失败，林则徐、魏源失败了，洪秀全创立的太平天国也终究只是黄粱一梦；李鸿章等人掀起的洋务运动随着一纸丧权辱国的《马关条约》宣告失败；康有为领导的戊戌变法也昙花一现，菜市口的刽子手终结了这场改良运动；孙中山领导的辛亥革命倒是曙光初现，革掉了清政府的命，但取而代之的袁世凯最终也只留下了一块民主共和的招牌。

你方唱罢我登场，各家纷纷开药方。

面对病入膏肓的社会躯体，近代各阶层几乎尝试了一切治疗的手段与方法，可就是不行。

中国到底出了什么问题？

有人想过完全的西化。我们需要大换血，不要怕变成别人。比如胡适就曾经说过："我们必须承认我们自己百事不如人。不但物质机械上不如人，不但政治制度不如人，并且道德不如人，知识不如人，文学不如人，音乐不如人，艺术不如人，身体不如人。"于是，就有先进知识分子开始在上海创办了《青年杂志》，后更名为《新青年》，宣扬西方的"民主"与"科学"，希望能够在思想上彻底清除封建文化的印迹，转而打上西方资产阶级文化的烙印。

这就是新文化运动。

但新文化运动兴起、发展的时候正处第一次世界大战期间，赤裸裸的野蛮行径暴露出西方资本主义侵略文明的贪婪与虚伪，这也使得一心把西方"民主"与"科学"当成灵丹妙药的新文化斗士们仿佛有一种被骗的感觉。尤其是一战结束后的 1919 年，英法等国在"巴黎和会"上野蛮地将德国在山东的特权转让给日本，这就彻底激怒了国人那颗被压抑已久、激情火热的心。

五四运动的历史地位很重要，因为它使很多知识分子开始抛弃对"民主"和"科学"的幻想，转而寻找另外一种可能。

这种可能就是"马克思主义"。

时势造英雄。半殖民地半封建社会的环境呼唤英雄，呼唤很多与马克思主义相识、相知进而相爱、相守的先进知识分子，呼唤立志救亡图存、开出新药方的共产主义先进分子，呼唤那些中国共产党最初的缔造者。

他们行吗？

特别给力。

在那个危机四伏、暗箭难防的时代，任何"非主流"学说及政治组织都会被视为洪水猛兽、异端邪说，从而受到你想到以及想不到的攻击。他们明知道踏上这条小船，随时都有船翻人亡的危险，但他们依然旗帜鲜明，敢于亮剑。

在这些缔造者之中，有一对"中国合伙人"尤其值得我们关注，那就是著名的"南陈北李"。说到中国共产党的横空出世，就不得不说一段"相约建党"的历史佳话。

故事要从陈独秀被捕开始说。五四运动后，陈独秀曾因散发马克思主义的传单被密探逮捕，还遭遇了98天的铁窗生涯。这次牢狱之灾，让他认识到在半殖民地半封建社会的中国，唯有联合无产阶级，才能求得国家的独立与经济的发展。于是，他逐渐抛弃对"民主"与"科学"的迷恋，转而坚定马克思主义的信仰，并将此视为毕生的小目标。所谓荣辱与共，肝胆相照，李大钊的奔走营救和辛苦奔波，让这对共产主义合伙人的革命友谊变得牢不可破。

陈独秀出狱后，李大钊不仅专门写了《欢迎独秀出狱》，直呼"你今出狱了，我们很欢喜"，还亲自护送他离开北京，前往天津。1920年2月中旬的春节前夕，李大钊戴着金丝边的眼镜，穿着皮袍，拿着装有账本的手提包，俨然像收债的账房先生。而陈独秀则戴着一顶毡帽，穿着一件棉背心，看上去像个土财主。两个人坐着骡车，"的笃、的笃"地向天津驶去。

从北京到天津，约有一百五十多公里的路程，坐骡车需要两天时间。这对合伙人从来没有这么长时间，如此面对面促膝长谈。虽然，他们具体说了什么，讨论了什么，达成了什么，没有人记录下来，但从天津之行后两人相继建立了早期党组织中可以看出，两人正是在这次毫无干扰的交流中达成了建党的约定。这段骡车上的佳话被后来的史学家称为"南陈北李、相约建党"。

也正是在这些给力的共产主义知识分子坚持下，13名代表因为同一个梦想来到了上海法租界贝勒路的李公馆（同盟会元老李书城曾在此居住），完成了各地共产党人的第一次大聚会。这 13 名代表来自各行各业，前清秀才、教员、中学教师、杂志编辑、大学生、留学生，还有两个中学生。这 13 名代表还特别年轻，最年长的何叔衡仅有 45 岁，最小的是来自北京小组的刘仁静，19 岁，其中 30 岁以下的就有 9 人，占了三分之二，平均年龄在 28 岁左右，而这也是毛泽东的年龄。

这里是有几个疑问的，比如，在这样的大事变中，"南陈北李"这对共产主义合伙人为何没去参加？比如，刘仁静仅仅 19 岁，怎么会轮到他代表北京去开会？

先说"南陈北李"。当时陈独秀正担任陈炯明手下的教育委员会委员长，在一大开会期间他正忙于争取一笔修建校舍的款子；而李大钊呢，也是为款子奔波，他当时正在代替马叙伦主持北京八所高校"索薪委员会"工作，整天忙于向北洋政府索要教职工的薪金。因而，两人都遗憾地与这次盛会擦肩而过。

从现在来看，很多人肯定会说，实在是看不懂啊。他们忙的事与召开中共一大相比，明眼人都知道孰轻孰重啊。这就是我们在历史评价时经常喜欢干的事，缺少还原历史的严谨，喜欢用现代人思维去评价当事人。试问，置身于当时的历史环境中，谁又知道这个新生的党组织后来会成为世界第一大执政党呢？

再说刘仁静。据国防大学金一南教授说，1983 年国防大学曾经采访刘仁静，那时刘仁静已经 80 多岁了，请他谈一谈参加中共一大的真实感受，因为 1983 年，刘仁静是中共一大代表中唯一一位在世的。刘仁静实实在在地说了这么一句话："根本没想到是这么重要的一次会啊，不就到上海开个会嘛，谁想到是这么重要的一个会呢，有人就说李大钊不去，北京小组原来是轮不到我的，北京小组资深党员邓中夏回答不去，要到南京开中国少年学会，没有时间去上海，再说另外一个罗章龙回答也不去，要召开工人座谈会，我们的党员都很忙啊，都比一大重要。这个莫大的光荣就历史地落在我的头上，他们都不去我去了。"刘仁静虽然最后被党开除，但不管什么时候提到中共一大，都赫赫在目。

中国共产党的发展之路多么坎坷，从 13 名一大代表的命运中可以窥见一斑。人总是变化的，有的人淬炼得愈加坚韧，而有的人则选择了逃离、叛变。我们先看一个清单：1922 年陈公博脱党，1923 年李达脱党，1924 年李汉俊脱党，1924 年周佛海脱党，1927 年包惠僧脱党，1930 年刘仁静被党开除，1938 年张国焘被党开除。历史给了所有人同样的命题，但是不同的人交出了不同的答卷。13 人中脱党和被党开除的有 7 人，半数以上出了问题，其中陈公博和周佛海还当了臭名昭著的大汉奸，抗战胜利后被国民政府判处死刑。而张国焘在长征途中公开与党中央分裂，最后沦为国民党特务头子戴笠的鹰犬。加上牺牲的 4 人，最终有且仅有毛泽东、董必武两位一大代表在新中国成立时登上了天安门城楼，见证了开国大典。

有的人因为看见而相信，有的人因为相信而看见。历史道路就是九曲十八弯，一眼看不到头，置身其中的人谁也无法做到未卜先知，因而，它容不得任何人投机取巧。投机的人会被困难与艰险所吓跑，而目光如炬的人则会不忘初心，即使是粉身碎骨，也要把清白留在人间。


## 第二节　步履维艰

### ——新生的中国共产党如何迈出第一步

历史课本中有一句话相信大家都背过，"中国共产党成立后，中国革命的面貌就焕然一新了"。但在焕然一新的背后，却是这个新生力量步履维艰的起步，因为中国共产党在成立初期的时候，力量实在是太弱小了，弱小得差点都办不下去，谁也看不上，瞧不起。

怎么个窘迫法？简单说，就是没人、没钱、没地位。

首先是没人，俗话说，人多好办事，但是没有人又怎么办事呢？一大成立时全国仅有 50 多名党员，正是因为党员人数比较少，所以一大成立时中央委员会都没有设立。到二大时才有 195 人，而到三大时也不过 420 人，而且各地的党组织还不健全。试想，在那个政党林立的时代，一个仅有几百名党员的新生政党又如何才能去扩大自己的影响力呢？

然后就是没钱。没人已经够难了，更惨的是还没钱。我们现在总开玩笑说，"能用钱解决的问题，都不是问题"。但对于当时的共产党人来说，"钱就是最大的问题"。所谓巧妇难为无米之炊，没有经费，连个刊物都办不起，报纸都印不了，又怎么去组织与开展工人运动呢？另外，如果连专心从事党务工作的党员们基本生活都不能保证，又怎么能让他们专心开展革命呢？就拿陈独秀来说，原先在商务印书馆做名誉编辑时，每个月尚有三百元的收入维持生计。但在埋头革命工作后，由于没有时间撰写编辑文稿，最终只能依靠《独秀文存》的一点版费维持生活。

没人没钱，自然也没地位了。要想维持运转，撑下去，不得不去求外援，也就是接受共产国际的经费援助。但是吃人嘴软，拿人手短，接受别人的援助，自然要服从共产国际的领导。谁也不想仰人鼻息地过日子，作为中央局总书记的陈独秀起初更是如此，但又一次铁窗生涯还是让他妥协了。

1921 年 10 月 4 日下午，陈独秀与包惠僧、柯庆施等人在家聚会，当场被法租界巡捕逮捕。这次多亏了共产国际代表马林，用重金聘请了法国律师巴和帮他辩护，后来还帮他缴纳了 100 元的罚款。这次突如其来的被捕经历，让陈独秀更加清楚地认识到，在白色恐怖统治之下，搞革命光靠勇气与坚毅是不行的，更需要一定的物质基础，不然连自己的同志也营救不了。严峻的生存环境迫使陈独秀不得不妥协，以获取必要的经费援助，这是无奈之举。

所以，中国共产党在刚开始时不被任何力量看好，就连共产国际也充满否定。斯大林就说过，"我们在中国没有真正的共产党，或者可以说，没有实实在在的共产党"[1]。共产国际在亚洲更看好的是日本革命。而在中国呢，他们最初的合作目标是军阀吴佩孚、陈炯明，后来又把目光转向孙中山，还发表了《孙文越飞宣言》，以无比铿锵有力的语言强调"共产主义秩序，乃至苏菲（维）埃制度不能实际上引进中国，因为在这里不存在成功地建立共产主义或苏菲（维）埃制度的条件"[2]。这无疑是给新生的中国共产党当头一棒，类似于在你刚步入大学时，老师就对你说你不适合读大学，还是退学吧。

这就是中国共产党成立之初的艰难图景，也是摆在中国共产党面前的第一个重要选择，是就此解散，还是革命到底？如果革命到底，这第一步该怎么走呢？中共二大很快给出了答案，"联合全国一切革命党派，联合资产阶级民主派，组织民主的联合战线"。这其实就告诉我们，单干肯定行不通，要找合伙人，革命不能一蹴而就，那就先反帝反封建。

放眼当时的中国社会，谁比较适合做合伙人呢？选来选去恐怕只有孙

---

[1] 中共中央党史研究室第一研究部译：《联共（布）、共产国际与中国国民革命运动（1926—1927）》下册，北京图书馆出版社 1998 年版，第 406 页。

[2] 转引自金一南：《历史：追寻之旅（1893—1945）》，长江文艺出版社 2015 年版，第 41 页。

中山及国民党了。一切都是最好的安排。这个时候孙中山刚刚经历了人生中最严重的一次背叛，他特别亲信的陈炯明竟然准备向他的总统府开炮。幸好孙中山提前收到了消息，在他离开半个小时后，总统府内果然炮声连连，还不时传出"打死孙文、打死孙文"的喊声。匆促出走的孙中山最终跑到了停在珠江之上的永丰舰，这一待就是 42 天。人世间最痛苦的事情莫过于被自己最亲信的人背叛了吧！不为兄弟两肋插刀就算了，竟然跑到兄弟背后插两刀！海上漂泊的日子让中山先生饱尽艰辛，差点丢掉生命，但也让他看清了披着羊皮的军阀的真面目。所以，屡受打击与重挫的孙中山也想找一个合伙人，而且是靠谱的合伙人。

既然双方都有意愿，合作大计自然水到渠成。

但怎样进行合作呢？

两党之间，各有主张。

陈独秀希望是平等的党外合作，但这是孙中山万万不可能接受的，他只能接受共产党员以个人身份加入国民党的党内合作，因为无论是从规模，还是声望，又或者实力来说，中国共产党在当时都无法与国民党相提并论。

为此，中国共产党专门召开了西湖会议，在这次会议上，陈独秀与共产国际代表马林进行了激烈争辩，"要不要加入国民党？""加入国民党后，党组织的独立性如何保证？"最终，胳膊始终拗不过大腿，毕竟，没人也没钱的中共还要仰仗共产国际的支持，陈独秀只能服从共产国际的决定，"共产党员加入国民党"。在之后召开的中共三大上，共产党员以个人身份加入国民党的决议案以 5 票的优势（21 票赞成，16 票反对）通过。

就这样，国共两党成为亲密无间的合伙人，你中有我，我中有你。从当时的环境来看，中共确实还没有足够的力量独立完成民主革命。而国民党当时又是一个革命性比较强的政党，有这样的合伙人，共同完成"打倒列强除军阀"的革命任务，确实是历史的选择。这是中国共产党在艰难的创业初期中不得不做出的选择，也是中共历史上唯一一次"双重党籍"现象。

然而，就在所有事情都在往好的方向发展时，革命事业的潜在危机也慢慢浮现。此时，一个关键人物出现了。

他就是国民党的蒋介石。

虽然共产国际对蒋介石始终保持着赞赏的姿态，虽然年轻的中国共产党始终以一颗诚心，对待革命联合战线，但阶级利益的根本冲突，终究还是换来建党以来最严重的背叛。

正所谓：我本将心向明月，奈何明月照沟渠。1927 年 4 月 12 日，蒋介石在上海发动了反革命政变，大规模地抓捕、屠杀共产党员和革命群众。7 月 15 日，汪精卫在武汉召开"分共"会议，与蒋介石遥相呼应。至此，国共第一次合作正式宣告破裂，中共也遭遇了成立以来最严重的生存危机。

世界上恐怕再也没有哪个政党，会像中国共产党一样遭遇到如此残酷的屠杀与背弃。如果历史可以假设，如果苏联的布尔什维克党也遭到同样的历史境遇，估计伟大的革命导师列宁，遭遇的就不仅仅是被流放这么简单了。据不完全统计，从 1927 年 3 月到 1928 年上半年，被杀害的共产党员和革命群众达 31 万多人。[①] 因此，这一年对于每一位共产党员来说，

---

① 《中国共产党简史》编写组：《中国共产党简史》，人民出版社、中共党史出版社 2021 年版，第 33 页。

都是一次事关生死、事关信仰的考验。有的人毫无节操，在富贵与组织之间，选择了退党与背叛，有的人不忘初心，在生死与信仰之间，选择了坚定与担当。不同的选择，决定了不同的人生。在历史的抉择面前为信仰而舍生取义的人们终将万古流芳。比如只能"站着死，绝不跪下生"的陈延年，比如"砍头不要紧，只要主义真"的夏明翰，还有汪寿华、赵世炎、陈乔年、罗亦农、向警予、萧楚女、郭亮等等，他们的平均年龄连 30 岁不到，最小的仅有 16 岁！

作为建党合伙人的李大钊也未能幸免。1927 年 4 月 28 日上午 11 时，他被奉系军阀控制的北洋政府警察厅判处死刑。在行刑前，行刑官问他要不要写遗言给家人，他却义正词严地说："我是崇信共产主义者，知有主义不知有家，为主义而死分也，何函也?!"野蛮的敌人终将李大钊推进了绞刑架内，他的脖子被刑具中间的小圆圈卡住，残忍的刽子手握着旁边的把柄，一点一点地绞下去，直到他奄奄一息、眼睛凸出、眼角流血。就这样反复三次，别人都是 20 分钟，他却被行刑官故意延长时间，前后折磨达 40 分钟。然而就在行刑前，这位共产主义战士仍然高呼，"中国共产党万岁"，这一年，他才 38 岁。

新生事物总是弱小的，刚刚创建的中国共产党自然也不例外。在没人、没钱，又没地位的条件下，尚显稚嫩的中国共产党只能服从共产国际的指示，共产党员以个人身份加入国民党，建立国民革命统一战线。但此时的中共终究还是太年轻，在蒋介石的高超权术面前，被迷住了双眼，以陈独秀为核心的党中央，既没有留一手，建立自己控制的武装力量，也没有据理力争，掌握革命的领导权。在面对蒋介石的步步紧逼时，也是一退再退，严重的右倾投降主义错误，让中国共产党陷入到了建党以来最危险的境地。

# 第三节　绝处逢生

## ——中国的革命究竟应走什么样的道路

历史再一次行进到了十字路口。

刚刚起步的革命事业陷入绝境，是偃旗息鼓、妥协屈服，还是坚决回击、誓死抗争？

如同一个少年的成长，尽管没有人愿意面对不期而遇的磨难，但生命的韧性也往往会在磨难中迎来飞速成长，而此时绝处逢生的共产党人也迎来两次艰难的探索。

说到枪杆子的探索，要从南昌起义说起。因为这里不仅打响了武装反抗国民党的第一枪，而且还是中国共产党独立领导武装的开始，也就是建军的由来。谈到南昌起义的影响，除了振军心、提士气，给党内普遍被右倾阴影笼罩的局面吹来一股劲风之外，还要特别注意的就是锻造了一批人。作为人民军队创建的开始，南昌起义培育了一大批杰出的军事将领，而这些将领后来成为中国共产党武装力量的中流砥柱。

在新中国被授衔的十大元帅和十位大将中，跟南昌起义有关的就有14位之多。比如朱德、贺龙、刘伯承、聂荣臻、林彪、陈毅、叶剑英、徐向前等8位元帅，比如陈赓、粟裕、许光达、张云逸、谭政、罗瑞卿等6位大将。

风云人物这么多，我们单单说朱德。

朱老总当年并不算风云人物，南昌八一起义时，他并不在领导班子里。当时的前敌委员会书记是周恩来，总指挥是贺龙，前敌总指挥是叶挺，参谋团是刘伯承、聂荣臻。他也没队伍，当时起义主力叶挺11军8

个团，贺龙 20 军 6 个团，朱德呢？基本上是光杆司令，开始负责南昌市"公安局"的 500 人，岁数都比较大，后来起义部队南下，这 500 人也几乎全部跑光了。

没地位，没队伍，当然也就没有核心的作战任务。南昌起义当天，大家都在指挥部队、调动部队，朱德的任务是跟当地驻军团级以上军官喝酒，负责把他们灌醉。

后来，起义部队南下时，朱德又负责带领 4000 多人断后掩护主力部队，激战三天三夜，损伤过半。结果南下的部队主力依然遭受重创，汤坑一战两个主力全军覆没，周恩来去了香港，贺龙回了湖南，叶挺下到南阳，全部南昌起义部队就剩两千多人。当时军心大乱，部队濒临解散。

千钧一发，方显英雄本色。

朱德关键时刻站了出来，力挽狂澜，稳住局面，提出"同志们要革命跟我走，不革命可以回家，不勉强"[1]。然后带着这两千人继续上路，一路上没有被装没有枪支弹药，就这样一边走一边跑，越走人越少，后来两千多人只剩八百。朱德当年举个例子，俄国 1905 年革命失败，1917 年他们成功了，我们今天就是俄国的 1905 年，我们一定会迎来我们的 1917 年[2]。后来当年官兵回忆，当时没有多少人知道 1905 年俄国人革命，在这个特别困难的时刻，没有人相信革命能成功，但是就从朱德身上火一般感受到信仰的力量。当年朱德从四川到上海找陈独秀，陈独秀把朱德挡走了，跟身边人交代，我们党可不能让军阀参加。紧急关头，体现的是相信的力量。那时的历史告诉我们，朱德相信，这 800 人相信。

---

[1] 转引自金一南：《历史：追寻之旅（1893—1945）》，长江文艺出版社 2015 年版，第 91—92 页。

[2] 参考金一南：《历史：追寻之旅（1893—1945）》，长江文艺出版社 2015 年版，第 92 页。

后来中央接到报告，师长团长均逃走，各营连长很多都离开了，师以上干部只剩朱德一人，政工干部只剩陈毅，我们今天回头看，中国革命千钧一发之际，正是他们高举着革命的薪火，照亮了中国人民解放军的建军之路。

南昌起义如果成功，能当总司令的比比皆是，根本轮不上朱德，南昌起义失败，从失败中站起来，这就是朱德的价值。

机会总是留给有准备的人，历史也是最好的试金石，朱老总的革命起点虽然不高，但他对马克思主义的真懂、真爱、真信、真用却让他抓住了历史的机会。

事实证明，敌人的实力恐怕远远超过了我们的想象。不仅南昌起义如此，其他地区的起义也遭到了不同程度的困境。即使是发出"枪杆子里出政权"呐喊的毛泽东也遭遇失败。与南昌起义一样，秋收起义也是以大城市为既定目标。但这次起义比南昌起义更艰难，连城都没有攻下。接连受挫的毛泽东，将目光开始投向井冈山，揭开了"农村包围城市"这一重大战略的序幕。

"农村包围城市"，光听名字就很厉害。

因为中国共产党自建党以来，一直奉行着苏联的"城市中心"论，也就是先攻占大城市，然后由城市来包围农村，南昌起义如此，秋收起义也是如此。对年轻的中共来说，革命经验不足，苏联的革命实践对我们来说，就好比神一样的存在啊，"一直被模仿、从未被超越"。而毛泽东能够打破"城市包围农村"，从农村去包围城市，其效应可想而知。但厉害归厉害，最重要还是可行性。为此，他先后写了《中国的红色政权为什么能够存在》《井冈山的斗争》两篇文章，系统提出了工农武装割据思想。"一国之内，在四周白色政权的包围中，有一小块或者若干小块红色政权的区域长期地存在，这是世界各国从来没有的事。这种奇事的发生，有其独特的原因。而其存在和发展，亦必有相当的条件。"

接着，他从五个方面分别总结了中国社会和革命的特点，简单来说，就是新旧军阀的割据混战提供了绝处逢生的时间与空间。不得不说，毛泽东是一个非常善于审时度势和创新创造的天才，他能够直接指出"红色政权为什么能够存在"的根源，而这个问题却整整困扰了蒋介石一生，至死不得其解。

但从农村包围城市，在当时无疑是颠覆革命导师的"非主流"创造，这在很多共产党人心中是万万不能的，当然也是他们万万没想到的。尤其是一些黄埔毕业的军官，甚至认为停留在井冈山，无异于落草为寇，沦为绿林。就连当时担任红四军一纵队司令员的林彪也很不理解。他还在军队中散发了一封信，公开表达了他对红旗能够打多久的怀疑。为此，毛泽东又熬了一个通宵，写了一篇《时局估量与红军行动问题》回复给林彪，并以党内通信的形式发送给红四军干部，这就是著名的《星星之火，可以燎原》。在这封信中，毛泽东再一次分析了具体国情，即国民党新旧军阀混战、割据，并明确提出了"农村包围城市，武装夺取政权"的思想。

农村包围城市到底行不行，还需要实践的检验。因此，对于当时的毛泽东来说，不仅要解决人的思想问题，更要直接面对物质贫乏的现实问题。刚上井冈山的时候，条件的艰苦简直无法想象。由于国民党的经济封锁和军事进攻，井冈山上的衣食住行各方面都面临着生存的挑战。

先说衣吧，毛泽东刚上山时就只拿着两身单衣，穿着一双草鞋。到了冬天，零下啊，积雪有二尺多厚，毛泽东还是两身单衣，一双草鞋。战士们也是一样，当时连搓绳的麻都没有，他们只能用稻草来编草鞋。

再说说食，当时战士们中有一句顺口溜："打倒资本家，天天吃南瓜。"还有一句叫："红米饭，南瓜汤，吃起来，喷喷香。"这说明南瓜在当时就是最奢侈的食物了，能够天天吃上南瓜就是战士们日盼夜盼的美好生活了。提起南瓜，很多人会说现在的南瓜饼、南瓜汤确实挺美味的。但是，当时可没有油，也没有盐，做出来的饭菜可想而知。其实，对于战士们来说，很多时候都是吃了上顿没下顿。据有人回忆，"一个连队80多个人只有三斤米下锅，锅里都是野菜、南瓜、茄子"。

住呢？当时有一床夹被子，就是很不错了。很多战士都是把树皮铺在地上，盖着禾草。冬天的井冈山，天寒地冻，战士们就这样穿着单衣，睡在潮湿的地上。

那行呢？爬过山的人都知道其中滋味，更何况还是原生态的山间小路。走已经很困难了，更何况还需要挑着扁担把粮食运进来。当时朱德已经42岁了，体力与精力上都没有办法跟20多岁的年轻人相比，但他仍然坚持与战士们一道去挑粮，为此军需处长还专门给他做了一根扁担。战士们心疼军长，白天要挑粮，晚上还要开会，研究作战方案，不再让总司令挑粮。但我们的朱老总屡劝不听、"明知故犯"。于是，为了让总司令休息，战士们居然把扁担偷偷藏起来。朱老总却坚持与战士们同甘共苦，他又让人重新削了一根扁担，并在上面写了"朱德扁担，不准乱拿"八个大字。

再举个例子，当时红军有一个关于用油的规定，"各连（直至营和团以上机关）办公时用一盏灯，可点三根根芯；不办公时，即应将灯熄掉"。连部只准点一根灯芯，供带班、查哨使用。为什么对点灯如此苛刻呢？就是因为当时山上没油，仅仅靠一点自榨的茶籽油实在是不够用啊。毛泽东、朱德等领导人也是与士兵一起同甘共苦的，按照规定，毛泽东可以点三根灯芯，但他却只坚持点一根。我们所熟知的他的很多名篇大作，就是在这一根灯芯所产生的微弱灯光中诞生的。

困难不可怕，只要我们撸起袖子加油干。

正是在全体军民的同甘共苦下，毛泽东等人克服了种种物质困难，用实践检验了农村包围城市的真理，也使工农武装割据的"星星之火"很快燃成了"燎原之势"。到1930年夏，全国主力红军已经发展到10多个军7万余人，地方红军近3万人，创建了遍及11个省10多块农村革命根据地，中国革命又呈现出蓬勃向上之势。

# 第四节　挫败连连

## ——中国共产党接二连三经历了怎样的苦难

农村包围城市，这是一条谁也没走过的路。

用周恩来的话说，"要党不去用主要的力量与城市无产阶级联系，而把主要力量放在农村，这是史无前例的"。更何况，当时中国共产党还要时刻顾及共产国际的感受。因此，虽然农村革命根据地搞得轰轰烈烈，但党中央仍然坚持充分发动工人运动，攻占大城市的路线方针。

这也让刚刚兴起革命小高潮的中国共产党很快挫败连连，先后出现了五次"重大险情"。

最先是瞿秋白的"左"倾盲动主义。他是八七会议时，被指定为中共临时中央政治局常委并实际主持中央工作的。在他的主持之下，中共召开了临时政治局扩大会议，并通过了《中国现状与共产党的任务决议案》。这次会议有两个处分决定是空前绝后的，即给周恩来为书记的南昌起义前委全体成员以"警告"处分；给中共湖南省委全体成员以纪律处分，并将毛泽东、彭公达开除出中央临时政治局。为什么会这样呢？因为，他认为南昌起义也好、秋收起义也罢，都不应该退却，而是要趁着高涨的革命形势，举行全国总暴动。这种"左"倾盲动错误倾向很明显完全不切实际，很快就被纠正了。

其次就是被称为"李大炮"的李立三。他性格豪爽，但脾气比较暴烈，敢说敢干。在瞿秋白去莫斯科担任中共驻共产国际的代表团团长后，他就开始实际主持中央工作。这位敢说敢干的李立三，还真敢想，他竟然公开发出了会师武汉、饮马长江的战书，还要求苏联积极备战，以配合中国的革命斗争。这在当时来说，无疑是"以下犯上"，严重触碰了苏联才是世界无产阶级革命中心这一不可触碰的高压线。结果不用想也知道，共产国际不仅停发了党中央的活动经费，而且还解除了他的职务。之后，他被派到苏联学习，而这一去就是十五年。

福无双至，祸不单行。刚刚结束了李立三的"左"倾冒险主义错误，以王明为代表的"左"倾教条主义错误又逐渐占据了主导地位。但与李立三不同的是，王明的"左"倾教条主义错误是在共产国际的指示下进行的。王明，原名陈绍禹，在回国之前只是莫斯科中山大学的留学生，后来因为受到校长米夫（之后是共产国际代表）的青睐与器重，进入中国共产党的政治局常委会，取得了中央的实际权力。在对李立三的"左"倾错误批判过程中，他打着"拥护国际路线""反对立三路线"的旗号，实际上是把李立三的"左"倾冒险错误定性为与共产国际路线相对立的右倾主义错误。在共产国际的支持下，王明的"左"倾教条主义错误，比前两次持续时间更长，危害更大，使刚刚有点起色的中国革命再次潜伏着失败危机。

除了犯错，更大的危险不期而至，党组织遭遇了最严重的背叛。原来，在第二次反"围剿"期间，秘密战线的特别任务委员会负责人顾顺章和中共中央总书记向忠发相继被捕叛变。可想而知，这是多么危急的情形。负责中国共产党最高安全工作的三个领导人中有两个人被捕叛变了，这就意味着中国共产党所有的机密、组织全都暴露在了敌人的枪口下。

千钧一发之际，一个关键人物力挽狂澜。

他就是钱壮飞。

钱壮飞是中共情报战线著名的龙潭三杰，1929 年底，打入国民党中央组织部党务调查科，担任国民党中央组织部党务调查科主任徐恩曾的机要秘书。

说起这段历史真是惊心动魄，很多谍战剧都是以钱壮飞为原型创作的，如《暗算》中的钱之江。

1931 年 4 月 25 日晚，像往常一样值班的钱壮飞收到了一封发自武汉、标有"绝密"字样的电报，并标明"徐恩曾亲译"。刚开始时，他也没在意，因为徐恩曾正在上海度假，就随手把电报放到一边。但谁知在不到一个小时内，负责接收电报的机要员却一连送来了 4 封来自武汉的绝密电报，并全部都注明"徐恩曾亲译"。这就让长期潜伏的钱壮飞起了疑心，于是他赶紧逐一破译，才知道这个天大的消息，顾顺章叛变。顾顺章大约 4 月 27 日就能被押运到南京，也就是说 28 日国民党就可能再次掀起白色屠杀，更可怕的是此时党中央对这一切还一无所知。形势已经十万火急，容不得半点耽搁，他赶紧派人连夜赶往上海通知党中央。情报送走之后，机要员又送来一封加急密电，"切勿让钧座以外人知道，否则将中国共产党上海地下机关一网打尽的计划会落空"。

此时钱壮飞知道他也已经暴露，但万幸的是情报已经送了出去。据国民党中统的负责人陈立夫说，"活捉周恩来只差了 5 分钟"。周恩来总理在战争期间和新中国成立后多次满怀深情地提起钱壮飞，他这样说过：如果没有钱壮飞同志，我们这些在上海工作的同志早就不在人世了。钱壮飞同志在对敌斗争中立下的丰功伟绩，值得全党永远纪念他！

但尽管如此，中国共产党在城市的组织系统还是被破坏殆尽。顾顺章的叛变，还导致共产国际在中国的联络组织遭到破坏，这就是轰动一时的"牛兰案"。牛兰，原名保罗·鲁埃格，是共产国际远东局的情报人员。顾顺章被捕后，很快就将牛兰供出来。牛兰夫妇被捕后，共产国际对东南亚各国共产党的联络工作陷入停滞。为了恢复联系，苏军总参谋部立即派人送两万美元到上海，希望能够疏通关节，实施营救。为了保险起见，总参谋部派了两个人，其中一个人的到来直接酿成了中共在这个时期的最后一次错误，而且是后果最致命、最严重的"左"倾冒险主义错误。

他就是奥托·布劳恩，他有一个更为大家熟悉的名字，李德。

随着王明出走苏联，周恩来奔赴江西苏区，中共中央一时出现无人负责的局面。此时，在王明的提议下，刚刚从莫斯科中山大学毕业不久的博古开始负责中央工作，而那一年他仅有 24 岁。博古在苏联求学时，就与在伏龙芝军事学院学习的布劳恩（以下称李德）认识了，李德的军事专业背景让从未搞过武装斗争的博古深为赞赏，于是他想将李德留在身边，作为共产国际的顾问。但事实上，共产国际怎么可能让一个刚刚毕业的军校生作顾问呢？它只是电复中共，关于李德做中共顾问的事情可自主决定。李德得到博古的支持，博古在第一次介绍他的欢迎会上就给他冠上了军事顾问的头衔，这是"共产国际派驻我党中央的军事顾问，奥托·布劳恩"。就这样，别人也就默认了博古的介绍。

成为军事顾问的李德，一上台后就宣称"游击主义的黄金时代已经过去了，山沟里的马列主义该收起来了"。他用"不让敌人蹂躏一寸土地"的阵地战取代了灵活机动的运动战。这个只会纸上谈兵的军校毕业生并没有认真分析前四次反"围剿"的宝贵经验，只是空有一番大干一场的豪情壮志。而此时的蒋介石，却汲取了前四次"围剿"失败的教训，采取了稳扎稳打、步步为营的战略。博古、李德军事上的"左"倾冒险主义错误正好投其所好，结果红军越打越少，控制的区域越来越小。1934年5月，中央书记处紧急开会，会议正式决定突围转移。但参会的人谁也没想到，共产党人即将经历建党以来最深重的苦难。

1934年10月10日，中共中央和中革军委率领主力红军5个军团和两个纵队离开了艰苦创立的瑞金，正式开始西征。但错误并没有停止，挫败也没有停息，在博古、李德的错误军事指挥下，红军又犯了逃跑主义错误，损失惨重。尤其是湘江一战，格外惨烈，"湘水尽赤"。面对数倍以上的敌军，从红军指战员到战士全部都倒下了，就连师团的建制也被打乱。而担负后卫任务的十八团、三十四师两支部队，更是全军覆没。湘江血战后，从瑞金出发的8.6万多红军，已经只剩下3万多人，但他们还不知道相较两万五千里长征而言，他们却只走了两千多里。而此时留守在中央苏区的共产党人也面临着生死考验。苏区被攻占后，敌人就进行了血腥的"清剿"，惨遭屠戮的军民人数达70多万人。瞿秋白、何叔衡、毛泽覃、刘伯坚等党的领导人先后牺牲。

这里，再说说瞿秋白吧。

虽然他曾经犯了"左"倾盲动主义错误，但他对中国革命的伟大贡献却是不容抹杀的。他创造了"六个第一"，即：中国报道十月革命后苏俄实况的第一人，中国用文艺体裁描写列宁风采的第一人，中国完整译配《国际歌》词曲的第一人，刽作了歌颂中国工农革命的第一首歌曲，创办了我党第一张日报，系统地给中国读者介绍马列主义文学艺术理论的第一人。被捕之后，面对敌人的严刑逼供，他毫不畏惧，面对利诱劝降，他也不动摇。当敌人让他写下供词之时，他热情歌颂了中央苏区六年以来取得的成就，直击国民党的黑暗统治。当敌人以生存为诱惑，向他征询最后态度时，他厉声说道，"决不做顾顺章"。最终，他高唱着《国际歌》《红军歌》迈向刑场，在一块绿草如茵的草坪上盘膝坐下，微笑对军警说，"此地甚好，开枪吧"。

36 岁的瞿秋白为信仰献出了宝贵的生命。

## 第五节　死里逃生

### ——中国的革命事业为什么能够转危为安

接二连三的犯错与背叛，让中共再次面临命运的生死抉择，尽管这样的抉择，已经历经多次，但任何一次疏忽，都有可能随时变为"历史的终结者"。而接下来的历史转机，有三大秘诀：实事求是，坚守信仰，依靠人民。

先说实事求是，通俗来说就是一切从实际出发，因时、因地、因事制宜，不能异想天开，更不能死搬教条。之前的博古、李德就是没有做到这一点，他们用城里人"阵地战"的那些套路，差点使中共遭受到灭顶之灾。

中共再次来到命运的十字路口，这次又应该如何抉择呢？还是让我们将目光首先聚焦到贵州遵义这座小城里吧。

1935 年 1 月 15 日，这一天对红军乃至在党的历史上都是必须被铭记的一天。在遵义城黔军师长柏辉章的公馆内，酝酿已久的政治局扩大会议在此紧张进行。由于与共产国际的联系中断，这次会议并没有受到任何干预。会议开了整整三天，第一项议程就是否定了在川黔边建立根据地的设想，因为蒋介石早已张开大网，就等自投罗网了。而第二项议程就是全面清算了西征以来的军事路线。作为中央政治局委员、书记处书记的张闻天率先站起来对李德、博古的错误军事路线进行了批评。张闻天的率先发言是至关重要的，因为他当时在党内的地位仅次于博古。如果他不先提出来的话，估计别人也不好提啊。他围绕博古做的军事报告，逐条反驳，各个击破，正好形成了"反报告"。有了张闻天实事求是的批评氛围，毛泽东、王稼祥、朱德也先后发言，对第五次反"围剿"中单纯防御、长征中逃跑主义错误进行分析。最终，会议决定取消博古、李德的军事指挥权，增补毛泽东为中央政治局常委，形成了张闻天、周恩来、毛泽东、博古、陈云为首的新领导集体。

历史课本上常常说遵义会议的顺利召开，是中共党史上生死攸关的转折点。这个转折点体现在哪些方面呢？第一是"正本清源"，结束了博古、李德"左"倾错误军事路线在中央的领导，全面确立了毛泽东及其正确军事路线的领导。第二是独立自主；就是说这次会议是完全由中共自主召开、独立决策的，那时候共产国际对中国共产党的指导也没那么具体和通畅，这就为中国共产党独立自主地解决革命实际问题提供了方便。但无论是正本清源，还是独立自主，都是中国共产党实事求是的表现，都是毛泽东等人基于当时的革命形势作出的正确决策，这也标志着我们党由幼稚走向成熟。任何一条路线都没有预演，任何一次选择也没有经验的借鉴，一切都需要随机而动，因时而变，一切都需要从实际出发，走出适合自己的道路。

在毛泽东等人的指挥下，红军就好像换了一支部队似的，灵活机动，出其不意。时而东，时而西；时而实，时而虚，四渡赤水、巧渡金沙江、飞夺泸定桥、翻越大雪山、穿过大草地……面对脱胎换骨的红军，蒋介石和他的小伙伴们一定是惊呆了。当然，脚下的路还是要靠一步一步走出来的。这一路历经的苦难与磨砺，绝对比九九八十一难还要艰难。我们可以来看一组大数据，"在中央红军长征历时的 13 个月零 2 天里，纵横了 11 个省份，长驱二万五千里，翻越了 18 座山脉，走过了 600 里茫茫草地，跨过了 24 条河流，经历了大小 300 多次战斗"[①]。前有堵截，后有追兵，让红军战士们来不及半点休息。

他们不知道挑战了多少次身体的极限，经历了多少次死亡的考验。

靠什么支撑？靠革命信仰。

说说爬雪山吧，我们目前登个雪山，要全副武装，氧气瓶、护腕、护套一应俱全。但即使在这样的情况下，能够翻越雪山的人，也是寥寥无几。那红军有什么呢？只有辣椒以及革命的意志。当时，就有几个行军规定，"第一个规定就是每个人上山之前，大家都喝辣椒水，这绝不是因为辣椒水美味可口，而是因为喝辣椒水能使身上血液保持流通。第二个规定是走在路上不能停，停下来以后，脚就冻僵了，不能走了。第三不能乱走，掉到雪坑里就拔不出来了。再一个就是山上不准大声喧嚷，雪山空气稀薄"[②]。可想而知，当时的行军条件多么艰苦。

大草地呢，看上去是一片宁静，却静得让人害怕，因为随时都有陷进沼泽的生命危险。据红军老战士回忆，"过草地比爬雪山损失的人还要多。每天早上，我们不得不点一下人数，看看还剩下多少人。我们发现有些人并没有死，他们的眼睛还睁着，可是他们爬不起来了，也不能说话了。我们好不容易才把他们扶起来，可他们又瘫倒在沼泽地里，默默地死去"[③]。

---

[①]　参考王均伟：《信仰永恒——中国共产党人的故事》，江西人民出版社 2014 年版，第 57—58 页。

[②]　金一南、徐海鹰：《苦难辉煌：中国共产党的力量从哪里来》，海峡书局出版社 2013 年版，第 257 页。

[③]　王均伟：《信仰永恒——中国共产党人的故事》，江西人民出版社 2014 年版，第 60 页。

除此之外，红军面临最大的困难还是吃饭，茫茫草地除了弥漫着腐臭味的积水，哪里有能果腹的东西呢？红军把草地里面什么都吃过了，实在没东西吃了，"就把自己穿的牛皮草鞋、牛皮衣带拿下来烧着吃"。

谁也没有想到就是靠一把野菜、一根皮带，红军硬是走出了草地，挑战了这一切不可能，完成了这个前无古人、后也不可能有来者的二万五千里长征。那问题来了，红军为何会视死如归、刚毅不屈呢？我想，就是"革命理想高于天"的崇高信仰，因为他们不是为了自己，而是为人民的解放和民族的独立。

长征的胜利除实事求是的路线、高于天的革命理想外，还有一个重要原因，就是中国共产党与人民大众之间形成的生死联系和鱼水之情。

还是讲一个小故事吧，习近平总书记在纪念长征胜利 80 周年大会上给全体党员提到过一个小故事，他说，"在湖南汝城县沙洲村，3 名女红军借宿徐解秀老人家中，临走时，把自己仅有的一床被子剪下一半给老人留下了。老人说，什么是共产党？共产党就是自己有一条被子，也要剪下半条给老百姓的人"。

那具体是怎么回事呢？让我们把视线拉到 1934 年 11 月上旬，刚刚突破封锁线的红军来到了湖南省汝城县文明瑶族乡沙洲村。那是一个寒风凛冽的冬季，与部队失联的三名女红军战士，靠着最后一丝力气来到了这里。她们没有进村，而是敲开了村口的一间破茅草屋。茅草屋的女主人，就是徐解秀，虽然也是一贫如洗，但看到饥寒交迫的红军女战士，硬是倾其所有，为她们准备了一顿粗茶淡饭。吃完饭后，徐解秀便把她们领到了床上，好让她们早些休息，这是一张用楠竹扎成的床架，破席下面垫着厚厚的稻草，但没有任何可以盖的东西。第二天一早，为了表达感谢，三位女战士决定将唯一的一床棉被送给徐解秀，但是徐解秀说什么也不肯接受。于是，一个红军姑娘从背包中摸出一把剪刀，坚定地把一条被子剪成了两半，并拉着徐解秀的手哽咽着说："大姐，这下你可别推了，这半条你就收下吧，等革命胜利了，我们还会回来看您的。"

就这样，徐解秀颤抖着双手接过这半条被子。自此之后，她就一直在等待，等待着革命的胜利，等待着奔赴前线的丈夫，等待着这三位红军女战士。老人最终没有等到这三位红军女战士，但是她们一心为民的党员形象却深深镌刻在了老人的心里。1991 年，老人带着遗憾离开了人世，但她临走前还反复跟家里人说，"一定要跟共产党走，因为共产党是只有一条被子也要分给你一半的好人"。

共产党就是自己有一条被子，也要剪下半条给老百姓的人。这才是共产党员最真、最纯的本色，也是共产党人的根本宗旨。正因为如此，中国共产党与人民群众之间才能相互吸引，从而形成一股无坚不摧、一往无前的革命力量。即使是面对更残酷的敌人，也会发出最后的吼声，起来，起来！

# 第六节　大道之行
## ——中国共产党靠什么越挫越勇

中共的革命之路从一开始就不被看好，不被共产国际看好，不被孙中山、蒋介石等国民党人看好，甚至不被一些自己人看好，导致他们纷纷选择背叛，脱离革命队伍。但中国共产党一直在摸索，从未放弃过，哪怕跌了一跤又一跤，哪怕犯了一次又一次错误。从抗日战争到解放战争，面对更凶残的敌人、更恶劣的环境，中国共产党的革命之路反而越走越宽，越走越自信，越走越从容，这究竟是为什么呢？因为，中国共产党人为民族代言，为人民代言。

先来说说为民族利益代言。这里要说到一段不堪回首的历史，却又是我们必须时刻牢记的民族印记。九一八事变，四个月内，东北三省全部沦陷；次年，以溥仪为首的伪满洲国宣告成立；紧接着《秦土协定》《何梅协定》相继签订，华北五省又危在旦夕。在国民政府一直叫嚣着"攘外必先安内"时，是中国共产党最早发出了"反对日本帝国主义"的呐喊。1932 年，中共满洲省委就陆续派杨靖宇等到东北，组织和建立抗日武装力量。后来这些抗日武装力量被整编为东北抗日联军。在东北全境沦陷的情况下，东北抗日联军坚持对日作战，给骄横残暴、不可一世的日本军国主义以有力打击，这也是日军占领东三省以来遭受的最大武装反抗。

"'九一八'，大炮响，小鬼子，占沈阳。蒋介石下令不抵抗，扔下百姓遭了殃。不是下令要劳工，就是强征出苛粮。逼得人们没活路，上山去找大老杨。"这是一首在靖宇县流传甚广的民谣，其中的"大老杨"说的就是东北抗日联军第一军司令杨靖宇。1939 年的冬天，关东军集结重兵，专门"围剿"杨靖宇。敌人的疯狂攻势，让杨靖宇的抗联部队遭到了严重的打击，部队人数从 400 余人锐减至 20 余人，但即便如此，杨靖宇也从未停止过抵抗。东北抗联的生活是极为艰苦的，大家可以想象一下，在零下几十度的深山老林里，杨靖宇们没衣服保暖，没粮食充饥，还要坚持与敌人周旋、斗争。那时，储存抗联过冬物资的密营几乎都被敌人破坏了，冬天根本找不到吃的，莫要说粮食，就连草都埋在二三尺深的积雪里。战士们只能吃树皮、棉絮和草根。树皮怎么能入口呢？战士们先把老皮刮掉，然后把那层泛绿的嫩皮一片片削下来，放在嘴里嚼。

最终，在叛徒出卖下，1940 年 2 月，杨靖宇陷入了敌人的包围圈。

在日军的作战记录中有过这样一段描述，记述了他最后战斗的场景："讨伐队已经向他逼近到一百米、五十米。讨伐队劝他投降，可是，他连答应的神色都没有，依然不停用手枪向讨伐队射击。交战 20 分钟，有一弹命中其左腕，啪嗒一声，他的手枪落在地上。但是，他继续用右手的手枪应战。讨伐队认为生擒困难，遂猛烈向他开火。"[①] 最终，年仅 35 岁的杨靖宇身中五枪，壮烈牺牲。牺牲时的杨靖宇，已经完全断粮五天五夜，他究竟靠什么生存呢？敌人百思不解，于是残忍地剖开了他的腹部，竟发现他的胃里没有一粒粮食，尽是一些枯草、树皮和棉絮。这也让参与"围剿"的伪通化省警务厅厅长岸谷隆一郎不得不承认："虽为敌人，睹其壮烈亦为之感叹，大大的英雄！"

　　这就是中国共产党人，从普通民众成长起来的共产党人，即使是遭遇到了最严重的背叛，毅然信念不变，意志不倒。没有支援，没有装备，就连最基本的衣服、食物都没有，但东北抗日联军却从未放弃过斗争，哪怕是战斗到只身一人、最后一刻。1945 年，当党中央派出了东北局副书记彭真来到沈阳时，彭真激动万分地说，"在我们中国共产党人的革命斗争中，有三件最艰苦的事，第一件是红军的二万五千里长征；第二件是红军出征后，南方红军的三年游击战争；第三件就是东北抗联十四年艰苦卓绝的斗争"。抗联的伟大不仅在于他们所进行的艰苦卓绝斗争，更在于这种斗争从未停止，贯穿于十四年抗战之中。

　　历史不容篡改，也不容抹灭。有人攻击中国共产党在抗战中"游而不击"，这不仅罔顾历史，而且违背常理，试想在敌人已经占领的统治区，如果仅仅是"游"，却不战斗、不苦斗，你认为敌人会坐视不管吗？

---

① 　何新年：《行走中原》，大象出版社 2007 年版，第 548 页。

难道他们是吃素的？人民会答应吗？难道他们的双眼都被蒙蔽了吗？还有人别有用心地攻击党的革命志士，去考证狼牙山五壮士是否拔了人民群众的萝卜，说刘胡兰是被乡亲们铡死的……这无疑是对党和民族抗战精神的亵渎，也是对无数革命前辈的中伤，法律会给出公正的审判[①]、良知会让人们理性地思辨。

如果说抗日战争，展现了中国共产党是民族利益的代言人，那么解放战争就在诠释着究竟什么才是"人民的名义"。蒋介石万万没想到，坐拥正规军200万余人，拥有30个全副美国武器机械师的国民党，竟然在短短三年多的时间里，溃不成军，输给了一个总兵力仅有127万人，没有任何援助、没有装甲辎重的中国共产党。

1946年6月，当他下达了向中原解放区进攻的命令时，他曾信誓旦旦地表示要在三五个月内消灭共产党。但上天跟他开了一个天大的玩笑，无论是全面进攻，还是重点进攻，都被中国共产党相继粉碎了。中共不仅没有受到丝毫的削弱，反而是"越剿越多"，有如"野火烧不尽，春风吹又生"。

我们还是来看一组大数据吧。

从1946年6月至10月，仅仅四个月时间，人民解放军就收复了48座城市，歼灭敌人29.8万人。再过四个月，人民解放军一鼓作气收复了87座城市，歼灭敌人41万人。[②]至1947年7月，国民党军队的总兵力已

---

① 2016年6月27日，北京市西城区人民法院就"狼牙山五壮士"中的两位英雄葛振林、宋学义的后人葛长生、宋福保起诉《炎黄春秋》杂志社前执行主编洪振快侵害名誉权、荣誉权案进行宣判，判决被告洪振快停止侵害、赔礼道歉、消除影响。

② 牛先锋、王泰泉：《历史为什么选择中国共产党》，吉林出版集团有限责任公司2016年版，第88页。

经下降了 60 万，其中正规军就减少了 50 万，而且士气低落、军心涣散。与此相反的是，解放军则增加了 68 万，其中正规军已经达到 100 万。[1] 至 1948 年秋，战场形势已经发生了根本的转变，人民解放军已经发展到 280 万人，其中野战军达 149 万人，而国民党军队的一线兵力仅有 174 万，蒋介石不得不由全面防御转为重点防御。

短短三年时间，敌我实力发生的翻天覆地变化，想必不仅蒋介石惊呆了，我们也跟着惊呆了。这是蒋介石万万没想到的，却是毛泽东在战争初期就料想到的，因为"一切反动派都是纸老虎"嘛。"拿中国的情形来说，我们所依靠的不过是小米加步枪，但是历史最后将证明，这小米加步枪比蒋介石的飞机加坦克还要强些。"

还是通过几组大数据，看看"人民的名义"吧！

据不完全统计，三年中晋冀鲁豫解放区参军农民累计达 148 万人；山东解放区先后有 59 万青年参军，还有 700 万民工随军征战[2]。

三大战略决战中更是如此，辽沈战役中，发动民工 183 万人，担架 13.7 万副，大车 12.9 万余辆，抢修公路 2185 公里，架设桥梁 383 座，筹集粮食 5500 万公斤[3]。淮海战役中，支前民工（包括随军民工、二线转运民工和后方临时民工）更是达到了 543 万人，提供担架 20.6 万副，大小车辆 88.1 万辆，挑子 30.5 万副，牲畜 76.7 万头，船 8539 只，汽车 257 辆，向前线运送弹药 1460 万斤、筹运粮食 9.6 亿斤，向后方转运伤员 11

---

[1]　牛先锋、王泰泉：《历史为什么选择中国共产党》，吉林出版集团有限责任公司 2016 年版，第 90 页。

[2]　中共中央党史研究室：《中国共产党历史》第 1 卷，1921—1949 下，中共党史出版社 2002 年版，第 757 页。

[3]　冯学工、刘建军等：《西柏坡时期军事建设》，河北人民出版社 2014 年版，第 137 页。

万余名[1]。

另据统计，三大战役中支前民工有 880 余万人次，人民群众出动支前的大小车辆 141 万辆，担架 36 万余副，牲畜 260 余万头，粮食 4.25 亿公斤[2]，形成了世界战争史上从未出现的壮阔场景。

在这里，还想再给大家讲一个故事。当年，西北野战军在攻打河南郏县之时，缺少粮食补给。摆在郏县人民面前的是西北野战军 3 万人 3 天的粮食缺口。郏县本来就土地贫瘠，粮食困难，但即便如此，郏县人民还是义无反顾地支援前线。他们首先把自己的口粮以及能够找到的粮食都拿出来了，但只能让军队维持一天。于是，他们又把田里没有成熟的青苗都割了，又维持了一天。最后，实在没办法了，就把养的羊和驴都杀了，又维持了一天。直到现在，郏县的县志里还记载着"此役之后，郏县全县三年不见羊和驴"。他们情愿自己吃观音土，也要把粮食给部队，因为他们相信共产党，相信共产党是在为老百姓而战斗！

什么是血浓于水，鱼水之情，这就是最生动的写照啊！

所以，是谁选择了中国共产党？

是人民！

中国共产党从来不是一个人在战斗，在身后有无数人民群众为党撑腰，一切反动派又怎能不是纸老虎呢？

从 1946 年 6 月全面内战爆发到 1949 年 10 月新中国成立，仅三年零三个月，在三年多的时间里中国共产党以人民的名义，打了一场真正意义上的人民解放战争。党不需为兵员发愁，因为亿万群众的几百万子弟以成

---

[1]　胡雪梅、陈菲：《中国近现代史纲要课程导读》，吉林大学出版社 2014 年版，第 163 页。
[2]　冯学工、刘建军等：《西柏坡时期军事建设》，河北人民出版社 2014 年版，第 137 页。

为解放军战士为荣；党也不需要为后勤保障发愁，因为亿万群众哪怕是自己饿着肚子，也要支援前线。历经各种苦难与磨砺的中国共产党，越来越自信，越来越从容，越来越能够独立解决各种复杂问题。

从1921年浙江嘉兴上那条游船的呐喊到1949年天安门城楼上的宣言，中国共产党这一路走来真是筚路蓝缕、历经沧桑。从没有钱、没有人、没有地位时五十多个人白手起家，到事业稍有起色时，被合伙人背后捅了一刀，惨遭屠杀；从扎根农村，自力更生，建立工农武装根据地到接连犯错，断送了之前取得的创业成果，辗转万里重新开始；从摒弃私怨，以民族利益为重，在艰苦中坚持持久抗战到以人民的名义，万众一心，陷敌于人民战争的汪洋大海中，中国共产党走过弯路，也开辟了新路。这是一条不被看好的路，这是一条曾经无数次被堵死的路，但中国共产党还是走过来了，而且越走越宽阔。

这个时候，不妨再回头看看"中国共产党到底从哪里来"，想必每个人心中都有了自己的答案。

简单来说，就是四句话，从救亡图存、实现民族复兴的历史使命中来；从青年知识分子的坚守与探索中来；从实事求是、不断自我革命中来；从心系人民、服务群众中来。

本章最后，提一个广为流传的段子：这是一支100年前起步的创业团队。1921年公司注册时资本金接近于0，靠共产主义的目标愿景拿到了苏联的支持，后来历经艰辛，依靠自己的力量，终于选出了优秀的领导团队，打败西方跨国公司和国内强有力的竞争对手，于1949年10月1日在主板市场"上市"。后经改革重组，保持勃勃生机，目前市值超过100万亿元，稳居世界第二，并有着更大的志向和抱负……

其实，将中国共产党比喻成"创业团队"在历史上早有渊源。解放前夕，毛主席给中共"一大"代表李达寄去了一封信。当时李达在南方，邮路要通过国统区，毛主席担心信中的内容被识破，于是用暗语写道："吾兄系本公司发起人之一，现公司生意兴隆，望速来参与经营。"

请问：这样的团队，你愿意加入吗？

## 参考文献：

1. 金一南：《历史：追寻之旅（1893—1945）》，长江文艺出版社 2016 年版。

2. 金一南、徐海鹰：《苦难辉煌：中国共产党的力量从哪里来》，海峡书局出版社 2013 年版。

3. 叶永烈：《红色起点——中国共产党建党始末》，四川人民出版社 2016 年版。

4. 中共中央党史研究室：《中国共产党简史》，中共党史出版社 2016 年版。

5. 王均伟：《信仰永恒——中国共产党人的故事》，江西人民出版社 2014 年版。

6. 牛先锋、王泰泉：《历史为什么选择中国共产党》，吉林出版集团有限责任公司 2016 年版。

# 第五章

# 追根溯源说党章

前面，我们谈了绕不过去的《共产党宣言》。其实，还有一个文本，积极向组织靠拢的同志和党内同志也应该口不绝吟、手不释卷，它就是《中国共产党章程》，也就是我们通常讲的党章。

党章是什么？

党章是党内的根本大法，是最根本的党内法规，是政党公开树立的旗帜，是集中政党思想理论和政治主张的宣言书，也是人们分析、判断政党理念与实践的主要根据。

为什么要强调党章的学习？

党章是一部史书，记载了我们党的苦难辉煌。

党章是一把标尺，度量了我们党的规矩方圆。

党章是一面旗帜，指引了我们党的前进方向。

如果你正立志加入组织，立志成为一名中共党员，那么你赞同的、拥护的、践行的、信守的，一切的一切都包含在党章之中，非学无以明志，非学无以笃行，非学无以致远。

我们党重视党章的学习历来就有传统，尤其是党的十八大以来，举措有力，成效显著。2016年，党中央又掀起"两学一做"学习教育的热潮，要求广大党员"学党章党规、学系列讲话，做合格党员"，再一次鲜明强调了党章作为全党总章程、总规矩的地位与意义。

"两学一做"，这个要求高吗？

不高。

做什么？做合格党员。

这明明就是底线思维，不学不行，不做不行。

那么，党章究竟怎么学呢？

有的同志说，抄！抄党章！各种形式地抄，不分场合地抄，不分昼夜地抄。

我们暂且不评价"抄党章"是否真的有效，毕竟学党章是规定动作，怎么学是自选动作，正所谓"条条大路通罗马""黑猫白猫把鼠抓"，我们"不看广告看疗效"！

不管你是手抄党章还是精读党章还是漫画党章，不管你是真的入心入脑还是"小和尚念经——有口无心"，自然有检验的方法，概括起来就是四道问答题：

一、为什么需要有党章？

二、为什么需要学党章？

三、学党章需要学什么？

四、如何才能学好党章？

回答不了？

没关系，我们一起来聊聊。

# 第一节　从哪里来到哪里去

## ——为什么要有党章？

"万物生长靠太阳，政党发展看党章"，我们党是个怎样的党，有着怎样的使命，这些问题，我们都可以从党章的发生发展中找到答案。而要弄清楚党章的由来及演变，其实就是要搞明白"为什么要有党章"，再进一步讲就是"党章到底是什么"。

这些问题的答案，隐藏在中国近代社会和中国共产党的历史中，这还要从党制定的第一部党章说起。

### 一、中国共产党党章"年龄"之谜

世界上没有哪个政党像中国共产党一样，是在一条小船上诞生的，而且这条小船已经航行了 100 多年，从最初由 13 名舵手载着 50 多名船员的木筏，发展成今天有着 9000 多万舵手载着 14 亿多乘客的巨轮。

世界上也没有哪个政党的党章像中国共产党的党章一样，有着两个年龄，"两个年龄"背后的奥妙我们暂且不讲，先请大家一起做一道算术题：如果我告诉大家 2023 年是我们党章诞生 101 周年，那大家能不能算出党章的两个年龄呢？

有人就说了，诞生 101 周年就是 101 周岁嘛，另一个年龄其实很好算，101 岁加一岁就是 102 岁，一个是周岁，一个是虚岁！

听起来很有道理，可惜不是。

要说党章为什么会有"两个年龄"，还是绕不过嘉兴南湖上那艘摇曳着的小船。

大家都知道，1921 年我们党在上海秘密召开一大，中途被一名巡捕闯入会场，至于这名巡捕，我想大家并不太了解。

据考证，这名巡捕叫程子卿，除了是我们熟知的巡捕外，他还有两个重要身份：一是法租界刑事科政治部主任，二是上海青帮头目黄金荣的拜把兄弟，用现代话说他既是一名堂堂正正的"公务员"，又是一名地地道道的"道上人"，脚踩两界、黑白通吃。

如果说有人不用手、不用笔，只用脚跨一步就能书写历史，我想这世上应该有两个人，一个是阿姆斯特朗，另一个就是程子卿。

他们俩一个从梯子上跨到了梯子下，一个从屋子外跨进了屋子内，虽然都是个人的一小步，却也都成了人类历史上的一大步。

也因为这一跨，程子卿就在我党历史上留下了不可磨灭的一笔，很多一大代表都将他写进了自己的回忆录。

在众多关于程子卿的描述中，刘仁静最直接，说是"突然有一个人"；

张国焘最客观，说他是"陌生人"；

李达最简练，用了"不速之客"一词；

包惠僧最写实，说他"穿灰色竹布长褂"；

陈公博最推理，用了"面目可疑的人"；

陈潭秋最文采，说进来了"一个獐头鼠目的穿长衫的人"。

其实，程子卿这个人从根上说并不坏，在法租界有时也为共产党、进步人士以及国民党左派做一些有益的工作，比如当时有中共党员被捕，就经宋庆龄等人向他"疏通"而获释。

也正因为这些工作，使他在新中国成立后没有被捕，正所谓"善恶终有报，天道好轮回。不信抬头看，苍天饶过谁"啊！

经过程子卿这一插曲，我党将一大会址由上海临时转移到了嘉兴南湖的一艘游船上。

我们现在认为，一大最重要的成果就是宣告了中国共产党的成立，而这一成果的直接法理依据就是一大代表们在游船上通过的《中国共产党纲领》。

但遗憾的是，一大召开时党处于秘密状态，纲领的原件没能保存下来。

我们现在看到的版本有两个来源，一是 1956 年苏共中央把原中共驻共产国际代表团档案移交给中共中央，其中发现了俄文版的一大纲领；二是 1960 年在哥伦比亚大学图书馆发现了陈公博的硕士论文《共产主义运动在中国》，论文附录里有英文版的一大纲领。

这样，《中国共产党纲领》才得以与世人见面。这个纲领虽然不是正式的党章，但已经具备了党章的各个要素，即，规定了党的名称、性质、任务、纲领、组织和纪律，兼具纲领和党章的性质，实际上起到了党章的作用，因此我们可以把这个《纲领》看作是我们党第一个党章的雏形，这也是我们党章"第一个年龄——102 虚岁"的来源。

但话又说回来，虽然《纲领》在实际上包含了党章的内容，但毕竟不是正式的党章，而且还带有明显的共产国际、俄国共产党的党章印记，因此党的一大同时也决定，由大会选举产生的中央局起草党章，提交党的二大通过。

于是在 1922 年上海召开的中共二大上，讨论通过了党的历史上第一部正式党章——《中国共产党章程》，因此这是我们党章"第二个年龄——101 周岁"的来源。

至此，关于中国共产党党章两个"年龄"的故事就说完了。

不知道有没有同志心中有些淡淡的疑问：话说建党有很多事情要做，

比如壮大党的队伍，充实建党经费，对抗程子卿们的觊觎与破坏等等，为啥要着急制定一本小小的章程呢？

接下来，我们就来聊聊这个话题。

### 二、"组织能使力量增强十倍"

如果精读党史，就会注意到一个有趣的历史细节：作为党的重要创始人，毛泽东同志却没有出席 1922 年在上海召开的二大。

这是为什么呢？是因为病了？还是因为离会议地址太远，赶不到呢？或者是路上受到了坏人的蓄意堵截？其实什么都不是。

而且真实原因说出来，是一件很有意思的事。这个原因是美国著名记者斯诺后来采访毛主席时，主席自己说出来的。

主席说，"当时我被派到上海帮助组织去反对赵恒惕的运动，那时恰好二次党代会在上海召开，我本想参加，可是忘记了开会的地点，又找不到任何同志，结果错过了这次大会"。[①]

中共二大的会议地址，这位党的创始人竟忘了，实在是不可思议。

有人说，伟人也是人，也有关键时刻掉链子的时候呀！

依我看，这事与是不是伟人无关，倒是反映了我们党早期组织发展不健全、组织结构相对涣散的客观现实。

我们在中学历史课本上都学过一段话，"1919 年五四运动爆发以后，随着马列主义在中国的广泛传播，共产主义小组和进步团体如雨后春笋般出现，北京、上海、山东、武汉等地的共产主义小组相继成立"。

---

① 《从党的一大到十八大》，中国共产党新闻网，http://dangjian.people.com.cn/n/2013/0108/c117092-20131273-2.html。

十月革命为全世界打开了一道思想阀门，翻滚的巨浪奔涌而出，大有席卷全球之势。而五四运动则为中国炸开了那道顽固的大坝，使得原本暗流涌动的泉水漫溢起来，浇灌着中国这片干涸龟裂的大地。

"翘首以迎曙光，倾耳以迎消息"，中国的先进分子终于从苏俄的胜利中，看到了自己民族解放的前途。

然而此时，正处于社会和思想的激烈大变动中，在进行了一系列工人运动之后，一批共产主义知识分子很快就意识到：中国的革命环境空前复杂，中国的革命对象空前险恶，中国的革命斗争空前艰苦。

要实现民族独立和人民解放，就必须走俄国人的道路，建立一个有理想、有组织、有纪律的无产阶级革命政党。

正如李大钊号召的那样，要建立"强固精密"的团体，C派（共产主义者）朋友急急组织一个 Party（政党）。

毕竟革命导师列宁说过，"组织能使力量增强十倍"。

党的建立是制定党章的最基本条件，同时也为党章的制定奠定了组织基础。

那么反过来说，我们党之所以要制定自己的章程，其首要原因便是组织发展的需要。

党章之于组织的重要性，我们不妨先从二战时期的一则小故事聊起。

故事的主人公，是大名鼎鼎的巴顿将军，著名的军事统帅。

我们都知道，巴顿治下的军队在二战中以纪律严明、战斗力强闻名，立下了赫赫战功，厉害极了。

然而没人会知道，在他接手之前，这支部队可是出了名的"老爷军"。

军营里满是蓬头垢面、胡子拉碴、不带头盔、不扎绑腿的散漫场景。

于是巴顿立即宣布了几条纪律，比如每天 7 点 30 分必须吃完早饭、不允许任何人迟到，有胡子的每天必须刮脸，任何人任何时候都必须戴头盔、扎绑腿。

开始时大家以为巴顿就是过过嘴瘾，没当回事，直到他对一名没戴头盔的厨子进行了罚款，并要将一些上厕所没戴头盔的人移送军事法庭，大家才如梦方醒，原来这家伙来真的了。

就这样，不到一周时间，巴顿就把这支萎靡不振、不听指挥的"老爷军"改造成了精神高涨、步调一致的"王牌军"。

听过这个故事的人，大都是往团队管理要严格、队伍纪律要严明这个角度去解读。

然而，如果更深一层次地思考，把这个故事放在历史发展和社会进步的维度下，它其实提出了一个重大课题——人如何才能联合起来。

在回答这个问题之前，首先要回答另一个问题。

人为什么要联合？

其实道理很简单，我们打小就知道"一根筷子易折断，十根筷子折不断"的道理，个人的力量总是有限的，只有联合起来，才能形成大的合力，正所谓"土多好打墙，人多力量强"嘛。

但是每个人作为一个独立的个体，各有各的主意，各有各的算盘，哪能是说联合就联合的，这中间除了具有一致的目标外，还必须有一种强有力的外部约束。

这也就是说，人们根据共同的理想目标组建了共同体，那对于这个共同体而言就要有一个总的"使用说明书"，来说明、来规定它的性质、原理、功能等等。

这个"说明书"就叫作总规矩，又叫作章程。

中国共产党就是这样一个共同体，九千多万党员聚集在一起，中央提出一个目标，底下东拉西扯、七嘴八舌，这能行吗？不行，所以我们需要一个"说明书"。

党章就是这个庞大组织的一个"说明书"，就是一个总章程、总规矩。

有了党章，党才是一个完备的共同体，才有组织性，才有凝聚性，才有战斗力，才能够带领人民改天换地，才能够引领事业创造奇迹。

### 三、是"舶来品"，还是"本土货"？

一讲到党章，很多同志就会问，我们党最初的党章到底是"舶来品"，还是"本土货"呢？

问题这么一提，有同志就要抢着回答了，"答案我知道，党章这个东西，一定是'舶来品'！"

他的理由很充分，因为世界上第一部无产阶级政党的党章是由马克思、恩格斯制定，并于1847年11月召开的共产主义者同盟第二次代表大会上通过的《共产主义者同盟章程》，到2023年，这部党章已经有176岁了，比我们的党章要年长将近80岁。

说到这，细心的同志也要质疑了，说这明显是在偷换概念嘛，问题的主语是"我们的党章"，而不是"党章"这个名词啊！

我觉得"偷换概念"这个词用得非常好，依我看，咱们不着急回答问题，不妨一起梳理一下。

首先，无论是党章还是无产阶级政党党章，它最早出现于中国以外的西方世界，这一点目前是毫无争议的。

其次，关于我们的党章，也就是中国共产党章程，它到底是我们党独立自主制定的，还是参考借鉴西方模式的，我们还得具体问题具体分析，打开时光机，启动月光宝盒，穿回到历史中去看。

我们前面讲过，一大制定的《中国共产党纲领》，是我们党党章的雏形，但它最早是在苏联发现的，那问题来了，明明是我们中国共产党制定的纲领，为什么没有在国内保存却出现在了外国？

这个问题的答案，除了上文提到的一大召开时我们党还处于秘密状态以外，还有个关键因素就是，参加我们党一大的有两个外国人，是共产国际派来的马林和尼克尔斯基。

他们两个人参加完中共一大之后，回到苏联向共产国际汇报情况，共产国际就把他们汇报情况的这些材料存到了档案馆里，其中就包括这个纲领。

从共产国际代表参加一大到我们的会议材料被他们拿走，就充分证明了共产国际在中共一大中发挥了非常重要的作用，那自然而然，尚处于幼年时期的中国共产党在制定自己的纲领或党章时，毫无疑问也会受到共产国际以及俄共的影响。

讲到这里，肯定有人还不服气了，"就算有外国人参加了一大，就算一大纲领被他们带走了，但这也不能直接证明我们的纲领就一定受到了他们的影响呀！"

没错，要想证明我们党早期党章受到了外来影响，就必须从具体内容上去验证。

在一大通过的《中国共产党纲领》中有这么一条规定："我党采取苏维埃形式"，所谓苏维埃形式，就是鲜明地体现民主集中制思想的组织形式。[①] 单这一条规定我们党组织领导制度的规定，就足够证明党的早期党

---

① 许耀桐：《民主集中制在中国的认识与发展过程》，中国共产党新闻网，http://theory. people.com.cn/GB/12658283.h:ml。

章在内容上也参照了马克思列宁主义建党学说和俄国布尔什维克党的建设经验。

其实，这还不算是最具有"外部印记"的党章，我们党历史上最典型的受共产国际和苏联影响的党章，是在六大上通过的党章，甚至连这部党章的起草者，都是外国人。

党的六大是党历史上唯一一次在国外召开的全国代表大会，六大通过的党章具体规定了坚持民主集中制的三条原则，这对于完善民主集中制具有重要意义。然而，苏联人也不是"活菩萨"，在我的地盘就得听我的，因此六大党章突出地强调了共产国际的领导，把中国共产党列为共产国际的一个支部。

这就是要我们党无条件地服从和执行共产国际的决议决策，就像现在党支部必须服从上级党委一样，要事事请示苏联老大哥，这样不合实际的领导体制，也为后来王明"左"倾路线埋下了伏笔，给我们党带来了巨大损失。

后来的事情大家也都知道了，由于共产国际的决策错误，中央红军被迫长征，而在长征途中党中央与共产国际的电台失去联系，党便有了较大的活动自由。

紧接着，遵义会议结束了王明的"左"倾路线，基本确立了毛泽东同志的领导地位，此时的中国共产党才开始根据马克思列宁主义基本原理，并结合中国实际情况开创中国革命的新局面。而此时，六大党章除正确部分外，事实上已经停止执行了。

因此，虽然我们党的党章不完全是"舶来品"，但在党的七大之前，党章的制定和修改实际上一直受共产国际和苏俄的影响，这一方面对于尚缺乏建党和革命经验的中国共产党提供了基本遵循，另一方面无限制的照抄照搬也给党和革命事业造成了消极影响甚至可以说是沉重的打击。

总之，一部好的党章，一定是国际先进理念和本国实际情况相结合、并在此基础上不断完善创新的，它既不是完全的"舶来品"，也不算十足的"本土货"，其实这两者从来就没有泾渭分明的标准，所以也才有这样一句话：越是民族的，越是世界的。

### 四、党章中的"忒修斯之船"①

有同志可能会注意到这样一种现象，从党的二大通过了第一个正式党章算起，二十大通过的党章已经是我们党的第十九个党章了。

换句话说，我们党的党章自诞生至今，已经修改了十几次了。

有的同志就纳闷了，党章作为党的总规矩，是根本大法，是永恒的经典啊！不是应该管长远吗，干吗改来改去！

要解释这个问题，我们先从一个古老的哲学实验——"忒修斯之船"谈起。

"忒修斯之船"是一艘可以在海上航行几百年的船，它航行时间久的奥秘在于不间断的维修和替换部件。比如一块木板腐烂了，就会被换掉，一颗螺丝钉掉了，那就再装一个新的，直到所有的部件都出了毛病，但却又都被换了个遍。

那么问题来了，这还是当初的那一艘船吗？

这个问题放在哲学的范畴上讨论，是众说纷纭的，有人说是，有人说不是。

依我看，这船还是这船。为什么呢？

---

① 本小节部分内容参考《〈党章〉青年说》，人民网，http://tv.people.com.cn/GB/397271/。

虽然零部件换了，可船的性质没有变，船的形态没有变，船的构架没有变，船的气质没有变，换句话说，船的根本的、核心的约定性没有变，换点破损零件，这叫查漏补缺、与时俱进，是为了解决新问题、应对新形势、补充新材料。

我们党的党章就是这样一艘"忒修斯之船"，自始至终它根本的、核心的约定性就没变过，它的性质、宗旨、理想都没变过。

但是，它的零件一直在换，它要根据不同的形势、不同的任务、不同的目标，不停地调整自己的战略。

比如随着我国社会各个方面的不断发展，人民的生活一方面有了极大的改善，另一方面又对更加美好的生活提出了新的需求，于是党的十九大上，就把我国社会的主要矛盾从人民日益增长的物质文化需要同落后的社会生产之间的矛盾改为了人民日益增长的美好生活需要和不平衡不充分的发展之间的矛盾，并写进了党章，于是党章就产生了新的内容。

再比如，2021 年中国共产党迎来了百年华诞，一百多年来，党在团结带领中国人民为实现中华民族伟大复兴的壮阔征程中，取得了一系列彪炳史册的重大成就和历史经验，并形成了坚持真理、坚守理想，践行初心、担当使命，不怕牺牲、英勇斗争，对党忠诚、不负人民的伟大建党精神，于是党的二十大将这些宝贵财富写入党章，为我们立党兴党强党提供丰厚滋养。

我们在政治课上都学过辩证唯物主义，其中有一条原理是"意识对物质的依赖性原理"，即"物质决定意识"，换句话说，客观世界环境变了，主观思维意识自然也会受到影响。

而党章作为党基于革命、建设、改革等实践而形成的意识形态的集中体现，也必然会随着时代的发展和社会的变迁而不断被赋予新的含义。

从 1921 年一大《纲领》的"十五条"900 字，到 2022 年二十大新党章的"十一章""五十五条"两万余字，每一章、每一条、每一字的删减增改都凝结着成千上万共产党人几十年如一日的不懈努力与奋斗。

但是我们反过来又讲，党章虽然是要因时而新、因势而变，但作为党的总规矩、根本大法，在很大程度上还是要保持稳定性的。

比如我们的党章无论怎么修改，有些本质上的内容是绝对不能变的！

我们无产阶级政党的性质不能变！

我们实现共产主义的理想不能变！

我们为人民服务的宗旨不能变！

既要稳定性又要变革性，既有约定性又有时新性，这才能促进我们党章不断进步。

在我们党章近百年的发展史中，有没有过倒退和反复？

当然有。

无论是个人还是组织，哪有一帆风顺的成长？

"文革"初期，林彪、江青、康生等人为了尽早实现政治野心，就迫不及待地由姚文元出面，向毛主席写信建议尽快召开九大和修改党章，并假借群众之口，打着"上面有纲领、下面有方向"的幌子，要求对八大党章彻底批判，制定九大新党章，从而为配合其篡党夺权、为实现"重建党"的计划确立党内法律依据。

据叶笃初先生在其《党章亮点与热议：从十二大到十八大》一书中描述，1968 年张春桥亲自到上海督阵，把修改党章作为"中心工作"来进行。设在康平路 174 号的修改党章办公室忙碌万分、灯火通明，通过六架电话机不断地向各处发指示、要简报，指挥几十个单位。数万余人日夜突击起草党章，在短短一个月内竟搞出几十份修正草案。同时康生也在北京遥相呼应，四处动员人力为草拟的新党章进行论证，就这样，一个"新"党章在九大上草草通过，康生还热情洋溢地发表了讲话——《关于九大党章的讲话》。

对于新出炉的党章，一边是江青、康生的得意扬扬，说是他们的"胜利"，具有"伟大意义"，一边是邓小平的痛心疾首，正如他严肃指出的："九大、十大搞的党章，实际上不大像党章，党员有些什么权利和义务，究竟怎么样才算个共产党员，不合条件怎么办，都没有规定好，需要修改。"

康生标榜九大的党章有五大特点，其实说穿了不过是一个特点，就是把野心家、阴谋家林彪定为法定接班人，把林彪的一套谬论如"三忠于"（忠于毛主席、忠于毛泽东思想、忠于毛主席的无产阶级革命路线）、"四无限"（对毛主席要无限热爱、无限崇拜、无限信仰、无限忠诚）、"四伟大"（伟大的导师、伟大的领袖、伟大的统帅、伟大的舵手）之类，作为建党的指导方针和党员标准。

在此后的十大党章中，虽然去掉了林彪的名字，但其基本思想理论内容仍是九大党章，原封未动，在某些方面甚至有过之而无不及。从本质上看，十大党章同样是一个根本错误的党章。[①]

当然，这一历史事件是我们党章漫长发展历程中的一个挫折，总体而言，党章的修改是党的领导集体以高超的政治智慧和崇高的时代担当，根据国家革命、建设和改革新形势做出的有益调整。

比如在全国抗战即将结束、革命形势即将发生根本性转变的关键时

---

① 　叶笃初：《党章亮点与热议：从十二大到十八大》，中共党史出版社 2013 年版，第 249—250 页。

刻，我们党在七大上及时修改了党章，将毛泽东思想确立为党的指导思想，为党领导中华民族和中国人民最终获得胜利和解放奠定了坚实基础。

比如在"文化大革命"十年浩劫后，迎着十一届三中全会的改革春风，党的十二大及时修改了党章，清除了党的十一大党章中关于"无产阶级专政下继续革命"等错误思想，实现了党章的拨乱反正，奠定了新时期党章的基础。

比如在全面建成小康社会决定性阶段召开的十八大上，我们党充分发扬党内民主，集中全党智慧，对党章进行了适当修改，将科学发展观列入党的指导思想，并对中国特色社会主义、改革开放、党的建设等重要内容进行了充实完善，为新时期全面建成小康社会和加强党的自身建设提供了坚强的政治、思想和组织保证。

比如在吹响了决胜全面建成小康社会、夺取新时代中国特色社会主义伟大胜利的进军号角的十九大上，把习近平新时代中国特色社会主义思想同马克思列宁主义、毛泽东思想、邓小平理论、"三个代表"重要思想、科学发展观一道确立为党的指导思想并写入党章。这是因为，党的十八大以来，习近平总书记以非凡的政治智慧、顽强的意志品质、强烈的责任担当，团结带领全党全国各族人民进行具有许多新的历史特点的伟大斗争，统筹推进"五位一体"总体布局，协调推进"四个全面"战略布局，推动改革开放和社会主义现代化建设取得历史性成就，推动党和国家事业全面开创新局面、发生历史性变革，赢得全党全军全国各族人民高度评价和衷心爱戴，成为党中央的核心、全党的核心。在领导全党全国推进党和国家事业的实践中，习近平总书记以马克思主义政治家、理论家、战略家的深刻洞察力、敏锐判断力和战略定力，提出了一系列具有开创性意义的新理念新思想新战略，为新时代中国特色社会主义思想的创立发挥了决定性作用、作出了决定性贡献。

比如在全党全国各族人民迈上全面建设社会主义现代化国家新征程、向第二个百年奋斗目标进军的关键时刻召开的二十大上，我们党根据实践发展和理论创新，对党章进一步修订，增写完善了党百年奋斗的重大成就和历史经验、习近平新时代中国特色社会主义思想的科学内涵和历史地位、以中国式现代化全面推进中华民族伟大复兴的奋斗目标等内容，站在党的根本大法的战略高度上回应了新时代新征程党和国家事业发展的新要求，为聚焦实现第二个百年奋斗目标、实现中华民族伟大复兴的中国梦凝聚起全党全国各族人民共同奋斗的意志和力量提供了有力保证。

总之，党章体现着一个政党的主体思想和意识形态，党章的发展历程也反映着政党的发展历程，它就像一面镜子，总能将时代的现实记录下来，又把历史的面貌还原在世人眼前。

## 第二节　学在其中可知初心

### ——为什么要学党章？

有的同志常会说，党章是根本大法，应该是案头书、工具书的性质，我需要查什么的时候，信手翻来，现学现用，不是很好吗？为什么一定要学习学习再学习呢？学来学去不就是那两万多个字吗？能学出什么新东西吗？

先不着急回答，来看看党章中，最为我们熟知的一段话——入党誓词。

"我志愿加入中国共产党，拥护党的纲领，遵守党的章程，履行党员义务，执行党的决定，严守党的纪律，保守党的秘密，对党忠诚，积极工作，为共产主义奋斗终身，随时准备为党和人民牺牲一切，永不叛党。"

每一位党员都斩钉截铁地说过这样一段誓言，但并不是每一位党员都义无反顾地恪守着这样一段誓言。

从中纪委的反腐大片《永远在路上》和《打铁还需自身硬》中，我们不难发现，无论是白恩培、周本顺、李春城这些"大老虎"，还是王树森、张建津、王海涛这些"小苍蝇"，在锒铛入狱后面对镜头时，基本都表达了同样三方面感受：

曾经的我，信仰高尚，信念坚定，是一名合格的共产主义接班人。

后来的我，骄奢淫逸，灯红酒绿，是一名标准的贪污腐化代言人。

现在的我，身陷囹圄，名声败裂，是一名十足的咎由自取负罪人。

总而言之，对不起党，对不起国家，对不起人民。

习近平总书记在建党 95 周年大会的讲话中强调，"一切向前走，都不能忘记走过的路；走得再远、走到再光辉的未来，也不能忘记走过的过去，不能忘记为什么出发"。

总书记的话，是勉励与期许，也是警示与忠告。

只有放下"一直往前走、从来不回头"的任性潇洒，才能找回"初心永不忘、永远在路上"的从容自信。

那么，共产党人的初心到底去哪里找？

答案，就在党章中。

## 一、党章是我们党的事业的"指南针"

回看我们的党史，在党的领导权、在党的前进路线和方向上，很多人都想插一杠子。

然而革命、建设和改革百年来的历史已经充分证明，关于我们党事业的前进方向，莫斯科决定不了，张国焘、王明决定不了，"四人帮"也决定不了。

唯有心怀人民的共产党人，才是中国这艘巨轮的"掌舵人"，才能决定我们党的伟大事业走向何方。

我们前面讲过，一个政党的阶级性质、指导思想、奋斗目标、基本路线、行动纲领是这个政党最基本、最本质的属性，是具有稳定性的，是不以任何个人的意志而转移的，无论世界局势、外部环境如何风起云涌、变幻莫测，党的根本属性和前进方向也必须纹丝不动、稳如泰山——这就是党的"初心"。

读过党章的人都知道，在正式章节之前，有很大篇幅的"总纲"部分，这部分内容，就是我们前面所说的关乎党最基本、最本质的属性内容。

从总纲的篇幅大小和位置先后不难得知，这部分内容既具有全局性、总揽性，也具有先导性、引领性，既是党章的组成部分，又是党章的前提和总则，其地位和重要性不言而喻。

我们回到党章的历史，可以发现，如此重要的总纲部分其实并不是一开始就有的。

迫于共产国际的压力和中国革命自身发展的局限，直到 1945 年党的七大，我们党才第一次有机会有能力独立自主地制定一部党章，于是，党章第一次开宗明义地加入了总纲的内容，集中载明了党的基本纲领，包括党的性质与理论，中国革命的性质、动力、任务与特点，以及党的自我批评、群众路线、组织原则，等等。

对于这个新增的总纲，刘少奇在《论党》中曾说，"凡是党员，都必须承认这个总纲，并以这个总纲作为自己一切活动的准则。我们党有了这个总纲，将更加促进全党的团结与统一"。

自党章特别是党章的总纲部分出现以后，它就像指南针一样，指引着我们党革命、建设、改革的前进方向，同时也在不同历史时期的不同实践中，不断发展完善着。

在革命战争取得关键胜利的重要时期，我们党将毛泽东思想写入党章，引领我们的革命斗争事业继续前进；

在粉碎"四人帮"、结束"文化大革命"的重要时期，我们党实现了党章的拨乱反正，引领我们的现代化建设事业继续前进；

在新旧世纪交替的"多事之秋"，我们党党章高举"邓小平理论"和"社会主义市场经济"旗帜，引领我们的中国特色社会主义事业继续前进；

在社会主义建设新时期，我们党把"三个代表"和科学发展观列入党章，引领全面建成小康社会的伟大事业继续前进；

在中国特色社会主义进入新时代的关键时期，我们党把"习近平新时代中国特色社会主义思想"确立为指导思想，引领实现中华民族伟大复兴中国梦的宏伟征程……

## 二、党章是我们党的组织的"度量衡"

习近平总书记在党的十八大后，曾一再强调党章的重要性，他说，党章是党的总章程，集中体现了党的性质和宗旨、党的理论和路线方针政策、党的重要主张，规定了党的重要制度和体制机制，是全党必须共同遵守的根本行为规范。没有规矩，不成方圆。党章就是党的根本大法，是全党必须遵循的总规矩。

作为党的根本大法和总规矩，党章的内容也是十分广泛的，这点我们从党章的章节框架中就能发现。

它不仅从整体上规定了中国共产党是什么样的党，应当怎样建设党，而且从微观上规定了中国共产党的党员是什么样的人，怎样才能成为一名党员，党员应当享有什么样的权利、履行什么样的义务；

它不仅规定了党的建设的一般性指导原则，而且规定了党的建设的具有操作性的做法与规则；

它不仅规定了党是一个有纪律的严密组织整体，而且规定了党靠什么组织起来、靠什么保持全党的高度一致；

它不仅规定了党内各级组织的职权、任务及其之间的关系，而且规定了党组织在社会组织中的任务以及党组织与群团组织的关系；等等。①

总之，党章就是我们党组织的"度量衡"，通过它，你就能知道我们的组织建设合不合格，我们的党员发展标不标准，我们的作风建设达不达标。

历史上，我们党的组织建设也曾有过杂乱无章，组织制度也曾受到肆意破坏，组织纪律也曾有过懒散怠慢，这些不正常的现象都给我们党造成了不可挽回的损失。

为了避免历史的重蹈覆辙，我们党在开展党的生活、建设党的队伍、健全组织结构、完善组织制度、严格组织纪律、处理组织矛盾等方面，都必须完全依照党章，严格遵守党章，真正落实党章，以党章为根本标准处理党的一切事务。

只有这样，我们党的组织才能"不忘初心、继续前进"。

### 三、党章是我们全体党员的"教科书"

陈云在《怎样做一个共产党员》一文中指出，"群众常常根据我们党

---

① 《党员干部党章学习读本》，国家行政学院出版社2012年版，第3页。

员的行动来测量我们的党，所以党员无论在何时何地的一举一动，都必须给非党群众一种好的影响，使他们更加信仰我党，更加敬重我党"。

2015 年王岐山同志曾指出，对被立案审查的党员干部，要从学习党章入手，重温入党志愿书，唤醒他们"激情燃烧的岁月"的记忆。

习近平总书记在 2016 年也特别强调，全面从严治党首先要尊崇党章。

对于共产党员来说，党章就是一本必修教材，在党章里我们能知道什么是共产党员，能理解什么样的人才是一名合格的共产党员，能明白怎么做才能成为一名合格的共产党员。

那么，这本教会我们如何成为一名合格党员的教科书应该怎么学、怎么用呢？

"没有规矩，不成方圆。"中国共产党不是"乌合之众"、不是"私人俱乐部"，是靠革命理想和铁的纪律组织起来的马克思主义政党，纪律严明是党的光荣传统和独特优势。中国共产党自成立之日起，就严格按照马克思列宁主义建党原则，把纪律和规矩写在自己的旗帜上。政治纪律、组织纪律等各项纪律建设每向前迈进一步，都会在党章中有所体现和强化。可以说，一部党章发展史也是一部党的纪律建设史。想要学好用好这本教科书，也就是要读懂党章发展过程中，党对党员提出的一系列纪律要求的变化发展。

一大党纲中，涉及纪律的内容占有突出位置，15 条中有 6 条涉及纪律，奠定了"纪律立党"的基础。规定了在党处于秘密状态时，党的重要主张和党员身份应保守秘密，对保证党组织的生存和发展起到了重要作用。

二大党章中，强调中国共产党是无产阶级有严密组织和严格纪律的队伍，首次将"纪律"单独成章，并提出了 9 条纪律要求，涉及组织纪律、宣传纪律、党员从业纪律等，使党的纪律建设有了实质性内容和进展。

三大党章中，把修改党章的重点放在强化组织纪律、完善入党手续等方面，细化了政治纪律的程序性规定，要求党的中央机构带头执行组织纪律。

五大党章中，首次以专章规定设立监察机关（中央监委），开启了党内监督的组织创新，举起了监督执纪的大旗。明确规定党组织的"指导原则为民主集中制"，此后历届党代会通过的党章都突出强调了这一组织纪律原则，并不断加以补充、发展和完善。

七大党章中，首次把"四个服从"作为党的组织纪律予以确立，对扩大党内民主和实行集中统一领导作了详细规定。首次把纪律作为党的组织基础写入总纲，确立了纪律建设"惩前毖后、治病救人"的正确方针。

八大党章中，首次将民主集中制表述为"在民主基础上的集中和在集中指导下的民主"。确立了延续至今的纪律处分体系：警告、严重警告、撤销党内职务、留党察看和开除党籍。

十一大党章中，在总纲中增写了坚持民主集中制的内容，强调党员要严格遵守党的纪律、维护党的集中统一，提出"不为个人或少数人谋取私利"和"遵守党纪国法，严守党和国家的机密"等纪律要求。

在其后的一系列党章修订中，我们党在以上党章对纪律的提法基础上，不断强化监督机构的设置及举措，使党章真正成为管党治党、严明党纪的总遵循和根本原则。

特别是在十九大党章中，涉及党规党纪的增补修改内容多达十余处，尤其是在总纲中新增"坚持从严管党治党"部分，二十大党章在此基础上继续对相关内容进行补充完善，把"以伟大自我革命引领伟大社会革命"这一跳出治乱兴衰历史周期率的第二个答案写入党章，充分体现了党在中国特色社会主义建设新时代里不断自我净化、自我革新的决心和勇气。

党的十八大以来，以习近平同志为核心的党中央坚持无禁区、全覆盖、零容忍，"老虎""苍蝇"一起打，严肃查处腐败分子，着力营造不敢腐、不能腐、不想腐的政治氛围，初步遏制了"四风"问题的蔓延势头。

但是，当前仍有部分党员心存侥幸，以为中央开展党风廉政建设和反腐败就是一阵风，等风头一过可以继续为所欲为；有的则认为，已经处理了一批"老虎""苍蝇"，达到了初步目的，反腐也差不多该歇歇了；甚至有少数人在高压态势下，仍不收手，顶风违纪、顶风作案。

但"党风廉政建设和反腐败斗争永远在路上"，"惩治这一手始终不能软"，"必须坚持零容忍的态度不变、猛药去疴的决心不减、刮骨疗毒的勇气不泄、严厉惩处的尺度不松，发现一起查处一起，发现多少查处多少"，"不定指标、上不封顶，凡腐必反，除恶务尽"。

面对各种不正之风和腐败现象，只有坚持不懈地保持反腐高压态势，下大力气拔"烂树"、治"病树"、正"歪树"，才能使我们党这棵"大树"更坚固、更挺拔地"立"起来。①

广大党员只有学习党章、遵守党章、贯彻党章、维护党章，唤醒党章党规意识，才能在推动党和人民事业发展中充分发挥先锋模范作用和示范带头作用，才能成为将载着十四亿人民的巨轮推向复兴彼岸的"摆渡人"！

党章是党的事业的"指南针"，是党的组织的"度量衡"，是全体党员的"教科书"，只有把党章学习好、遵守好、贯彻好、维护好，才能做到从根本上遵守党的纪律，才能确保我们党始终沿着正确的方向前进，始终成为中国特色社会主义事业的领导核心，始终凝聚起全党同志的意志和力量，为实现党的理想和目标而"不忘初心、继续前进"。

---

① 张荣臣、谢英芬：《再学党章》，中共中央党校出版社 2016 年版，第 11 页。

# 第三节　既得初心可得真知

## ——学党章要学什么？

近年来我们在电视里、在报纸上、在会议中，甚至在大街上，随处可见"两学一做"的标语，学党章成了大家的"新常态"。

那么问题来了，当我们在谈论学党章时，我们到底在谈论什么？

我们反反复复在强调要学党章，那我们究竟要学些什么东西呢？

有人认为要着重学党章的原文，有人认为要着重学党章的历史，有人认为要着重学党章的精神。

我们要学党章的原文吗？当然要学。

原文是党章的精髓，一字一句都蕴含着党章百年来发展的精华。

党的二十大修订后的党章有两万余字，说多不多，说少不少，但想要通过逐字逐句研读原文学习党章，是需要有理论的"底子"，以及坐得住的"凳子"，否则就会像"黑瞎子掰玉米——掰一个丢一个"。

我们要学党章的历史吗？当然要学。

历史是党章的镜子，一情一景都记录着党章的"前世今生""来龙去脉"。

党章的历史有一百多年，说长不长，说短不短，但想通过一个接一个的历史场景、一个又一个的历史故事学习党章，又很容易陷入"只见树木、不见森林"的怪圈。

我们要学党章的精神吗？当然要学。

精神是党章的灵魂，一点一滴都凝结着无数共产党人永不熄灭的信念。

党章的精神源于实践但又高于实践，说深不深，说浅不浅，但想绕过现象直接去探寻本质，这样一来就很容易落入"形而上"的陷阱。

所以，每个人的思想思维不一样，知识结构不一样，经历经验不一样，在"学党章学什么"的问题上，是仁者见仁、智者见智的。

"横看成岭侧成峰，远近高低各不同"，我们还得具体问题具体分析，归根结底是要分层分类地学，不同群体，各有侧重。

但是侧重不等于偏废，如果你让我给大家在党章中划出重点，告诉你哪些必须重点学，哪些可以捎带学，哪些必须认真记，哪些可以粗略过，那么真的很抱歉，套用一句流行语：

臣妾做不到啊！

因为我们党的党章，压根就没有重点。为什么压根没有重点呢？因为它全篇都是重点。

里面的每句话都有它的特殊意义，里面的每个字都有它的用武之处。

所以说，我们学党章，就要原原本本地学，就要完完整整地学，就要认认真真地学。

对党章的学习是一个系统全面的工作，是一个日积月累的过程，不能头重脚轻，不能厚此薄彼，不能突击冒进，不能一蹴而就。

仅用一堂课的时间，估计把党章完整地读一遍都难，更何况要面面俱到，把整篇党章讲完、讲透。

因此关于学党章学什么，这里给大家推荐人民网自制的一档网络节目《〈党章〉青年说》，在此我引用其中的两个例子，告诉大家如何以青年学生的视角学习党章的重要内容。

总而言之，课上只能抛砖引玉，课下需要举一反三。

## 一、关于党章中"中国共产党的性质"

首先我们从党章中的第一个内容聊起，也就是党的性质。

我们大家都知道，一个事物区别于其他事物的本质特征叫作性质，我们党的性质简而言之就是"两个先锋队、一个领导核心"，"两个先锋队"是指工人阶级的先锋队、中国人民和中华民族的先锋队，"一个领导核心"是指中国特色社会主义事业的领导核心。

但光知道概念是不行的，我们还要明白这"两个先锋队、一个领导核心"的含义。

首先，要明白这两个先锋队的含义，就要先知道什么是先锋？有人就说了，先锋就是先头部队，逢山开路、遇水搭桥，为大部队做指引。

这个解读很对，就是没抓住重点，依我看先锋这个词，它的侧重点在于锋而不在于先。

提起"锋"大家都不陌生，切水果的刀要有刀锋，踢足球得有前锋，说话有时还要有话锋，那"锋"的含义就显而易见了，就是尖锐、精锐的意思，先锋队的锋也不例外。

先锋队就是指冲在最前线的精锐部队，它的关键在于先进性，为什么我们党特别强调保持党员的先进性，特别强调"三严三实"，特别强调党的群众路线教育，特别强调反腐倡廉？其实都是为了维护我们党的先进性。

有人说那我懂了，说我们党是先锋队，是因为党在各个历史时期都在为自己肩负的历史使命冲锋陷阵。

可是为什么说我们党是工人阶级的先锋队呢？

因为工人阶级最先进嘛！

为什么工人阶级最先进呢？

这个问题马克思曾在《资本论》中给出过答案。他说工人阶级之所以先进，是因为工人阶级掌握着先进的工业生产技术，是时代生产力的创新者和实践者。

比如，在旧社会里农民阶级面朝黄土背朝天，播种基本靠手，沟通基本靠吼，交通基本靠走，生产效率是比较低的。再比如手工业者，织件衣裳，打个板凳，都得没日没夜地干。

但是你把这些活交给工人阶级，他们用上机器化大生产，工作干得又快又好，这才是生产力的前进方向，自然它就是先进的。

说到这有人又要问了，工人阶级先进那是在旧社会的大环境下，放到现代社会，工人阶级就不先进了。

依我看这种说法太狭隘，马克思主义告诉我们要用发展的眼光看问题，时代进步了，工人阶级也在进步嘛！

在当代，工人阶级的技术更先进了，工人阶级的范畴也扩大了。什么是工人阶级？马克思认为没有生产资料、靠体力和脑力从事劳动的人都是工人阶级。

所以说，"辽宁号"的工程师、"神舟十五号"的航天员、企业的高管、政府的官员、思想家、大学学者、高级白领，其实都属于新时期工人阶级的范畴，那你说，工人阶级到底还先进不先进呢？

以此类推，无论时代如何风起云涌、科技如何日新月异，从事社会基本工作的劳动者们也还是工人阶级，所以工人阶级永远具有先进性，因此它就是我们党的阶级基础。

好了，工人阶级的问题搞懂了，那中国人民和中华民族的先锋队又怎么理解呢？

这个问题其实很简单，一句话就能讲明白，工人阶级先锋队是指党的阶级基础，中国人民和中华民族的先锋队则是指党的群众基础。

我们党从成立那一天起，就是以天下为己任的，比如在一大制定的纲领中就明确规定，我们党要联合第三国际开展阶级斗争，直到消灭社会阶级差别。

而要实现这个宏伟目标，靠的是什么？靠的就是人民群众。

假如说人民群众是一支军队的话，工人阶级就是这支队伍里边比较精锐的部分，而作为先锋队的共产党就是精锐中的精锐。

讲完了"两个先锋队"，就要谈谈"一个领导核心"了。

要理解"一个领导核心"，还是要从先进性这个角度来解读。

有句小品台词叫"颜值越高，责任越大"，类似的表达还有"能力越大，责任越大"等等。同理，我们讲我们党具有先进性，那就要承担同等重要的历史责任；反过来说，历史责任这个担子越重，也就越能淬炼我们党的先进性。

那有人又问了，中国特色社会主义事业，为什么一定要有一个领导核心呢，现在不是提倡"去中心化"、反对各种特权各种崇拜吗？大家一起不分先后不分主次地干事业不也挺好吗？

当然不好，政治学中有个词叫"政治向心力"，这是一个非常重要的概念，今天我们讲要增强"核心意识"，要向以习近平同志为核心的党中央看齐，就是源于对"政治向心力"的把握。

二战以后，很多国家一窝蜂地想建立西方式的民主制度，可又一窝蜂地都失败了，有的民主制度刚刚建立起来，就因为水土不服垮掉了，有的干脆建都建不起来，为什么呢？

因为西方式的民主制度看中的是一种政治分离，也就是说你有你的力量，我有我的力量，你有你的意见，我有我的意见，各派势力互相角逐竞争，这样原本是可以使意见更加全面，能够使老百姓的参与度更高的，这样一来就拥有更高的合法性，本身是一个很好的事情，所以会受到许多国家的竞相模仿。

但是，这种制度发挥作用是要具备一定前提和基础的，需要一定的经济基础和文明程度作为门槛。相反，如果罔顾国情和实际情况，生搬硬套，削足适履，必然是南辕北辙，付出惨重代价。

大家可以想象，假如没有一个核心作为政治向心力，用以把控和整合各派力量，你一言我一嘴，公说公有理，婆说婆有理，大家说不到一块去，该怎么办？

小的纠纷就会上升为大的矛盾，矛盾积累久了就演变为政治危机，政治危机处理不了那就会爆发政治动乱，这样一来整个社会的秩序就会荡然无存，整个国家的政治生态和经济建设也会陷入停滞，人民生活水平自然受到影响，可谓是祸国殃民。

这样的民主陷阱，在当今世界已经见怪不怪了。而我们要建设的社会主义民主，就必须引以为鉴，一定要立足于世情、国情、党情，建立起足够坚定、足够强大、足够统筹各方面力量的领导核心，这样才能统筹、整合、团结、带领社会各阶层的力量，共同朝着实现我们中华民族伟大复兴的中国梦阔步前进。

### 二、关于党章中"中国共产党的指导思想"

聊完了党的性质，我们再来学学党的指导思想。

我想很多人都会考虑一个问题：什么是指导思想，要它有什么用呢？

你看我也没什么指导思想，该考学考学，该找对象找对象，该工作工作，到头来学上得也不比别人差，老婆长得也不比别人丑，钱挣得也不比别人少，所以说指导思想嘛其实就像是牛尾巴，少了不好看，多了不上秤。

可是，指导思想真的就是没什么实际作用的"牛尾巴"吗？我看未必。

首先，我们还是要先弄清什么是指导思想。

指导思想不是"先挣它几个亿"的目标，也不是"诗和远方"的梦想，而是行动的指南，是人的一切行为的价值驱动系统和一切行为的价值评判体系，是一个人人生在世的总哲学，是世界观、是人生观、是价值观。

假如没有了指导思想，人的任何行为都得不到评判，那后果是相当严重的。

比方说，我们很多人都看过一部"网红"小说《明朝那些事儿》吧，知道明朝皇帝多奇葩，有沉迷于炼丹几十年不上朝的，有把整个皇宫改造成集市做买卖的，有天天捣鼓板斧钉锤做木匠活的。

如果就事论事，炼丹做生意干木匠活那是人身自由，无可厚非。

可是这也要看是谁干，你堂堂一朝天子去干这些，那肯定就不合适了。

皇帝应该干什么，皇帝应该心怀天下社稷苍生百姓，应该励精图治奋发图强。

那些鸡毛蒜皮的小把戏就不能出现在皇帝的任务列表里面，你皇帝把国家大事都扔给魏忠贤去干了，自己只管吭哧吭哧打桌子打板凳，你打得再好，人民也不会说你是个好皇帝。

再比如咱们个人，每个人都回忆一下，高考那年、考研那年，起得比鸡早睡得比狗晚，宁可整天文山卷海，也不会天天"推塔攒人头"，为什么？

因为大家心中有个理念，叫作"有付出才会有回报"。

再比如大家谈恋爱的时候，你为什么恨不得把整个心都掏出来捧给另一半呢？

因为你心中也有个理念，那就是"你难过得太表面，像没天赋的演员，观众一眼能看见"。

所以回到开头那个问题，其实我们并不是没有指导思想，只是没有意识到我们有指导思想。

反过来，一个人如果想自己的行为更加有效、更加理性、更加完美，就应该自觉地建立指导思想，因为你不建立的话，可能就会有一些错误的指导思想潜入到你的头脑，使你的行为变形，使你的行为变得没有价值没有意义，甚至有负面的作用。

再回到我们党，我们党更应该建立自己的指导思想，是因为党是一个群体组织，它麾下有九千多万的党员，每个人都有自己的利益诉求，每个人都有自己的思维意志，如果不管不顾各行其是，没有一个标准的"度量衡"来进行衡量的话，那么党就会有分裂的危险。

还有就是，在不同的历史时期历史阶段，党的任务也是不一样的，那我们怎么去判断每个时期的方针路线是对是错呢？

这还得靠指导思想。

如此说来，既然指导思想这么重要，那我们党的指导思想是什么呢？

党的现行党章里写得很清楚，我们党的指导思想是马克思列宁主义、毛泽东思想、邓小平理论、"三个代表"重要思想、科学发展观、习近平新时代中国特色社会主义思想。

你看，这句话读起来又长又绕口，既然咱们是马克思主义政党，干脆就直接单把马克思主义作为我们的指导思想吧？

要回答这个问题，咱们还是从个人的角度来做一个分析。

人到了青春期之后，往往都建立起了自己的主见，"三观"也稳固了，就有了一套自己的价值尺子，用来衡量矫正自己的所作所为。

可假如我们的这把尺子，我们的"三观"就永远停留在二十多岁这个时候，等到五十岁六十岁七十岁的时候还用二十岁的价值体系去衡量，你说行不行呢？

这就好比当年的三毛、哪吒、金刚葫芦娃。

为什么都是小孩呢？大人谁能干出这事儿来！？

我们有时候评价别人时总引用一句话，说"有的人活着，可他已经死了"，意思就是这个人的人生已经定格了，没有意义，白活了。

作为一个党组织，也是一样。

我们党是一个把马克思主义与中国的实践相结合的政党，中国的实际在不断地发展变化，光靠一成不变的马克思主义，就成了教条主义，可如果我们根据不同历史时期的不同时代特点，集合全党的智慧，不断发展马克思主义，产生新的指导思想，不断丰富它的内涵，我们的指导思想就能像一棵大树一样，永远长青，永远走在时代前列。

所以一个政党的指导思想不是一成不变的，而是与时俱进的。

所以习近平总书记在庆祝中国共产党成立 95 周年大会上的讲话中强调要"不忘初心，继续前进"，很明显，"继续前进"的前提是"不忘初心"，记得从哪里来，也知道往哪里去。党的十八大报告也提出一句话，"既不走封闭僵化的老路、也不走改旗易帜的邪路"。

话说到这，还要提醒大家两点，也就是与时俱进往往有两个陷阱。

第一个是"与时乱进""与时瞎进"，就是前进的方向错了，最终不仅不会前进，还南辕北辙，出现倒退，比如"文化大革命"就属于这类错误。

第二个陷阱是"与时激进"，虽然方向也对，就是走得太快太急，没学会走就想跑，以前的"大跃进"就属于这类错误。加把劲建设社会主义的愿望是好的，但是违背了实事求是的原则，忽略了社会发展的自然条件，忽略了社会发展的客观规律，忽略了人民群众的承受能力。

总之，指导思想源于实践高于实践，是一种上层建筑，凝聚着全党的智慧，应该积极稳妥地推进，在稳定的秩序框架内，在"蹄疾步稳"中实现"吐故纳新"，这才是我们的进步之道。

## 第四节　既得真知如何深爱

### ——如何学好党章？

道理懂了，学习材料也有了，就一定有效果吗？

不见得。

还需要有方法。

同理，我们前面讲了为什么会有党章、为什么要学党章、学党章的什么内容，说到底都是些理论上的东西，多少有些"形而上"的意思，只有真正掌握了"怎么学"的路径方法，才能真正在这次没有终点的学习历程中，走得远、走得好。

那么，对于我们青年党员来说，到底应该怎么学习党章呢？

### 一、"酒香也怕巷子深"

关于怎么学，其实中央已经在《关于在全体党员中开展"学党章党规、学系列讲话，做合格党员"学习教育方案》中，给我们提出了明确要求。为了加深大家的理解，我们在这先把各个组织虚拟成一个班级，看班干部们应该如何带我们好好学习党章。

首先，班长要带领大家大声朗读党章原文，就是《方案》中的"领导机关领导干部作表率"。

其次，学习委员要举办主题讲座、专题沙龙，组织同学围绕党章史话、党章里的纪律等专题，开展学习讨论，就是《方案》中的"围绕专题学习讨论"。

再次，组织委员要在"三会一课"中设置党章专题，帮助大家时时学党章处处学党章；文体委员发挥自身特长，设计"接地气、有意思"党章知识竞赛、党章名词知多少等辅导活动，就是《方案》中的"创新方式讲党课"。

最后，劳动委员要带领大伙在各类实践中主动积极为人民服务，知行合一，就是《方案》中的"立足岗位作贡献"；纪律委员对大家学习党章、践行党章的过程和效果进行监督检查，就是《方案》中的"召开党支部专题组织生活会"和"开展民主评议党员"。

这些学习方式是规定动作，是大家必须一板一眼、不折不扣去完成的。

然而，"要想学得好，课后自习少不了"，除了这些规定动作，我们还要充分发挥主观能动性，选好、做好自选动作。

毛主席曾说过，人民群众的智慧是无穷的。

我看这话没毛病。

单就学党章来说，大家就群策群力，想出了不少招数。

比如有利用新媒体技术制作 flash、H5 的，有根据党章历史编排情景剧的，有把深奥难懂的党章条文改编为朗朗上口的顺口溜的，有把党章故事讲得像评书一样淋漓尽致的……

这些做法对不对？好不好？

也对也好。

这些做法适应了时代的发展和大众的需求，既有趣、又有料，有句话我们不是经常讲嘛，"兴趣是最好的老师"，要"把有意义的事做得有意思"，学党章是一件很有意义的事，但放到现代这个价值多元的社会，那是"酒香也怕巷子深"，如果不加点"调味剂"，恐怕连"入耳"都难，更何况"入脑、入心"了。

可是反过来又讲，任何事都要讲究个"度"，所谓"过犹不及"，如果过分追求形式而忽视本质，那就犯了本末倒置的老毛病了。

我相信大家都知道，在"两学一做"开始阶段，一下子出现了个新的组织——"手抄党"，这源自很多单位都组织党员同志每天手抄党章。

这个做法原本是非常好的，简单易行效果好，毕竟从小老师就教育我们，"书读百遍，其义自见"，"课文背不过，搬着凳子出去给我抄一百遍……"

可就是这么一件好事，个别人在做的过程中却没有把握好"度"，渐渐地变了味。

有的人把抄党章看成是一场个人秀，看谁抄得多抄得快，看谁写的字漂亮。

有的单位不顾工作实际，把抄党章强行列入工作任务，要求每日定时定量抄党章，致使很多人在上班时间放下手头工作抄党章，在下班时间放下家庭事务抄党章，甚至在新婚之夜还在对着镜头抄党章。

更有甚者，少数单位假借学习之名，花大价钱变相定制仅印有"两学一做"简单字样的所谓文创产品，文具啊、食物啊，等等，凡所应有、无所不有。

这样一来，"手抄党章"不仅不能达到学习党章内容、践行党章精神的初衷，反而还违背了党章的基本要求，剑走偏锋，成了"好心办坏事"。

总之，我们在学习党章时，既要兼顾形式的创新，更要注重内容的把控，万不可"小和尚念经——有口无心"，捡起了"芝麻"，却又丢了"西瓜"。

## 二、既要"开花结果"，也要"落地生根"

我们常讲，"两学一做，基础在学，关键在做"。

学得再好，学得再深，如果不落实，那也是"光打雷不下雨"，解决不了思想大地上的干涸。

比如有些党员特别是党员干部，会上发言一本正经，谈天说地、头头是道，可私下做事摇身一变，花天酒地、胡搞一套。

党的十八大以来，一批"大老虎"相继被纪委立案调查，在民间引起极大关注，也给党的形象和事业带来了不可估量的损失和负面影响。

原广东省委常委、广州市委书记万庆良被查前一天还在主持会议时提出，"自我批评怕不辣，相互批评不怕辣"。

原全国政协副主席苏荣还在江西任上时，曾积极部署反腐，提出要"动真劲，动狠劲，以更加猛烈而切实的摧枯拉朽之势，横扫一切贪污腐败"，引起社会各界及媒体广泛关注。

而如今，这些曾气吞山河、豪言壮语的"英雄"们却因严重违纪违法被调查、被严惩。

他们关于反腐那些铿锵有力的话语，他们私下里南辕北辙的言行不一，恨得我们牙根直痒，震得我们耳膜生疼！

本质上讲，言行不一的根源就在于没有做到"知行合一"。

五百多年前王阳明提出的这个理念，对理论与实践的关系做出了辩证解释，与马克思主义理论中"理论联系实际"的观点有异曲同工之妙。

东西方哲学对这一理论的阐释不谋而合，说明"知行合一""理论联系实际"是经得起检验的共识和真理。

因此习近平总书记在十八大后专门针对学习党章发表的讲话中着重强调，既"要全面掌握党章的基本内容"，又"要严格遵守党章各项规定"。

可见学习党章内容和贯彻党章规定"两手都要抓、两手都要硬"，要在学习和实践中做到知行合一、学以致用。

知是行之始，行是知之成。

我们党员要铭记党章党规，学用结合，以知促行、知行合一，把合格的标尺立起来，把做人做事的底线划出来，把党员的先锋形象树起来，用行动体现信仰信念的力量，让党章在不断地学习中"开花结果"，让党章在不懈的实践中"落地生根"。

## 参考文献：

1.《中国共产党章程》，人民出版社 2022 年版。

2.《〈党章〉青年说》，人民网，http://tv.people.com.cn/GB/397271/。

3. 张荣臣、谢英芬：《再学党章》，中共中央党校出版社 2016 年版。

4.《党员干部党章学习读本》，国家行政学院出版社 2012 年版。

5. 叶笃初：《党章亮点与热议：从十二大到十八大》，中共党史出版社 2013 年版。

6. 姚桓、孙宁：《党章精读》，中国方正出版社 2016 年版。

7. 姚桓、李娜、张惠舰：《从党章发展看中国共产党成功之道》，中国方正出版社 2014 年版。

8. 许耀桐：《民主集中制在中国的认识与发展过程》，中国共产党新闻网，http://theory.people.com.cn/GB/12658283.html。

# 第六章

# 把纪律和规矩挺在前面

2016 年上半年中央开展"两学一做"学习教育，党章党规火了，全体党员学习，几亿人围观；2017 上半年《人民的名义》也火了，几亿人收看，全社会围观。当党规和《人民的名义》碰撞，能产生什么样的火花？我们一起来围观。

## 第一节　从《人民的名义》谈起

前几年《人民的名义》刷爆了各年龄层的朋友圈，一部没有小鲜肉的反腐剧竟然长时间花式上榜热搜，引发了全民追剧 ing。

于是，各种调侃、各种段子满天飞，"达康书记别低头，GDP 会掉；别流泪，祁同伟会笑""达康书记的笑容和 GDP 由我们来守护""达康书记的双眼皮和保温杯"都有人宣誓守卫，各种 CP（组合）、观剧的姿态花样繁多，连达康书记都摇身一变成了新晋网红。

曾几何时，不看这部剧，似乎都没法和人聊天了。如果你不知道"震撼的人民币墙""高能的花式点钞""搞事情的工人""达康书记的 GDP"，那你真的可能 out 了。

饕餮大餐，视觉盛宴，总有属于你的菜。

有人看腐败万象，小官大贪、贪官外逃、官商勾结、边腐边升、家族式腐败、塌方式腐败，热衷各种揭秘，两面人生的"亿元处长"赵德汉 VS"亿元司长"魏鹏远，闻风而逃的丁义珍 VS 温州副市长杨秀珠，高小琴姐妹花 VS 山西胡昕姐妹……满足了吃瓜群众的猎奇心理。

有人看政治生态，比如霸道总裁一把手，说一不二；比如唯 GDP 的政绩观，众说纷纭；比如团团伙伙、拉帮结派、人身依附，达康书记的秘书帮 PK 育良书记的政法帮；比如官商勾肩搭背、沆瀣一气；比如言必谈人民却以人民的名义大肆违法乱纪……

有人看剧情演技，剧情跌宕起伏、悬念丛生，亦正亦邪，正反面人物的翻转，老戏骨们教科书般的演技、接地气的台词、达康书记的表情包，让人直呼过瘾、欲罢不能。

总之，看点很多。

让人意外的是，当时这样一部反腐大剧竟然迎来了年轻人的花式关注和路转粉，有数据显示，观剧大户的年轻人群体追剧的忠实度达到 60% 以上。

谁说青年不关心社会和政治？

艺术作品源于生活，又高于生活，而这部剧之所以口碑上佳，关注度高，就是因为接近生活，反映社会现实，直击国家治理的痛点，有诚意，有态度。

## 一、从麻辣台词中看问题

所谓"内行看门道，外行看热闹"，这部剧中有些台词看似辛辣尖锐，恰恰是最好的教育素材，所以不妨从一个侧面来看看我们的党究竟面临什么问题。

"作为共产党人就不能背叛自己的理想信念……共产党人是为人民服务的，不是为人民币服务的！"为人民服务的宗旨变成了为人民币服务，一切向钱看，类似的观点在现实生活中没有市场吗？

再比如，"我们从哪里来到哪里去，我就是从娘胎里来再到坟墓中去！"本来，"从群众中来到群众中去"这句话是我们党的群众路线，可惜在高级干部嘴里竟然变成了"从娘胎里来再到坟墓中去"。这两句台词说明什么问题？说明我们有些党员精神缺钙，信仰缺失，利欲熏心，完全把人民抛到了脑后！

"以前人民群众不相信政府做坏事，现在人民群众不相信政府做好事了。""经济纠纷也好，股权争执也罢，是要在法律的范畴内解决问题，但是工人们不信呢，他们不相信他们的问题可以公正地解决呀。这是问题的可怕之处啊！"这两句话说了一个政治现象"塔西佗陷阱"。作为近几年来在公共舆论中非常流行的一个词汇，得名于古罗马时代的历史学家塔西佗，就是说当一个政府部门失去公信力时，无论说真话还是假话，做好事还是坏事，都会被认为是说假话、做坏事。这样的场景，相信大家并不陌生，比如房价调控，老百姓的决策往往反着来，眼瞅着房价越调控越高，群众的眼睛雪亮雪亮的。这些现象消解的是政府的公信力，习近平总书记曾就"塔西佗陷阱"语重心长地说："我们当然没有走到这一步，但存在的问题也不谓不严重，必须下大气力加以解决。"

"我们有些干部，其素质已经远低于一般的国民素质了。"这是让人脸红流汗的一句批评。干部的素质连国民素质都不如，还怎么能指望他们为人民服务？他们有什么资格和能力为人民服务？不给人民添乱已经烧高香了。干部直接决定了一个地方、一个单位的发展，正如毛泽东所说"正确的路线确定之后，干部就是决定的因素"，因此，"从严治党，关键是从严治吏"，要从抓好干部这个"关键少数"做起。

"不反腐，让他们继续腐败下去，那不是官不聊生，那就是民不聊生了，老百姓那就得造反了。"在中国历史上官不聊生鲜见，民不聊生、官逼民反的例子倒是比比皆是，政亡人息的例子也不胜枚举，习近平总书记告诫全党"如果任凭腐败问题愈演愈烈，最终必然亡党亡国"。我们看看苏共，在有二十万党员时能够夺取政权，在有二百万党员时能够打败法西斯侵略者，却在有近二千万党员时丢失了政权。所以说，反腐败事关党的生死存亡，绝不是危言耸听！

"现在不知怎么了，清正廉明，倒成了异类了。"之所以清正廉明成为异类，是因为家庭和社会文化出了问题。剧中的孩子小皮球在学校捣蛋，学校让家长去领人，一了解，原来孩子下课想去踢球，可是没钱贿赂足球队长了，每次课间出去踢球指标有限，给了钱才能去，孩子也有生财之道，把作业给别人抄，还明码标价。这还得了，祖国的花朵都"行贿受贿"，还一副习以为常、司空见惯的样子，岂不痛心，岂不可怕？孩子是大人的镜子，是家庭教育和社会教育的直接样本，所以党的十八大以来，习近平总书记多次强调家风，一针见血地指出"家风好，就能家道兴盛、和顺美满；家风差，难免殃及子孙、贻害社会"。

经典的台词很多，为什么经典？因为说的是实话、人话、发人深省的话，是让老百姓感同身受的话，是能引起大家共鸣的话。

这些台词揭露的问题，就是我们党新形势下面临的"四大危险"：精神懈怠的危险、能力不足的危险、脱离群众的危险、消极腐败的危险。

病根儿找到了，怎么治呢？

## 二、从剧情细节看规矩

党的十八大以来，中央从"八项规定"开始立规矩，紧接着轰轰烈烈地打老虎、拍苍蝇，制度的笼子越织越密，全面从严治党向纵深发展，党的群众路线教育、"三严三实"、"两学一做"、"不忘初心、牢记使命"主题教育、党史学习教育，要解决的都是思想问题，精神上要补钙。

一句话：反腐治标与治本同步，思想建党与制度建党并进。

接下来，我们就以"领导干部报告个人有关事项"抛砖引玉从细节说党规。

习近平总书记在 2015 年初十八届中纪委五次全会专门强调了重大问题报告的事儿，他说，"有的家庭发生重大变故不向组织报告，离婚、结婚多少年了，组织都不知道。有的弄了很多证件，护照好几本，还有假身份证。这些事情不要报告吗？懂规矩就应该报告，隐瞒不报的，一是不懂规矩，二是这里面怕有不可告人的隐情"。2017 年初，中央专门修订了《领导干部报告个人有关事项规定》《领导干部个人有关事项报告查核结果处理办法》。2018 年修订的《中国共产党纪律处分条例》，2021 年出台的《中国共产党组织处理规定（试行）》均明确了对"违反个人有关事项报告规定"的处理。

下面我们这些吃瓜群众就来扒一扒丁义珍为什么能轻松脱逃，欧阳菁为什么能说走就走，高育良书记离婚不离家多年为什么不为人知，祁同伟为什么能持有山水集团的大额股票，侯亮平为什么能被陷害。

哇，不扒不知道，原来剧中这么多关键人员都在"领导干部报告个人有关事项"上出现了问题。

先看看丁义珍，除了有人通风报信，他手持有假身份证和因私出国证件，大摇大摆、堂而皇之地在办案人员眼皮底下拍屁股走人，走了几个小时后才找到他的踪迹。他的假身份证、出国证件从何而来？难道是路边小广告制作的？

欧阳菁想走就能走吗？她和达康书记离婚协议一签，就赶赴机场，结果大家都知道了，被拦下来了没走成。那么问题来了，她的因私出国证件应该由所在单位组织人事部门管理，不能拿在自己手上，她出国的话，也应该向组织报告目的地和时间，走了正常的审批手续才行。

高育良书记呢？问题多多。他和吴老师看似伉俪情深，原来都是一场戏。为了腐蚀高育良，赵公子投其所好给他量身打造了一个高小凤，英雄难过美人关，既然犯了错误，纠错可是法学教授在行的，和原配吴老师离婚，和高小凤结婚，"通奸"于是披上了合法的外衣。为了掩人耳目，离婚不离家。这样真的没问题了吗？"通奸"只是道德层面的，而离婚，首先没有报告组织，属于重大个人事项未报，定性则为瞒报，瞒报最轻的处理也是诫勉，半年内不得提拔或进一步使用；和高小凤结婚并生子，老婆孩子常年在境外，属于"裸官"，符合这一条，政治生命可以收尾了；高小凤和高小琴还给她们的两个孩子搞了个上亿的基金，作为高育良的合法妻子，高小凤作为一家庭主妇，钱是哪里来的？巨额财产来源不明，这可都是违法乱纪的事呀。育良书记作为法学教授究竟是不懂党规还是为情试法？

祁同伟在剧中虽不是终极大 BOSS（老板），但他的问题也很多，单看他持有山水集团八九十万股股票，从个人事项报告来看，领导干部经商办企业是底线红线。个人事项报告除了个人要报告，威慑力在于抽查核实，审判、监察、外交、公安、国土资源、住房城乡建设、人民银行、税务、工商、金融监管等部门一查，只要是本人持有的，什么都给你查得清清楚楚、明明白白，如果在动议提拔之前，查核一下，别说提拔了，恐怕直接处理了。

侯亮平可是个正面人物，他和个人事项报告能扯上什么关系？剧里他被发小蔡成功举报，参与投资入股蔡成功的公司，当然，这都是侯亮平本人不知情的。问题来了，这个坑完全是可以避开的。侯亮平在北京是处级干部，到了汉东属于提拔，按照任前审核的要求，必须查核个人有关事项报告情况，查核结果不影响提拔任职才能提拔。如果在前面提拔的时候核查了，早发现、早向组织说明情况，就没后面被蔡成功举报持股的事儿了。

个人有关事项报告，看似很小的一个事儿，背后却藏着这么多不可告人的隐情，而这些隐情往往都是线索比较具体的违规违纪事项，所以，这也是当前中央着重强调的一项从严管理干部的制度。

剧中还有很多和党规有关的，接下来给你出两道问答题。

比如，大风厂的群体性事件，李达康书记要不要第一时间给沙瑞金书记报告？比如，高育良书记就逮捕丁义珍给沙瑞金书记报告是拖延时间还是履行请示报告程序？2015年12月，中共中央出台了《中国共产党地方委员会工作条例》专门对请示报告提出了"全面、专题、及时"的要求，2019年2月，中央还专门出台了《中国共产党重大事项请示报告条例》。重大突发事件属于及时报告的事项，所以，达康书记应该第一时间跟沙书记汇报，而不是陈岩石直接去找"小金子"；高育良书记就逮捕丁义珍也遵守了请示报告制度。

还比如，大风厂事件的善后处理，4500万的资金怎么来？这么大额资金使用，达康书记沙场点兵，公安维稳资金1500万、财政1000万，好，就这样定了，这可不单单是作风霸道的问题了，还违反了民主集中制原则，凡属重大问题"集体领导、民主集中、个别酝酿、会议决定"，重大问题一般俗称"三重一大"即"重大决策、重要人事任免、重大项目安排、大额度资金运作"。如果弓记主持的话，集体讨论，应该是汉东市市委常委会，而不是一个专项协调会就能定下来的。

上述种种，只是从细节、从反面看党规。作为一部现实版的《清明上河图》，正可谓"横看成岭侧成峰，远近高低各不同"。

## 第二节　没有规矩不成其为政党

中国老话说"没有规矩，不成方圆"。习近平总书记把规矩提得很高，说"没有规矩不成其为政党，更不成其为马克思主义政党"。

说到政党，大家都不陌生。比如美国的驴象之争，"驴子"是民主党的党徽，"大象"是共和党的党徽，所以，常用"驴象之争""驴象赛跑"代指美国政治竞选，两党轮流坐庄执政从19世纪50年代以来，从最初的君子之争到今天轰轰烈烈的激烈角逐，成为"世界上最大的民主竞技"。大家对政党的关注很多是源于竞选，比如美国大选，全世界瞩目。

话说近代政党最早可不是起源于美国，而是源自老牌的资本主义国家英国。直到20世纪之初，中国政党肇始之际，可供借鉴的政党政治模式也只有三种：一是以英国为代表的两党模式，二是以法国为代表的多党模式，三是10余年后的一声炮响，苏联为我们提供了的政党范式，以民主集中制组织起来的共产党。

不管哪种建党模式，一个政党之所以成为政党需要满足四个条件。

**首先要有人**，并有基本的组织章程和组织纪律把松松散散的人凝聚成一个整体，这就是为什么一个政党成立之初就要有章程，中国共产党

1921 年成立之际，就颁布了《中国共产党纲领》，"我们的党定名为'中国共产党'"，瞧，我们党的名字就来自纲领。

**其次要有旗帜**，有什么样的政治纲领、有什么样的根本利益和诉求都要亮出来，旗帜鲜明地弘扬什么、倡导什么、反对什么，都要让党员知道。有了旗帜纲领，人就不是团团伙伙、乌合之众，而是志同道合者。正如梁启超所说，政党者有一贯之意见，一党自应有一党之精神①。这也是我们党为什么要强调信仰、强调补精神之钙，这涉及党的执政根基。

**再次要有核心**，有一批有威信的政治领袖或先进分子形成领导核心。列宁说，政党通常是由最有威信、最有影响、最有经验、被选出担任最重要职务而称为领袖的人们所组成的比较稳定的集团主持的②。邓小平说，任何一个领导集体都要有一个核心，没有核心的领导是靠不住的。我们中国共产党从第一代领导人起，就是有领导核心的。今天，坚决做到"两个维护"是作为党员干部基本的政治要求；强化政治意识、大局意识、核心意识、看齐意识是统一全党意志的必然选择。

**最后要有目的**，政党的根本目的事关政权，夺取政权、巩固政权，不然和社会组织就没有什么区别了。

我们翻开任何一个政党的纲领或者是章程看看，上面的四个要素都是不可或缺的，这些就是一个政党的总规矩，指导思想、纲领、路线、方针政策、目标、党员、党的组织、党的领导、纪律等都涵盖其中。

习近平总书记说过，现代政党都是有政治纪律要求的，没有政治上的规矩不能成其为政党。就是西方国家，主要政党在政治方面也是有严格约

---

① 梁启超：《饮冰室合集·文集》之三十一，中华书局 1989 年影印本，第 6 页。
② 《列宁全集》第 39 卷，人民出版社 1984 年版，第 21 页。

束的，政党的重要成员必须拥护本党的政治主张、政策主张，包括本党的意识形态。对那些在政治上行动上与本党离心离德的党员，西方国家政党也是要执行纪律的，甚至给予开除处分。一个政党，不严明政治纪律，就会分崩离析。

我们挑几个政党看看。

先来看看美国。即使是组织方式松散的美国民主党和共和党，它们对党内纪律也有明确要求。它们对党内政治纪律的维护，主要体现在议会中督促党员贯彻本党的主张，为了选举胜利，十分注重对党内纪律的维护。

再看看英国。英国的工党要求议员在发言和表决时，注意维护本党利益；对不听党的指令的议员采取各种惩戒措施，直至将其开除出党。

再来看看法国。法国的社会党也有严格的规定，比如，党员必须交纳党费，并以交纳党费作为党内初选时的选举人和被选举人的考核条件，还规定党员当选国会议员后仍然要向其党籍所在的区、县、市党部尽义务。若是党员议员不能履行党员的义务，则由中央监察委员会和仲裁委员会处理[1]。

再来看我们中国共产党，更是靠严密组织纪律起家的政党，组织严密、纪律严明是党的优良传统和政治优势，也是我们的力量所在。而当前，"主要的挑战就是党的领导弱化和组织涣散、纪律松弛"，怎么破？

习近平总书记说，"我们这么大一个政党，靠什么来管好自己的队伍？靠什么来战胜风险挑战？除了正确理论和路线方针政策外，必须靠严明规范和纪律。我们提出那么多要求，要多管齐下、标本兼治来落实，光靠觉悟不够，必须有刚性约束、强制推动，这就是纪律"。

---

[1] 魏晔玲：《党性的诠释——事说党性二三事》，首都经济贸易大学出版社 2016 年版，第 7 页。

所以，必须要把纪律和规矩挺在前面！

## 第三节　中国共产党的规矩是怎么炼成的

习近平总书记说，"我们党的党内规矩是党的各级组织和全体党员必须遵守的行为规范和规则"。这些行为规范和规则是在长期实践中形成的，包括党的优良传统和工作惯例，怎么来的？为什么会是这样？都是经过实践检验了的，都有其历史脉络。

比如，"八项规定"大家都熟知。其实，在 1949 年"进京赶考"之际，毛泽东同志就提议通过了"六条规定"，一不做寿、二不送礼、三少敬酒、四少拍掌、五不以人名作地名、六不要把中国同志与马恩列斯平列。"八项规定"提出的时机、精神实质与"六条规定"都是一致的。

习近平总书记 2013 年 7 月在西柏坡纪念馆参观时，还一一对照"六条规定"说："不做寿，这条做到了；不送礼，这个还有问题，所以反'四风'要解决这个问题；少敬酒，现在公款吃喝得到遏制，关键是要坚持下去；少拍掌，我们也提倡；不以人名命名地名，这一条坚持下来了；第六条，我们党对此有清醒的认识。"

所以，我们的党内规矩是一脉相承的，要了解党内规矩还是要从党的发展历程中找答案。

### 一、决定中国命运的六届六中全会

说起 1938 年，有什么大事件？1935 年遵义会议，1936 年西安事变，1937 年抗日战争全面爆发、国共第二次合作，为什么恰恰是 1938 年 9 月的六届六中全会被毛泽东称为"是决定中国之命运的"呢？

这要从中国共产党和共产国际的关系说起。

中国共产党是共产国际的一个支部,共产国际是咱们的顶头上级,我们党就是在它的一手指导下成立的,党内的重大决策和重要人事问题也都直接受共产国际的影响和制约。

遵义会议后,毛泽东当选常委进入党中央领导核心,党内排序是"洛毛",军内排序是"周毛王",毛泽东并没有处于第一位,但却成为实际上的决策者,以毛泽东为核心的第一代中央领导集体还处于初步形成中。

这时候还有一些不得不提的"党内大佬",比如张国焘,中共早期领导人之一,和陈独秀、李达比肩的人物。这人从 1935 年起就公然对抗中央,还搞出"第二中央",要开除毛泽东和周恩来的党籍,1938 年 4 月投靠了国民党,彻底与党决裂,上演了"中共创始人反对中共"的闹剧。

美国作家埃德加·斯诺在采访毛泽东时曾问道:"您一生中最黑暗的时刻是什么时候?"毛泽东回答:"那是在 1935 年的长征途中,在草地与张国焘之间的斗争。""当时党内面临着分裂,甚至有可能发生前途未卜的内战。"

历史走到了 1937 年 11 月,共产国际决定让"熟悉国际形势的新生力量去帮助中国共产党中央委员会",新生力量就是王明,作为钦差大臣,他带着共产国际的指示精神回来了,"由于共产党力量弱小,在国共统一战线中不要提谁占优势,谁领导谁的问题,不要过分强调独立自主"。

而毛泽东坚持在统一战线中要"保持独立性",并提出"谁领导谁的问题",强调"必须坚决地反对投降主义"。

政治路线之争,听谁的?在陈云、任弼时、王稼祥的努力下,1938 年 9 月,共产国际改变了认识,认为中共在复杂环境及困难条件下真正运用了马列主义。共产国际选择了支持毛泽东,至此,毛泽东的领导地位才真正得以确立。

六届六中全会就是在这样的背景下召开的，从 1938 年 9 月开到 11 月，张国焘的问题、王明闹独立性造成的不良影响，高层出了问题，影响是很恶劣的。在这个会上，制定并通过了一系列的党内政治纪律，这也是一次立规矩的重要会议，在中国共产党制度建设和纪律建设史上有着重要的地位。

我们来看看，立了哪些规矩？

一是四个服从。毛泽东在代表中共中央所作的《论新阶段》的政治报告中指出，"必须重申党的纪律：（一）个人服从组织；（二）少数服从多数；（三）下级服从上级；（四）全党服从中央。谁破坏了这些纪律，谁就破坏了党的统一"①。从此，这"四个服从"成了中国共产党最根本的政治纪律和政治规矩。全会最后通过的政治决议案还强调，每个共产党员应该爱护党和党的团结统一有如生命，使党及其各级领导机关达到在政治上和组织上团结得好像一个人一样的程度②。

二是党规党法。第一次提出了党内法规的概念，开始注重法规条文，出台了《中共扩大的六中全会关于中央委员会工作规则与纪律的决定》《中共扩大的六中全会关于各级党部工作规则与纪律的决定》《中共扩大的六中全会关于各级党委暂行组织机构的决定》等一系列重要文件，重申组织纪律，确保党的团结统一。

这些规矩是我们党的基本规矩，时至今日，也还一再重申，比如政治纪律和政治规矩，比如党委会的工作规则等等。

---

① 《毛泽东选集》第二卷，人民出版社 1991 年版，第 528 页。
② 《中共中央文件选集（1936—1938 年）》，中共中央党校出版社 1985 年版，第 704 页。

### 二、立规矩的西柏坡

1948 年 5 月，毛泽东东渡黄河来到西柏坡。从此，中国革命在太行山东麓这个小山村作了短暂的驻足。周恩来说，"毛主席是在这个世界上最小司令部里，指挥了最大的人民解放战争"。在这里，不仅打出了一个新中国，还建立党的规矩，在党的历史上写下了光辉的一笔。

2013 年 7 月，习近平总书记在西柏坡调研时指出："这里是立规矩的地方。党的规矩、制度的建立和执行，有力推动了党的作风和纪律建设。"

我们来看看西柏坡立了哪些规矩？

一是请示报告制度。前面，我们在谈到《人民的名义》的时候也提到了这项制度，大家已经有所了解，2014 年 1 月，习近平总书记在中纪委全会报告上，大篇幅地论述了组织纪律性，其中强调的一项重要组织制度就是请示报告制度。他说，"有的党组织和领导干部在处理一些应该由中央和上级组织统一决定的重要问题时，事前不请示、事后不报告，搞先斩后奏、边斩边奏，甚至斩而不奏"。2015 年 1 月，他再次强调，"决不允许擅作主张、我行我素，重大问题该请示的请示，该汇报的汇报，不允许超越权限办事，不能先斩后奏"。2019 年 2 月中央还出台了《中国共产党重大事项请示报告条例》，条例是一种仅次于准则的党规形式，可见重视程度之高。

请示报告看似是个小事，为什么总书记一而再地强调？因为这是下级组织服从上级组织的重要体现，不请示不报告这种无组织无纪律的现象，影响的是党中央的权威。这也是为什么在大决战的前夜，党和军队工作千头万绪，毛泽东同志反复强调这项制度的初衷。试想如果各自为政、自行其是，在战争期间是什么样的后果？全党的执行力战斗力又何在？

于是，1948 年 9 月通过了《中共中央关于各中央局、分局、军区、军委分会及前委会向中央请示报告制度的决议》，分清了哪些事项由中央决定，哪些事项由地方事前请示中央并经中央批准后实施，哪些事项事后报中央备审。凡决定权完全属于中央的事项，中央已有决定的，各地必须严格遵守并正确执行。

二是健全党委制。1948 年 9 月，毛泽东为中共中央起草的决定《关于健全党委制》，开篇就指出："党委制是保证集体领导、防止个人包办的党的重要制度。近查有些（当然不是一切）领导机关，个人包办和个人解决重要问题的习气甚为浓厚。重要问题的解决，不是由党委会议做决定，而是由个人做决定，党委委员等于虚设。委员间意见分歧的事亦无由解决，并且听任这些分歧长期地不加解决。党委委员间所保持的只是形式上的一致，而不是实质上的一致。此种情形必须加以改变。"[①] 强调应注意"集体领导和个人负责，二者不可偏废"，实现民主与集中的有效统一。

毛泽东同志 1949 年 3 月还系统讲了党委会的十二条工作方法：

（1）党委书记要善于当"班长"；

（2）要把问题摆到桌面上来；

（3）"互通情报"；

（4）不懂得和不了解的东西要问下级，不要轻易表示赞成或反对；

（5）学会"弹钢琴"；

（6）要"抓紧"；

（7）胸中有"数"；

---

[①] 《西柏坡"立规矩"的启示——写在党中央进京赶考 66 周年之际》，《求是》2015 年第 19 期。

（8）"安民告示"。开会要事先通知，像出安民告示一样；

（9）"精兵简政"；

（10）注意团结那些和自己意见不同的同志一道工作；

（11）力戒骄傲；

（12）划清两种界限。

斗转星移，70多年过去了，2015年下半年，《中国共产党党组工作条例（试行）》《中国共产党地方委员会工作条例》应运而生，在此之际，习近平总书记就学习毛泽东同志《党委会的工作方法》作了重要批示，要求各级党委（党组）领导班子成员特别是主要负责同志重温这篇著作。由此可见，有关党委会的思想价值历久弥新。

三是两个务必。"因为胜利，党内的骄傲情绪，以功臣自居的情绪，停顿起来不求进步的情绪，贪图享乐不愿再过艰苦生活的情绪，可能生长。"这"四种情绪"可能表现在部分党员干部身上。彼时，在进京赶考之际，因为"四种情绪"，提出了"两个务必"：务必使同志们继续地保持谦虚、谨慎、不骄、不躁的作风，务必使同志们继续地保持艰苦奋斗的作风；当前，面对新时代的新征程，面对新的"赶考之路"，习近平总书记在党的二十大报告中掷地有声地号召"全党同志务必不忘初心、牢记使命，务必谦虚谨慎、艰苦奋斗，务必敢于斗争、善于斗争"。

除了上面的这些规矩，还有前面讲的"六项规定"，以及一系列中央部门工作制度，确保机关高效运转。从目前能查到的公开资料看，制度有20余项，规范了部门之间、部门与上下级之间的运行机制。

### 三、不忘初心再出发

回望历史，我们发现，历史总是惊人的相似。

面对问题，破题之举无不是异曲同工。

1938 年也好，1949 年也罢，抑或是党的十八大以来，这些时段都有一个共同点：那就是我们党和国家处在历史转折期、事业发展处于新的起点、前进路上遇到大的困难！需要坚强的领导核心维护党的团结统一。因此，我们明晰地看到，"团结奋斗"正是贯穿党的二十大报告的一个鲜亮主题词，从报告标题到大会主题到整个报告都是以"团结奋斗"四字结尾，突出强调团结统一的重要性。

我们的党每每到了关键期，党的团结统一遇到问题，我们就会从党内法规下手去破题。

习近平总书记强调，从严治党靠教育，也靠制度。二者一柔一刚，要同向发力、同时发力，坚持思想建党和制度治党紧密结合。

2013 年中央专门出台了《中国共产党党内法规制定条例》，明确了党章、准则、条例、规则、规定、办法、细则 7 种党内法规名称，效力层级依次递减。

党章，是根本规定，管根本。在第五章已经进行了介绍。

准则，是基本规定，管基本。规定全党政治生活、组织生活和全体党员行为，效力层级仅次于党章，比如《关于新形势下党内政治生活的若干准则》《中国共产党廉洁自律准则》。

条例，是全面规定，管全面。规定党的某一领域重要关系或者某一方面重要工作，比如《中国共产党党内监督条例》《中国共产党巡视工作条例》《党政领导干部选拔任用工作条例》等。

剩下还有四种，规则、规定、办法、细则这是具体规定，管具体。规定党的某一方面重要工作或者事项，比如《关于领导干部报告个人有关事项的规定》《党政领导干部选拔任用工作有关事项报告办法》《中国共产党发展党员工作细则》。作为基层党组织，制定的制度往往也是用这四种名称。

我们来理一理党的十八大以来制度建党的进程：

党的十八大以来，中央对党内法规进行了全覆盖式的修订。十八大党章修订后，相继修订了仅有的两部准则，2010 年出台的《中国共产党党员领导干部廉洁从政若干准则》和 1980 年出台的《关于党内政治生活的若干准则》，出台纪律处分、干部选用、党内监督、巡视、地方委员会、党组等若干条例，以及一系列规则、规定等，从党的领导、党组织之间的关系、党员与党组织的关系、党员与党员之间的关系等进行了全面的再规范，制度的篱笆越扎越紧，制度优化越来越及时。

党规众多，不可能一一展开来讲，下面我们通过"民主集中制、党内监督、党纪"这些熟知的名词，来管窥一下必须挺在前面的党规党纪。

## 第四节　党规的核心

共产党是以民主集中制为原则建党的，不论曾经的苏共还是我们中共。

中共一大，陈独秀没参会，但他提出了一条很重要的建议，就是把民主集中制写入一大《中国共产党纲领》，后来虽没写入，却在历史上留下了浓墨重彩的一笔。

翻开党内法规，我们发现，不论是党章、党内政治生活若干准则、党内监督条例，还是选举条例、地方委员会条例、干部选拔任用条例等等，要么有专门的章节论述民主集中制，要么把民主集中制作为必须遵循的原则。毫不夸张地说，党内法规制度体系就是以民主集中制为核心的制度体系。

什么是民主集中制呢？我们可以说：

民主集中制是党的根本组织制度，是党的根本组织原则，是一种决策规则，是一种工作方式，也是一种工作作风。

这些表述还是很抽象，但至少我们可以看出：一是民主集中制很重要，二是民主集中制适用性很强。上至全党、中至党组织、下至党员干部个人决策都可以使用，内容覆盖党的建设、党的组织制度、决策规则、工作方式和作风，既可以很宏观，很原则，又可以细化，很具体。

## 一、作为根本组织制度的民主集中制

如果你有兴趣的话，看看 1917 年苏共党章、中国共产党在不同历史时期的党章，会发现，关于民主集中制的论述，关键词就三个："选举""报告"和"服从"。虽有细微区别，但精神一以贯之。

**首先是"选举"，明确党的领导机关从哪里来。**"党的各级领导机关，除它们派出的代表机关和在非党组织中的党组外，都由选举产生。"

选举，大家都不陌生，美国 2024 年总统选举即将拉开帷幕，中国新一轮省市县乡完成换届，同样是选举，有何不同？

美国，总统是国家最高领导人；中国，党的领导人是最高领导人，习近平同志作为党的总书记，同时担任国家主席、中央军委主席，新中国成立后，毛泽东一直担任党中央的主席和军委主席，只短暂地担任过国家主席，但一直到去世，他都是国家最高领导人。具体到地方上，书记是一把手，一般都是市长转任书记，这叫平级转任重要岗位。

美国，多个党推选候选人；中国，共产党自己提名候选人，党章明确规定，中央委员会总书记必须从中央政治局常委会委员中产生，即使是全国人大选举时，主席团也是根据中央的建议提出候选人的。

美国，由全体选民直接参与选举；中国，由党代会代表选举，先是选各级党代会的代表，每一名正式党员都有选举权，然后由代表再代表大家行使民主选举的权利。

《中国共产党章程》《中国共产党地方组织选举工作条例》《中国共产党基层组织选举工作暂行条例》《中国共产党地方委员会工作条例》等党内法规对党内选举都有述及。

**其次是"报告"，明确党的领导机关对谁负责任。**"党的各级委员会向同级的代表大会负责并报告工作。"

先说说常委会、委员会、党代会。这些"会"可不是开会的会，虽然，它们行使权力一般以开会的方式进行。常委会、委员会、党代会是各级党组织的领导机关，党代会闭会，委员会行使权力，并向党代会报告工作；委员会闭会，常委会行使权力，并向全委会报告工作。

它们管什么呢？把方向、管大局、作决策、保落实，概括起来就是"总揽全局、协调各方"这一党的领导方式的具体体现。毛泽东曾形象地提出了"八句歌诀"原则："大权独揽，小权分散。党委决定，各方去办。办也有决，不离原则。工作检查，党委有责。"概括起来就是抓大放小、党委决策、民主集中、检查落实。

它们怎么运行的呢？中央和地方党的代表大会一般五年开一次，中间会有若干次全会，一般用几届几中全会表示，几届就是第几次党的全国代表大会选举产生第几届中央委员会，比如党的第二十次全国代表大会选举产生第二十届中央委员会；几中就是本届中央委员会第几次全体会议，比如十九届六中全会就是第十九届中央委员会第六次全体会议。

常委会、全委会报告工作，报告什么呢？最有含金量的报告就是党员代表大会的报告。各级党组织为做好这个报告，都要广泛调研、征求民意、汇集民智，通过几上几下，精心总结过去的工作，提出未来的发展思路、方向和举措，这个报告由党的委员会书记向大会作出，经党员代表讨论后形成决议。会后，还要对报告精神进行宣传、贯彻。报告的过程实际上就是统一思想、消除歧见、达成共识的过程，就是凝心聚力的过程。

**最后是"服从"，明确党内应该遵守什么样的纪律。**大家熟知的"四个服从"，"党员个人服从党的组织，少数服从多数，下级组织服从上级组织，全党各个组织和全体党员服从党的全国代表大会和中央委员会"。

"四个服从"是一个历史形成的过程，1917 年苏共党章中提出了"两个服从"，即"少数服从多数""下级机关以及全体党员必须绝对服从执行上级机关决议"①，中共六大党章最早提出的只有"一个服从"即"下级党部一定要承认上级党部的决议"②，并没有将"少数服从多数"列为民主集中制原则中。少数要不要服从多数？是部分组织还是所有组织服从中央？是服从党的全国代表大会和中央委员会还是服从中央领导人？还是服从党的决议？在党的历史上，这些问题或是争论，或是定论，最终形成了经受住实践考验、全党认同的"四个服从"。

## 二、作为决策原则的民主集中制

决策是日常工作生活中普遍存在的一种行为，也是管理中经常发生的一种活动。有的凭感觉、凭经验决策，有的凭理性、利用科学的工具决策；有的集思广益、集体决策，有的独断专行、个人决策。

---

① 《联共（布）党史简明教程》，外国文书籍出版局 1946 年版，第 245 页。
② 《中共中央文件选集（1928 年）》，中共中央党校出版社 1983 年版，第 298 页。

实行集体领导和个人分工负责相结合的制度，是民主集中制在领导方式、决策执行层面的具体化，这一表述在 1982 年载入了党章，而"集体领导、民主集中、个别酝酿、会议决定"16 字决策原则在 2002 年党的十六大上载入党章。《关于新形势下党内政治生活的若干准则》《中国共产党地方委员会工作条例》都对相关要求和议事规则进行了重申。

集体领导制是领导方式的一种，通常由一个叫常委会的集体通过开会进行决策，而非一人决定。

会议决定一般按照少数服从多数的原则，三分之二是我们在党规中经常看到的一个数，常委会开会需要三分之二以上常委出席，干部民主推荐、干部考核测评往往都要求所在单位三分之二以上人员参加，等等，三分之二常常是会议有效的数量要求，而二分之一以上通过则是决策有效的数量要求。

### 三、作为工作作风的民主集中制

《中国共产党地方委员会工作条例》中说，"党委书记应当带头执行民主集中制，充分发扬党内民主，善于集中正确意见，自觉接受常委会其他委员监督，不得凌驾于组织之上、班子之上，不得搞独断专行"。

民主作为一种工作作风，主要表现就是干部广开言路，允许下属或群众讲话，毛泽东就说过，作为领导干部"好话、坏话，正确的话，错误的话，都要听。特别是对那些反对的话，要耐心听"。与之对应的就是"独断专行""一言堂""个人说了算"。

没有任何一个干部会愿意被扣上"独断专行""一言堂"的帽子，我们在干部述职述廉、民主生活会批评与自我批评、党性剖析等等中，总能够听到如何发扬民主，如何维护班子团结，如何大事讲原则、小事讲风格诸如此类的表述。

可别小看了民主集中制，民主多一点还是集中多一点，度如何把握？什么时候民主？什么时候集中？这可是考验领导水平的。大家都开过会，有死气沉沉、集体沉默的会，有气氛热烈、踊跃发言的会，也有面红耳赤、争执不下的会，一个小小的会正是民主与集中的生动体现。

所以，民主集中制，咱们学还得要领会实质，活学活用。

## 第五节　信任不能代替监督

"党内监督没有禁区、没有例外。信任不能代替监督。各级党组织应当把信任激励同严格监督结合起来，促使党的领导干部做到有权必有责、有责要担当，用权受监督、失责必追究。"《中国共产党党内监督条例》如是规定。"信任不能代替监督"第一次纳入了党规。

可能有人要问，既然信任，何必监督？

表面看，信任与监督似乎矛盾。实际上，信任是一种个人情感，监督是一种制度约束。信任可以产生精神力量，充分调动人的积极性。监督可以约束人的行为，促使其在制度的轨迹上运行。二者犹如一枚硬币的两面，有机统一、不可分割。

在党员领导干部被委以重任时，党组织往往会讲"这是组织对你的信任"，干部接受任命时也往往表态"感谢组织的信任"。委以重任就是组织对干部的培养和考验，就应当要求干部接受组织的监督。如果只讲信任，你好我好大家好，责任就会虚化弱化，加强党内监督就会被高高举起、轻轻放下，成为一句口号。

过去，"上级监督太远、同级监督太弱、下级监督太难""看得见的管不着，管得着的看不见""事前基本没有监督，事中基本难于监督，事后基本不是监督"。

所以，很多领导干部要么是"好同志"，要么是"阶下囚"。

而事实上，从"好同志"到"阶下囚"是一个逐步蜕变的过程。而在这个过程中，往往监督环节出了问题。

2012年12月6日，一则爆料掀起了波澜。《财经》杂志副主编罗昌平在新浪微博连发三条微博，向中纪委实名举报国家发改委副主任、国家能源局局长刘铁男。而与此同时，刘铁男正随同当时的国务院总理温家宝等人在俄罗斯进行访问。

对于微博举报，国家能源局第一时间回应称，消息"纯属污蔑造谣"，"我们正在联系有关网络管理部门和公安部门，正在报案、报警，将采取正式的法律手段处理此事"。

结果，大家都知道了，2013年5月，刘铁男涉嫌严重违纪，接受组织调查；8月，中纪委立案检查；2014年9月，刘铁男以受贿罪被判处无期徒刑，剥夺政治权利终身，并处没收个人全部财产。

看到这个过程，令人嘘唏。罗昌平的举报如果不是在十八大后新一轮反腐风暴的风口，如果不是在自媒体时代的今天，又会是什么样的结局？

党的十八大以来，打老虎的成绩大家有目共睹，但如果没有切实有效的监督，老虎还会接连不断地出现。如何把内讧反腐、小偷反腐、情妇反腐等小概率事件变成不敢、不想、不愿腐的常态化机制，需要在监督上下功夫。

## 一、多元参与的监督

权力和监督相伴而生。权力的架构是个"金字塔"，对权力的监督则应呈"倒金字塔"。权力有多大，对其监督的力度也应有多大。如同汽车一样，动力越大，制动功能就越要强大，否则必然出事。

当下，我国正在推进国家治理体系和治理能力现代化，而"多元参与""公开"这些价值导向，正是国家治理体系和治理能力现代化的价值内核。

而我们制定《中国共产党巡视工作条例》，新修订《中国共产党党内监督条例》也都是基于这种导向。

《中国共产党党内监督条例》中说，"党内监督必须贯彻民主集中制，依规依纪进行，强化自上而下的组织监督，改进自下而上的民主监督，发挥同级相互监督作用"。关键一句话：上级监督要强化，下级监督要改进，同级监督要发挥作用。

上级监督最有效，可上级太远。怎么强化？

当前最有震慑力的方式一是巡视，说到巡视，我们脑海里可能闪现的是古代钦差出巡、百姓击鼓鸣冤的画面；也可能是官员战战兢兢、如履薄冰的画面；还可能是官员落马、群众拍手称快的画面。在2015年8月，新的巡视条例出台后，这样的画面也并不罕见。

以前有些巡视你好我好大家好，说问题轻描淡写、不痛不痒，抓整改空对空、从文件到文件。现在的巡视怎么干的呢？完全是问题导向，所有的工作都是围绕问题而展开，发现问题、聚焦问题、坐实问题、反馈问题，巡视组和被巡视单位都是压力山大，往往巡视一个单位，吃瓜群众就开始八卦，推测会倒下多少干部等等。

巡视威力虽大，可不常有，点名通报于是成了另外一个杀手锏。从2013年12月15日，中央纪委首次点名道姓通报曝光违反中央"八项规定"精神典型问题第一起案例开始，各级纪检监察机关持续加大点名道姓通报曝光力度，到现在慢驰不息地把违纪者"请"到曝光台上"晒一晒"，"点名道姓通报"已在各地形成常态。点名道姓通报曝光是直击了干部的软肋，具有很强的震慑作用，也是对那些心存侥幸的官员敲响了警钟：许多事都有硬"杠杠"、铁"规矩"，别说"禁区""红线"不能踩，打个"擦边球"也不行了。

如果没有制约机制，下级监督太难、同级监督太弱是不可回避的事实。

兴于常州的原河北省委书记程维高遭遇滑铁卢，最终被开除党籍的违纪案例充分体现了这一点。

程维高初到河北，也曾带去了政坛新风，敢于动真碰硬、敢于批评不正之风，而随着威望日高，早期的"敢于碰硬"也逐步转化成了"独断专行"。

原河北省纪委书记刘善祥是最早和程维高叫板的人之一。1993 年上半年，原河北省经贸委纪检组检查河北工业经济投资公司时发现总经理张铁梦以公司名义贷款 1 亿美元无法归还，还以购买设备为由贷款 5000 万元，其中有至少 100 万为其本人挪用，虽然张铁梦与程维高的秘书李真过往甚秘，但刘善祥仍与河北省检察院沟通，逮捕了张铁梦，后来经河北政法委书记干预，又被放出，后出走爱尔兰。而在此过程中，河北经贸委认为应该将张铁梦贷款的事项报省纪委，但程维高亲自出面干预，并明确"张铁梦没有问题，今后谁也不要再提此事"。1994 年 9 月，刘善祥因病被安排退休，离开了工作岗位。

而原石家庄市建委工程处处长郭光允状告原河北省省委书记程维高，后来还出版了《我告程维高：一个公民与一个省委书记的战争》一书。

郭光允发现了市建委主任李山林的腐败行为，后写署名信给程维高，举报李山林。1995 年 8 月 17 日，写题为"程维高、李山林是破坏河北省建筑市场的罪魁祸首"的材料，匿名寄中纪委、河北省检察院。后来被石家庄市公安局收审。1996年，以"投寄匿名信，诽谤省主要领导"的罪名被判劳教两年，并被开除党籍。2003年中纪委对程维高严重违纪问题做出处理，发布的程维高"五大错误"之一便是"利用职权，对如实举报其问题的郭光允同志进行打击报复"。并高度评价郭光允的行为："正是郭光允同志义无反顾的举报，坚持不懈的揭发，使程维高案件初露端倪。"

除了明确上级、下级、同级监督的作用外，还进一步明确党内各种监督的职责。党委（党组）全面监督、纪委专责监督、党的工作部门职能监督、党的基层组织日常监督、党员民主监督。监督不只是纪委的事，事关党委、纪委、党的工作部门、基层组织和党员，各自在自己职责范围内履行责任。比如约谈、函询、诫勉，就是纪委问话、纪委请喝茶的代名词，以往的主体都是纪委，2015年，中组部出台了《关于组织人事部门对领导干部进行提醒、函询和诫勉的实施细则》，专门就提醒、函询和诫勉进行了强调。同样是提醒、函询和诫勉，组织部门和纪检监察部门有何不同呢？组织部门履行干部监督管理职责，属于职能监督；纪检监察部门监督属于专责监督，聚焦问题，是"监督的再监督"。

范围再大一些，从党内外监督相结合的角度，除了党内监督，我们有政府系统如监察、审计的监督，还有人大权力机关的监督及民主党派、社会团体、新闻舆论的监督等等。比如舆论监督，这也是立竿见影的一种监督方式，如果群众的诉求、反映的问题通过正常程序，或石沉大海，或久拖不决，或敷衍了事，可能会经大众媒体传播发酵形成压力，聚焦问题，推动解决进程。当然，舆论表达往往泥沙巨下，有合理诉求，有牢骚抱怨，也有不合理的利益表达，更不乏网络暴力，对此，要合理甄别，区别对待。

### 二、一把手的监督

"一把手"是"主要责任人"的俗称，习近平总书记指出，"一把手"是党的事业发展的领头雁。"一把手"说了算，是中国政治体制特定时期下的产物。

网上曾流传一个段子："一把手"说一不二，"二把手"说二不一，"三把手"说三道四。虽是戏谑之言，但也点出了"一把手"腐败的关键在于权力过于集中。

在一些地方党委政府部门单位，有的"一把手"认为在自己的一亩三分地里，"老子天下第一"，什么约法三章，什么法规制度，都是给别人定的，自己则随心所欲，为所欲为，决策"一言堂"、用人"一句话"、花钱"一支笔"、项目"一手抓"，无论大事小事，都是"一把手"说了算。

实际工作中，对于"一把手"往往"上级管不到、同级不好管、下级不敢管、群众管不了"。一位因贪污受贿被判入狱的前县委书记，在铁窗下反思：从名义上讲，对一个县委书记有八种监督，但实际上只有一种监督，就是自我监督，而自我监督往往是靠不住的。这番痛彻之语，道出了对"一把手"监督缺位、乏力的现实问题。为什么一些党员干部不愿监督？一个重要原因往往在主要领导。监督一把手，下级怕被"穿小鞋"，同级怕伤"和气"。

有统计资料显示，"一把手"犯案比例超过50%，在重大职务犯罪案件中，有的地方"一把手"犯案比例能达到70%，甚至80%。

原海南省东方市建设局局长赵赞强，对自身犯罪行为剖析时说："我是'一把手'，久而久之变成了一言堂，这就为我走上犯罪道路埋下了祸根，加上监督制约的一些规定都是写在纸上，落实不到具体工作中。如果有人能及时提醒监督我，我也不会走这么远。"

应该说，抓"一把手"有如打蛇打到了七寸，打到了关键。

对"一把手"监督难，难在哪里？要怎么破题？

比如，"一把手"个人名义和组织名义的边界在哪？个人意志和组织意志的区别何在？个人的决定和组织的决定有何关系？实践中，有太多"一把手"的个人名义、意志、决定通过合法的程序变成了组织名义、意志和决定。比如，干部提拔、工程领域招投标，尽管程序严密，却还是有那么多的问题，原因何在？看看那些带病提拔的，项目中标的，程序往往都是合规的。

比如，"一把手"插手干预"干部选拔任用、工程建设、执纪执法"等重大事项，制度要求进行记录，违规问题向上级报告。如果"一把手"不自觉，明着要求、暗地授意，作为下属该怎么办？屈从就成为很多人的选择。

因此，关键在于制度设计本身，通过制度进行权力制约监督。2021年3月，中共中央专门出台了《关于加强对"一把手"和领导班子监督的意见》，就是要通过制度化的有效监督把"关键少数"管住用好。

于是，把对"一把手"监督摆在管党治党突出位置，将管理和监督贯穿全过程，定期开展"政治体检"，加大对"一把手"政治巡察力度；定期分析政治生态，将"一把手"党风廉政建设情况纳入研判内容，做到见人、见事、见问题；民主生活会重点检查"一把手"开展批评和自我批评是否态度鲜明，民主生活会是否真正红脸出汗；对涉及下级"一把手"及领导班子其他成员的信访举报问题进行专题分析，自上而下的监督制度越来越健全。

于是，建立健全"一把手"权力清单，凡属"三重一大"事项的，必须经集体讨论、集体研究、集体决定，并及时公开，杜绝决策"一言堂"、用人"一句话"、花钱"一支笔"现象。同时将"一把手"权力清单、权力负面清单制度执行情况纳入检查范围,"一把手"究竟有多少项权力?权力运行情况又如何?权力清单制度执行得如何?通过挤水分、拎干货、亮家底、晒流程、抓监督,来杜绝"一把手"暗箱操作。

于是,开始探索一把手权力"减负",坚决执行"一把手"不直接分管人事、财务、项目的相关要求,如长春市实施"一把手""五不直管"制度:不直接分管财务、人事、行政审批、工程建设和物资采购,这是为解决"一把手"权力"超载"、缺乏有效制衡问题而采取的举措,也是各地探索"一把手"权力制约措施的一个缩影。

## 第六节　让纪律成为带电的高压线

中国共产党是靠革命理想和铁的纪律组织起来的政党,纪律严明是党的光荣传统和独特优势。

毛泽东同志说,路线是"王道",纪律是"霸道"。

习近平总书记说,党要管党、从严治党,靠什么管,凭什么治?就要靠严明纪律。

### 一、打铁还需自身硬

严明纪律,首先执纪主体要严。

谁来执纪?党的各级纪律检查委员会,就是我们常说的"纪委"。党章规定,纪委有三项主要任务:一是执纪,维护党的章程和其他党内法规;二是保障执行,检查党的路线方针政策和决议的执行情况;三是反腐败,协助党委抓党风建设和组织协调反腐败。

党的十八大以前，基层党委对党风廉政建设一般是只挂帅、不出征，很多具体工作都是纪委干的。党的十八届三中全会明确了党委主体责任和纪委监督责任，"党委主体责任"，要求党委既要抓部署，又要抓落实；既要抓宏观，又要抓具体；既要书记抓，又要抓书记，真正把主体责任扛在肩上、抓在手上、记在心上，守土有责、守土尽责。

"纪委监督责任"则聚焦了纪委的主责主业，集中主要精力进行监督执纪问责。纪检监察部门从自身建设做起，转职能、转方式、转作风，调整了内设机构，增强了办案力量，提出了打铁还需自身硬的要求。从打虎拍蝇、从点名通报、从问责追责中，我们看到，反腐败高压态势前所未有，威慑震慑力量前所未有，纪检监察部门的严和硬也是前所未有。

## 二、党纪严于国法

不少党建专家称"新修订的《中国共产党纪律处分条例》是改革开放以来的最严党纪"，严在哪里？2010 年的时候，中央出台了《中国共产党党员领导干部廉洁从政若干准则》，提出了 52 个不准，作为一部准则，仅仅 5 年后就进行了修订，变成了《中国共产党廉洁自律准则》，内容是变成了正面、倡导性的规范。原来的 52 个不准，也基本都纳入到《中国共产党纪律处分条例》中，既有禁止性的规定，又明确了违纪处理原则，增强了震慑力，以前的准则大家只知道 52 个不准，违纪后怎么处理却不一定知道。

还有，党的十八大以来，中央强调的政治纪律、组织纪律、个人事项有关报告、请示报告、请销假、档案造假等都纳入到了纪律处分条例中。比如"违反个人有关事项报告规定，不报告、不如实报告的，不如实填报个人档案资料，不按要求报告或者不如实报告个人去向"等行为，情节较重的，给予警告或者严重警告处分。

除了上面的党规党纪严起来，执纪尺度也严了起来。

以前，在人们的印象中，党内违纪都是犯了大事的，现在似乎在习焉不察的小事上都能翻船。比如出去吃顿饭、喝个酒，开会迟到、睡觉或是缺个会，干部护照留在自己手上没上交、出去没请假、开着公车转一圈，过节发个月饼、发点节礼，婚宴多摆上几桌等等，这些都是国法允许的，但一不小心却有可能违纪。

刚才列举的种种违纪其实都是监督执纪"四种形态"的具体运用而已，监督执纪的"四种形态"是 2015 年下半年提出的，2016 年 10 月，正式写入《中国共产党党内监督条例》，它改变了过去要么是"好同志"、要么是"阶下囚"的状况。

那么，什么是监督执纪的"四种形态"？

一是党内关系要正常化，批评和自我批评要经常开展，让咬耳扯袖、红脸出汗成为常态；

二是党纪轻处分和组织处理要成为大多数；

三是对严重违纪的重处分、作出重大职务调整应当是少数；

四是严重违纪涉嫌违法立案审查的只能是极少数。

"常态、大多数、少数、极少数"这四个词是数量要求，很具体、很直观，可统计、可比较。据统计，十八大以来到 2022 年 4 月，运用四种形态批评教育帮助和处理 1134.4 万人次，四种形态批评教育帮助和处理分别是 695.1 万人次、334.1 万人次、56.5 万人次、48.7 万人次，分别占比 61.3%、29.4%、5%、4.3%，用具体数字阐释了常态、大多数、少数和极少数。

### 三、问责风暴

动员千遍不如问责一次，往往问责一个，警醒一片。

2016 年习近平总书记在全国生态环境保护大会上提出，对损害生态环境的领导干部"真追责、敢追责、严追责，做到终身追责"，由此，刮起了一场史无前例的"环保风暴"。第一轮中央环保督察是 2016—2018 年，第二轮中央环保督察已于 2019 年启动，为期 4 年。2018 年 6 月 1 日至 7 月 1 日，中央第一环保督察组对河南省第一轮中央环保督察整改情况开展"回头看"，并针对大气污染问题统筹安排了专项督察。当年 8 月 17 日至 24 日，中央环保督察办公室又组织对新乡市卫河、共产主义渠及其支流污染问题开展了专项督察。河南省因环保督察共问责党员干部 247 人（248 人次），其中厅级干部 23 人、县处级干部 93 人、乡科级干部及其他人员 131 人；给予党纪政务处分 154 人次、诫勉谈话 47 人次、其他组织处理 47 人次。

近几年，问责风暴在安全、环保等领域一直持续，随着全面从严治党的深入推进，有的地方不作为不担当问题专项治理也掀起了问责风暴，2018 年 3 月，天津市发布《不作为不担当问题专项治理三年行动方案（2018—2020）》，开展专项治理，对"占着位子、顶着帽子、混着日子、摆着样子"的堂上木偶来一场问责风暴。仅 2019 年上半年，全市共查处不作为不担当问题 1017 起，处理 1404 人。

过去也许有人会说，问责风暴可能就是一阵风。现在看来，我们正在形成常态化的问责机制。

2015 年 10 月，中央新修订的《中国共产党纪律处分条例》印发，随后，2016 年 6 月出台了《中国共产党问责条例》，为党内问责追责提供了制度化的依据。

《中国共产党问责条例》，不言而喻，适用的范围是党内，问责的对象是"各级党委（党组）、党的工作部门及其领导成员，各级纪委（纪检组）及其领导成员，重点是主要负责人"。责任划分为"党组织领导班子在职责范围内负有全面领导责任，领导班子主要负责人和直接主管的班子成员承担主要领导责任，参与决策和工作的班子其他成员承担重要领导责任"。

以前，我们常常看到安全事故问责、群体性事件问责、突发重大事故问责等等，问责的对象往往是行政负责人，尽管实行党政领导干部问责的暂行规定适用于党政范围，但由于缺乏明确的责任划分，且党的领导是集体领导，因此，在实践中很少有问责书记、相关党的部门负责人的，问责纪委书记、副书记的就更少了。

而《中国共产党问责条例》出台以来，从省委书记到基层委员会党的书记，从党委书记到纪委书记，在监督执纪"四种形态"的导向下，问责正成为一种常态。中纪委网站发布的各级纪检监察机关点名道姓通报的、在全面从严治党中失职失责受到责任追究的典型问题，也呈逐年增加态势。问责情形覆盖党组织和党的领导干部六个方面的问题，如党的领导弱化、党的建设缺失、全面从严治党不力，党的观念淡薄、组织涣散、纪律松弛、不担当、不负责等等。

问责追责严，还必须坚持"失责必问、问责必严"，把该打的板子狠狠打下去，不搞下不为例、网开一面，不能大事化小、小事化了，防止问责的利剑生锈，避免"破窗效应"。

## 第七节 制度之外

习近平总书记曾强调：小智治事，中智治人，大智立法。治理一个国家、一个社会，关键是要立规矩、讲规矩、守规矩。

上面讲了那么多，都是围绕为什么立规矩、立了什么规矩而展开。对于我们而言，规矩缺吗？

不缺。

大家猜一猜我们现在有多少党内法规？在 2015 年前后，仅是党内法规，我们就有 140 多件中央党规，150 多件部委党规、1500 多件地方党规[①]。除了白纸黑字成文的党规，我们还有大量的党内传统和惯例。

可为什么这么密、这么大的制度笼子管不住权力的"恶"？

有规矩的问题，比如有的党规不好用、不好守、不好学，有的粗放空泛，有的闭门造车不接地气，有的内容上交叉重复、让人无所适从，有的重内容轻程序、缺少操作性，还有的稍显冗长、增加了学习的难度。

也有规矩宣传的问题，很多党规不为人知。"三大纪律八项注意"大家都很熟悉，1984 年，新中国第一次参加洛杉矶奥运会，中国代表团入场的背景音乐是《三大纪律八项注意》，而后中国台北代表团入场时，背景音乐仍然是这首旋律！很多人都非常吃惊。怎么用一样的背景音乐？是搞错了还是怎么回事？经过解说员解释，原来三大纪律八项注意和国民革命军军歌是一个旋律！都是由一个旧军歌填词而成的。因而海峡两岸运动员入场时，东道主均以这个旋律伴奏。这首军歌就是 1904 年张之洞为编练新军著下的《大帅练兵歌》。进入民国后，北洋军阀各派系军队、国民革命军、新军阀军队，都用此曲填入新词成为军歌。试想，如果我们的党规都能有这样的传唱度，又何愁不为人知呢？

规矩之外，就是人的因素。

---

① 宋功德：《党规之治》，法律出版社 2015 年版，第 4 页。

讲规矩、守规矩都离不开人。

史学大家钱穆先生在《中国历代政治得失》中有个核心观点：制度要与人事相配合，只有制度与人事相配合，制度才能有效实施。

"讲"和"守"哪个环节出了问题，都会造成形形色色的不正当的规则出现。

比如人治规则，是非对错、为与不为，领导说了算，通过领导批示指示定规矩，领导想立就立、想废就废、想改就改，有规矩之名无规矩之实。

比如拇指法则，习惯惯例就是规矩，按习惯办事就是守规矩，不合惯例就是违反规矩，改变习惯做法就是变了规矩，因惯例而为，以不变应万变，得过且过，消极无为。

还比如潜规则，明修栈道暗度陈仓，心知肚明的不成文规则横行，见不得阳光，上不了台面，龌龊丑恶、令人不齿。

所以，我们今天谈规矩，需要强调的不只是规矩本身，还有规矩意识。

不论是学党章党规，还是制度治党，抑或是依法治国，推动国家治理体系和治理能力现代化，都需要我们从强化规矩意识做起。

说易行难，百折不回。

所以，我们要把冷冰冰的、生硬的制度内化，消化吸收，再变成我们的日常行为规范，外化出来。我们要对党规真学、真懂、真信、真用，从而让制度成为制度经济学创始人凡勃伦所说的"一种思想习惯"和"流行的精神状态"。

我们，在路上。

## 参考文献：

1.《中国共产党党内监督条例》，人民出版社 2016 年版。

2. 李金河：《中国政党政治研究 1905—1949》，中央编译出版社 2007 年版。

3.《习近平关于严明党的纪律和规矩论述摘编》，中央文献出版社、中国方正出版社 2016 年版。

4. 中共中央文献研究室编：《习近平总书记重要讲话文章选编》。

5. 杨德山：《中国共产党的政党学说——一个学说史视角的梳理和分析》，中共党史出版社 2005 年版。

6. 宋功德：《党规之治》，法律出版社 2015 年版。

7.《毛泽东选集》第四卷，人民出版社 1991 年版。

# 第七章
## 如果你也想入党

前面，我们讲过一个故事。

中国有一支最牛创业团队，1921 年注册公司，靠路演讲述共产主义的故事拿到了苏联的天使轮和 A 轮，历经艰辛打败了西方跨国公司和国内强有力的竞争对手，1949 年 10 月 1 日在主板市场上市。经 100 多年经营，目前市值突破 100 万亿元，居全球第二，未来有望成为全球第一，属于史上最牛的创业团队之一！

不用说你也知道，这个很牛的团队就是我们中国共产党。

因为太牛了，也因为干事创业确实需要人，曾经一度，每年差不多有两三百万人加入组织，组织的人数也很快突破了 9000 万！队伍之巨，难免就会出现一些杂音。试问，每年两三百万新加入的党员，都是有共产主义觉悟的先锋战士吗？都能够全心全意为人民服务吗？都能不为自己谋任何私利和特权吗？

不好说。

如果不是，即使日子好过了，天下太平了，我们也牛了，但也不能任性啊！先从内部整肃党风党纪，将以权谋私、思想蜕变、腐化堕落的党员揪出来，处理掉！

有的同志看到这要说了，你们整肃了不合格党员，是不是就可以赶快把我发展进去填空啊？党的事业不能后继无人啊！

先别着急。

中央针对党员队伍的内部整肃只是一只拳头，还有另外一只——源头治理，也就是要织密过滤网，从源头来水处把杂质过滤掉。如果经历前面各个章节的闯关和反复思考，你入党的决心都没有丝毫动摇，那么在这一章，我们就一起谈一谈如何靠近党组织，如何兼顾党员发展的政治性与原则性，如何真正做到成熟一个发展一个。

## 第一节　我们需要什么人

党章第一章第一条就开宗明义地指出："年满十八岁的中国工人、农民、军人、知识分子和其他社会阶层的先进分子，承认党的纲领和章程，愿意参加党的一个组织并在其中积极工作、执行党的决议和按期交纳党费的，可以申请加入中国共产党。"

有的同志第一次看到这个条件，眼睛快速从字面上滑过，敏锐地抓住两个关键词"十八岁""中国人"，嘴角微微一扬，哈哈，入党很简单嘛，那些"承认""愿意"的条件，我说我做到了，人心隔肚皮，就算是假的，你奈我何！

说得好像还真没错。

为什么要将这么简单的条件作为申请入党的条件，还放在党章的显赫位置呢？真的像有的同志感觉到的那么简单吗？

我们还是先从中国革命的导师列宁说起吧。

列宁组建政党的革命实践源于 19 世纪初——他在俄罗斯社会民主工党创建初期的经历。那时的列宁和他的伙伴们可谓是一穷二白，没钱没纲领没章程没后台，但好在一点，也是很关键的一点，就是有人！所以当时被称为布尔什维克，也就是多数派。俄国当时还有一支资产阶级改良主义派别，因为支持的人少，被称为孟什维克，也就是少数派。布尔什维克和孟什维克当时还属于同一个党派——俄国社会民主工党。

围绕怎么建党、建什么党，布尔什维克的代表列宁与孟什维克的代表马尔托夫有过激烈争论。

列宁认为：凡承认党纲，在物质上支持党并亲自参加党的一个组织的人，可以作为党员。

马尔托夫认为：凡承认党纲，并在党的机关监督和领导下为实现党的任务而积极工作的人，可以作为党员。

有的同志也许会发现了，咦！这个提法看上去跟我们的党章第一章第一条有点像哎！

看上去都挺有道理的，字数也差不多，分歧出现在哪呢？

来看看当时老列对老马的反驳，主要有这么三条"罪状"：

首先，政党不等于阶级，哪是你想来就来的！马尔托夫的入党条件可以说是没有条件，正如他自己说的"如果你愿意的话，就称是党员"。列宁认为这是把政党和阶级混为一谈，否认了工人阶级政党的先进性，贬低了工人阶级政党的领导作用。列宁认为，工人阶级政党同阶级是有区别的。党是工人阶级的先锋队，是领导者，不是所有工人和其他劳动者都可以自愿加入的。他对着老马喊道："我们的任务是要维护我们党的坚定性、彻底性和纯洁性。我们应当努力把党员的称号和作用提高，提高，再提高———所以我反对马尔托夫的条文。"①

其次，不设门槛，谁知道你是李逵还是李鬼！当时俄国革命完全在隐蔽的条件下，大部分活动都集中在秘密小组的条件下，甚至集中于个别会见的条件下，如果不重视党员发展工作，不让党员加入党的组织，要区分空谈家和实干家，几乎是不可能的。列宁说：如果按照老马的条文吸收党员，"必然把各色各样的人都变成党员"，这是十分错误的。"宁可十个办实事的人不自称为党员（真正办实事的人是不追求头衔的！），也不让一个说空话的人有权利和机会当党员。"②

最后，看似头头是道，其实你自相矛盾啊！列宁认为老马的条文要求党员接受党的"监督和领导"，但又没有明确要求参加党的一个组织。既然党员可以不参加党的一个组织，那么，党也就无法对党员实行"监督和领导"了。列宁指出："中央委员会永远不能够对所有办实事的、却没有加入组织的人实行真正的监督。"③

虽然列宁极力反对马尔托夫的主张，但大会在投票表决时，还是觉得马尔托夫的条文可能会让入党更容易，更能快速壮大革命的队伍，于是以 28 票赞成、22 票反对和 1 票弃权通过了老马的条文。

说白了，老列和老马争论的焦点，就是当时正在草拟的党章第一章第一条——关于什么人可以入党这个问题。

导师就是导师！你不投我票我不怪你，我怪我自己没说清楚！于是，在接下来的时间里，列宁四处宣讲，积极阐述自己的建党主张，还写出了著名的《进一步，退两步》，与马尔托夫的主张"死磕"到底。

---

① 《列宁全集》第 7 卷，人民出版社 2014 年版，第 272 页。
② 《列宁全集》第 7 卷，人民出版社 2014 年版，第 272 页。
③ 《列宁全集》第 7 卷，人民出版社 2014 年版，第 272 页。

总结列宁"关于什么人可以入党"的主张，主要有四个方面：

一是可以加入无产阶级政党的必须是先进分子，这是党的先进性的保证；

二是必须承认党纲，这是党的阶级性的保证；

三是必须愿意加入党的一个组织并积极工作，这是党的战斗力的保证；

四是必须愿意物质资助（交党费），这是在恶劣革命斗争环境下，党得以存在的物质基础。

邓小平曾在《完整地准确地理解毛泽东思想》一文中谈到马克思主义建党学说的发展概况时，对列宁的建党学说作出了科学的评价，指出："在这一方面，马克思、恩格斯讲得不多，列宁有个完整的建党的学说。正是因为列宁建立了那么一个好的党，才能取得十月革命的胜利，建立了第一个社会主义国家。"①

列宁的建党学说好在哪里？通过他和马尔托夫的争论，我们可以有个大致了解，他从一开始就抓住了建党的"牛鼻子"，抓住了"什么人可以入党"这个关键问题，这不仅是一个政党党员质量和组织纪律的保证，也最终以布尔什维克党的胜利证明了自身的科学性。而包含列宁建党经验在内的马克思列宁主义，也随着十月革命的那声炮响，被传到中国。

一开始，我们党对什么人可以入党的条件设置也没那么严格。

彼时的中国共产党正处幼年，比列宁刚刚创立布尔什维克时还要弱！不仅没钱没纲领没章程没后台，还被当时的政府树为"人民公敌"，时不时还会被不知道从哪射出的暗枪枪子儿要了性命。这还不是最惨的，最惨

---

① 《邓小平文选》第二卷，人民出版社 1994 年版，第 44 页。

的是我们弱小到"没朋友"！一大时党代表才 13 人，全国党员才 50 多人；二大代表 12 人，全国党员 195 人；三大代表 30 多人，全国党员 420 人；四大代表 20 人，全国党员 994 人……勉强算是一扑就灭的"星星之火"吧。因此，纵观中共早期的几部党纲、党章，特别是一大到四大，关于什么人可以入党的描述非常模糊，我们跟队伍庞大的布尔什维克老大哥不能比，要想建党，先得解决人的问题！只要能忠诚于我们的信仰，连小朋友和外国人我们都欢迎！

这不是开玩笑。

在中共早年历史上，娃娃党员和外籍党员还真不罕见。

比如，开国上将肖华入党时才 14 岁。当时，帝国主义和反动统治阶级控制了全国的交通、邮政、电信等通信运输手段，希望以此封锁党的一切活动，地下交通站便应运而生。那么，地下交通站是干什么的呢？很多影视剧里面有，一家药铺，有个留着八字胡，总是拨拉算盘，看上去迷迷瞪瞪的掌柜，可是只要返身走进布帘后面的里屋，就立马变了状态，他按下一个机关，露出一条密道，为党的事业传送文件、护送干部、输送物资。肖华的家就是这样，父母都是党员，他是名副其实的"红小鬼"，送信、收消息、探情报，从懂事的时候就开始做，而且机警聪明，从来没有失过手。12 岁那年，刚刚加入共青团的肖华接到了一个任务，党组织正筹划一场突袭，但由于信息闭锁，摸不清反动派究竟在哪。于是，肖华带着小伙伴们摸清了全县反动分子的家，并在突袭前夜用木炭在他们的门上画上了记号。第二天，突袭部队按图索骥，把全城反动分子一网打尽。这次行动让小肖华一夜成名。后来，他又积极组织青少年参加共青团，并以共青团员为骨干，组织了少年先锋队，把十里八乡的有志青少年都团结在党的周围。因为突出的组织才能和革命行动，肖华 14 岁就被吸收入党，

17 岁成了师级干部，22 岁就当上了纵队司令，成为中国革命战争史上有名的"娃娃司令"。

差不多情况的还有陈丕显，他 13 岁便在家乡福建上杭县从事共青团的创建工作，15 岁就转为中共党员，18 岁已经成为共青团闽赣地区中心县委书记，19 岁就成为共青团赣南省委书记。

再来说说外籍党员。在《共产国际章程》中有这样一些规定，如"共产国际每一成员从一国迁至另一国时，应受到共产国际当地成员的兄弟般的帮助"[①]；又如"加入共产国际的各国党，每一国家只能有一个共产党组织参加共产国际并成为它的支部"[②]；还有"共产国际各支部成员移居他国时，必须参加所在国家的共产党组织"[③]。

按照共产国际的主张，中共历史上最大规模接收外籍党员发生在1930 年，先后有 430 名原朝鲜共产党党员分别加入中共满洲省委各地组织。这是由于当年朝鲜共产党闹分裂，被共产国际给踢了出来，为了不让朝鲜共产党党员们无组织无纪律，共产国际指示在东北的朝共党员加入中国共产党，算是给他们找到了靠谱的组织。

除了受共产国际影响，还有相当一部分外籍党员加入中共是源于对中国人民的真挚感情。他们中有医术高超的医生，有业务精湛的翻译，有军队的高级将领，大多都是我们党极为缺乏的专业人士，比如被称为"新四军的白求恩"的奥地利医生罗生特，向世界播发第一条英语新闻的波兰记者爱泼斯坦，第一个加入中国国籍的外国人——美国医生马海德，新中国成立后唯一一个外籍将军越南将领洪水，他们毫无保留地把智慧和精力奉

---

① 李蓉：《"外籍党员"：中共党史上的一个特殊群体》，《北京日报》2014 年 10 月 27 日。
② 李蓉：《"外籍党员"：中共党史上的一个特殊群体》，《北京日报》2014 年 10 月 27 日。
③ 李蓉：《"外籍党员"：中共党史上的一个特殊群体》，《北京日报》2014 年 10 月 27 日。

献给了中国人民的革命和建设事业，在中国历史上发挥了无可取代的特殊作用。

这种"宽进"模式一直延续到中共五大，我们党对"什么人可以入党"的思考，才第一次开始发生改变。

五大党章第一章第一条这样写道，"本党党员无国籍性别之分，凡承认本党党纲及章程，服从党的决议，参加在党的一定组织中工作并缴纳党费者，均得为本党党员"，不仅如此，还对入党年龄作了规定，"党员年龄须在十八岁以上，凡年龄在二十岁以内而愿入党者，必须经过青年团"。

这个表述已经很像布尔什维克老大哥了。为什么发生这种改变？

因为我们有人了！队伍壮大了！看一对数字：994 和 57900+

994——1925 年党的四大召开时的党员人数。

57900+——1927 年五大召开时的党员人数。

两年多，党员人数增长了近 60 倍！

发生什么事情了？！

1927 年五大召开时，国共合作已经三年有余。在这三年间，党领导的工农运动蓬勃发展，党的纲领路线方针政策在广大工人、农民及知识分子阶层中得到广泛传播，接受党的主张、愿意加入我们的人越来越多。不仅如此，我们党还很有意识地开始在友党军队中发展党员。早在黄埔军校创建时，我们党就成立了特别支部，并且存在了整整 6 期。用周总理的话，中山舰事件时，"黄埔有五百余党员"。

队伍壮大的同时，我们党开始对建党的阶级基础和群众基础有了更科学和理性的认识，比如，开始注重党员队伍的阶级构成，在 1927 年 57900+ 的党员中，工人比例达 53.8%，这个比例是从 1926 年时的 70% 降下来的，而降下来的这部分，主要发展了农民和知识分子，使农民党员的比例从 1926 年时的 5%，变成了五大召开时的 18.7%，知识分子党员的比例也达到了 19.1%[①]。这种做法是对共产国际以工人阶级为主的建党思路的一次变革，特别是其中有意识发展知识分子党员的行为。

既然已经拥有可观的党员，那我们就不再是寥寥星火的散兵游勇，就不再是蹒跚起步的革命新生代，是时候关注党员发展质量了，是时候拥有更多更加成熟的党员了，是时候以独立的姿态登上政治和历史舞台了。

然而，事情会那么顺利吗？

怎么可能。

没注意到背后闪烁着当时还是友党的国民党的极度羡慕嫉妒恨的小眼神吗？三年增长 60 倍，还跑来我培养高级将领的学校挖人！友党要员兼黄埔校长的蒋介石越想越不爽，越想越害怕，再合作下去，就等着被人收编了，这哪行，赶快翻脸，赶快"剿杀"。于是便有了后来的"四一二"事件。

屠刀使我们党受到重创，使中国革命陷入低潮，中共不得不选择向尚且强大的共产国际老大哥求助，照搬照抄了很多可能并不适应中国实际的建党经验，有些来自共产国际的指导者还给中国革命带来了灾难，比如长征时期的博古和李德。

接下来就是充斥着动乱与战争的 17 年，国民党反动派的疯狂"围剿"、被迫战略转移的长征，抗日战争，延安整风，共产国际解散……在战火和鲜血的淬炼中，党"已经是一个全国范围的、广大群众性的党，是一个全国人民集中仰望的党，是一个领导着敌后九千五百万人民建立了强大革命

---

① 相关数据参考中共中央组织部、中共中央党史研究室、中央档案馆：《中国共产党组织史资料（第一卷）》，中共党史出版社 2000 年版。

根据地的党"①，他开始有底气思考，也开始意识到共产国际的有些做法并不适合中国实际。那么，我们的革命究竟需要什么样的党员呢？

比如，在由毛泽东亲自起草的《古田会议决议》中，第一次出现了用我们自己语言规定的"新分子入党条件：①政治观念没有错误（包括阶级觉悟）；②忠实；③有牺牲精神，能积极工作；④没有发洋财的观念；⑤不抽鸦片、不赌博。以上五个条件完备的人，才能够介绍他进党"。这些规定具有很强的现实性和针对性。例如其第四、五项就是针对许多从农村入伍的战士和从旧军队起义投诚过来的士兵和军官情况提出的要求。他们中的许多人是抱着"当兵吃粮""炮声一响，黄金万两"等思想参加红军的，有些部队纪律松散导致违纪现象时有发生，有的为了搞钱、抽鸦片、赌博，甚至出现勒索老百姓的现象。因此，能否自觉克服"发洋财"的思想、去掉抽鸦片和赌博的恶习，就是当时考察党员能否入党的重要条件。

经过根据地的独立建党实践，再加之共产国际的解散，"大哥效应"靠不住了，1945年中共七大，我们第一次可以自己决定要建什么样的党了！在对"什么人可以入党"的认识上，也不仅仅满足于列宁党章中规定的基本条件，而是开始加入我们自己的理解，鲜明提出，要想成为中共党员不仅要做群众的模范，要为人民群众服务，而且在各种革命事业中，包括日常工作和生活中都要起模范带头作用。这可以说是党员先进性的最早阐释，是我们党第二次对"什么人可以入党"的思路做出的调整。

---

① 刘少奇：《一九四五年五月在中国共产党第七次全国代表大会上报告》，http://cpc.people.com.cn/GB/64162/64168/64559/4526957.html。

1956 年，随着新民主主义革命和社会主义革命的胜利，我们党在全国执政的背景下召开了八大，执政后的身份变化、任务变化、人民群众期待的变化，都在影响着党对"什么人才能入党"的判断，强调个人利益服从党和国家以及人民的利益，强调批评和自我批评，强调对党绝对忠诚，这些条件依次被写进党章，充实了七大以来党员先进性的内涵。

当然，还有一点，就是增加了对党员国籍的限制——既然我们成了执政党，中国的事情还是交给中国人自己解决吧！

对入党条件的第三次调整，发生在 1982 年十二大前后。随着改革开放的逐渐推开，我们所处的历史环境和肩负的历史任务发生了改变，对于什么人才算"先进分子"的认识也发生了改变。十二大党章首次鲜明提出，"中国共产党党员必须全心全意为人民服务，不惜牺牲个人的一切，为实现共产主义奋斗终身。中国共产党党员永远是劳动人民的普通一员。除了制度和政策规定范围内的个人利益和工作职权以外，所有共产党员都不得谋求任何私利和特权"。

至此，我们党究竟需要什么人，就基本思考成熟了。

有的同志翻了翻党章，开始抗议了，你是在逗我吗？入党条件不就是党章第一章第一条吗？你说了那么多都是针对党员的哎，我还没入党，对我不适用啊！

我们只想说，你可能少看了第一章第一条中的两个字——"申请"，这只是你加入组织的基本条件，表示你可以敲门了，你只有对这些背景了如指掌，很清楚要不要申请和为什么申请，我们才愿意开门。但你还不见得具备进门的资格。想进来怎么办？请务必参考入党充要条件——党章第一章第二、三条的内容，对标定位，提升自己，并最终融入我们。

# 第二节　请对我们坦诚

说完条件，有的同志又要问了，你的条件我觉得我都符合了，是不是就能加入组织了？

很高兴你这么自信！

但有个常识——条件越严苛，考核越严格。想加入组织也不例外。起筛选作用的，不仅仅是过滤网本身，还有我们层层把关的过滤方式。

这么说吧，如果想加入我们，会经历五种身份四个阶段，也类似于游戏通关，第一级是从入党申请人到入党积极分子，第二级是从入党积极分子到发展对象，第三级是从发展对象到预备党员，第四级是从预备党员转为正式党员。这四个阶段还有时间限制，最短周期不少于两年，这期间我们会安排一系列的笔试、面试、答辩、考察、投票、公示等环节。比如，有的党组织会采用"三投票三公示两答辩"，即入党申请人接收为入党积极分子时、入党积极分子转预备党员时、预备党员转正时，通过投票的方式确定人选，并对人选进行公示。这期间，后两个阶段还会安排答辩环节。

之所以设计这些环节，一方面有利于我们更多地了解你，另一方面也希望借助外力帮助你更好认识自己，真正了解自己与党的要求与期望差距在哪。所以，在开始你的入党考察之前，再给你支一招，就是请坦诚！请坦诚！请坦诚！

什么是坦诚？说白了，就是要把自己交给组织，把自己的信任和真心交给组织，哪怕是缺点，也不怕对方知道。

你或许会说，这有何难！

见微知著，知易行难！我们现在就通过一轮笔试来试试看：请写一篇命题作文——入党申请书。要求是要写出自己对党的认识，为什么要申请入党，个人学习、工作和生活等方面的现实表现，缺点和不足，今后的努力方向。然后附上个人简历、家庭主要成员的简要情况。

有的同志开始抓耳挠腮了，这可是第一份入党材料啊，如果写得太low（低级），那第一轮笔试不就被刷了！好在是开卷，度娘度娘，快快显灵！果然，各式各样的入党申请书呼之即来，都写得那么有思想那么有文采，简直就跟自己想写想说的一样啊！不如就这一段那一段地"参考参考"吧。

如果你真这样做，很有可能第一轮就要被淘汰了，哪怕你写得跟范文差不多或者就是范文。在这一轮，我们想提醒你，不要误解了这篇作文的判分点，不在文采，不在深度，就在一个"真"字上。

为了让你相信我们说的，举党史上一份特殊的入党申请书给你"参考"。

"周扒皮"和"半夜鸡叫"的故事，不知道大家是否熟悉。《半夜鸡叫》的作者高玉宝是我国著名的"战士作家"。高玉宝第一次对共产党员有所认识，是在他当兵的时候。有一次连队组织交党费，高玉宝看大家都很踊跃，于是自己也兴冲冲拿钱去交。结果指导员问："高玉宝，你是党员吗？"他理直气壮地回答："我是个兵，当然是党员！"原来此时的他还没搞清楚党员和战士的区别，弄得指导员哭笑不得。于是，指导员边安慰、边鼓励他写入党申请，争取早日成为一名真正的共产党员。

这下可难住宝宝了，虽然日后他自学成才，写了200多万字的文学作品，但彼时彼刻，因为基本没读过书，大字都不识几个。这可怎么办？不会写，那就画！于是他的入党申请书依次出现了一个"我"字，一条毛毛虫、一个心脏、一个眼睛、一个梨子、一个"咬"字、一条鱼、一个树上挂了个钟，最后署名"1948年正月15日，高玉宝"。

他郑重地把这份入党申请书给了指导员。指导员蒙圈了，高玉宝，你这啥意思？你咬了口梨子发现里面有条虫？还是你要跑到村口的树上去钓鱼？高玉宝不好意思地笑了，认真地指着图画一个个解释，"我"就是我高玉宝，毛毛虫是"从"，心脏是"心"，眼睛是"眼"，梨子谐音"里"，"咬"谐音"要"，鱼谐音"入"，最写意的是一棵树上挂着的钟，钟响"当当当"谐音"党"，合在一起就是"我从心眼里要入党"。指导员叹为观止，拍手叫绝，说，"你这奇特的入党申请书很好，画出了你热爱共产党的深厚感情"。

举这个例子，是希望司志们感受高玉宝对党组织的"真情"，而不是他的画。如果有的同志觉得写入党申请书也可以如此有趣，甚至觉得自己是不是也可以依样画瓢，另辟蹊径，整出一份"别具一格"的入党申请书，我们也只能"呵呵"了。因为除了"真情"，入党申请书还需要写出自己的"真信仰"，这可就是一件极其严肃的事情了。

来看看焦裕禄的三份入党申请书。

在第一份入党申请书中，苦孩子出身的焦裕禄写了自己退学、坐牢、当苦工、逃荒的经过，表示坚决要求入党，打倒地主为亲人报仇！写得字字泣血。正准备交的时候，恰逢党组织学习会，在这次会上，党小组组长批评了部分要求入党同志存在一心为报私仇而没有共产主义远大目标的狭隘思想。批评的这部分人肯定没有焦裕禄，因为他还没有交，但是这个批评却戳中了焦裕禄的心，他默默把这份入党申请收了起来。过了一段时间，他专门请了一位老党员指点，重点写好自己对党的认识、对革命的决心和入党动机。又正准备提交的时候，碰上民兵团抓了一个丧尽天良作恶无数的俘虏，他一下子没控制住自己的情绪，把俘虏胳膊砍伤了，违反了政策，这还怎么递交入党申请啊！经过两次思想考验后，焦裕禄更加严格要求自己，认真学习党的理论，模范执行党的政策纪律，在征求几位党员的意见几经修改后，他递交了第三份入党申请书，申请书这样写道，"共产党是人民群众的救星，没有共产党，革命就不能胜利，穷人就不能翻身。我要听毛主席的话，跟共产党走，为推翻旧社会，建立新中国，实现共产主义而奋斗"。这一次，他的思想和他的行动都更加成熟了，入党申请也很快就被组织批准了。

所以说，撰写入党申请书的时候，如果你觉得自己还不成熟，不能一蹴而就，那就慢慢来，多写几份，先打动自己，才能最终打动我们。

除了要写出你对党的基本认识外，入党申请书还有个附加题，就是要求大家如实说明自己及家庭成员或主要社会关系的政治历史情况。如果没有问题，你可坦然地写下"立场坚定，政治历史清白"。可如果有问题，无论大小，都请如实写出。别以为这是家事或是小事，如有隐瞒，在政审的时候被查出，那就是 game over（游戏终止）的大事。就像陈云同志曾经说的："对党隐瞒应该向党报告的事情是极端错误的。我们共产党不允许党员有这样的行为。"

说完你的第一篇"命题作文"——入党申请书，我们再来说说入党考察过程中你写得最多的"命题作文"——思想汇报。顾名思义，这组作文就是需要你以文字的形式向组织汇报你的思想情况。

一般要写多少篇呢？

从你被确定为入党积极分子到成为预备党员的一年时间里，以及从预备党员转为正式党员的一年时间里，每个季度都需要递交至少一份思想汇报，算下来，得写不少于八篇哦！

有的同志嘀咕了，乖乖！写这么多，是要把我培养成作家的节奏啊！

如果在这个过程中，真的激发了你写作的天赋，这的确让人十分欣慰。但组织的本意只是希望更好地把脉你的思想走向，用外力让你时不时地可以"扪心自问"一下。

有的同志接着嘀咕了，我该写啥啊？思想这么虚无缥缈的事情，我真不是作家，不擅长啊！

也不要这么妄自菲薄，不要认为思想汇报跟思想挂钩，就一定要写得深奥玄妙。其实，写好的关键，还是前面说的那个"真"字。

如何理解呢？主要有三点：

**一是真要按时写。**虽然我们一再强调思想汇报须每个季度写，但还有少数同志就是喜欢突击完成，一样的笔迹一样的墨水一样的错别字写在连号的稿纸上，造假都造得这么不专业不用心，你让我们怎么感受你入党的迫切与真诚？有的同志不悦了，我保证每年写够四篇，再多几篇都没问题，每篇都保证三五千字！你还非得三个月让我写一次啊，万一忘了呢！

一般情况下，组织每半年会对你进行一次考察，听取入党联系人对你的评价，同时通过和你的交谈了解你的思想情况。如果只用这种方式，在你接受党组织考察的两年多时间里，组织最多只能跟你接触四次，太少了！我们根本无法判断你成熟与否。

但是，如果每个月都跟你谈，似乎又太密了！把你盯得太紧，让你的思想都无法自由呼吸。所以，经过多年的工作实践，组织选用了定期提交思想汇报这种"若即若离"的考察方式，既督促你别忘了自己正在积极加入我们的队伍，别忘了多关注关注自己的思想；又让组织可以勾画出你思想进步曲线，感受你入党的决心以及态度是否真诚而纯粹。因此，如果集中突击赶写思想汇报，那就有违组织的初衷，思想汇报也就失去了提交的意义。

**二是真要自己写。**有的同志说，行，我按时写，也保证是自己亲笔写的！是不是就可以了？也不尽然。撇去网络抄袭这类明显错误不谈，还有一类情况：少数同志的思想汇报读起来似曾相识，不仅语言庄严，而且气势逼人，仔细一品，或是抄写总书记讲话读本，或是抄写党内专题学习读本，或是抄写中央各种会议决定，有的还抄了很多，八篇思想汇报，分期分批抄了整本书，厚厚一叠。这些同志还说，我的态度真的很认真啊！读书笔记或是重要讲话摘编写了这么多，加强了记忆，也是一种自我学习自我提高啊！这样总可以了吧！

还真不行。

你的思想呢？思想汇报没有思想还能叫思想汇报吗？

有的同志急眼了，这也不行那也不行，这思想汇报到底怎么写啊！

**三是真要用心写。**其实，思想汇报真的没有看上去那么不近人情和那么难以琢磨，我们从小到大，接触过很多思想汇报的雏形，比如中小学时候写过各种心得感受，像读书有感、活动有感、参观有感、观影有感，等等。就像有的同志抄了那么多理论那么多决议，你少抄一点，抄重要的几点，然后加上自己的一些理解和思考，就会让一篇不合格的思想汇报变得合格。又比如，有的同志不爱抄理论，爱看电视剧，尤其是一些谍战或者反腐题材的，也可以选择其中印象深刻的人物或一段剧情，然后结合我们壮士断腕的反腐力度以及党性宗旨意识，谈谈自己的感受。如果你既不喜欢看理论也不喜欢看电视，那就来参加我们的主题教育活动或者志愿服务工作等形式的实践锻炼，在这个过程中，你所感受到的党员先锋模范作用，群众对党员的期待，哪怕是活动流于形式让你感受到无聊，都可以记录下来并附上你的感受。当然，可以写的内容远不止这些，比如，参加党课学习，学到了之前不明白的一些理论知识或者弄懂了曾经混淆的一些概念，由此引发的对自身学习的审视；看了美国大选，引发大家对人民民主的思考与认识；等等。

总结一下，思想汇报写作的要点是"真"，用真心，真用心；写作的主要形式是纯议论或者夹叙夹议；写作的主要内容是由学习生活中一点一滴的小事触发的，对我们党的理论路线方针政策、执政地位、党员权利义务等的思考。

既然已经说了这么多了，就不怕再多说几句思想汇报的格式：

**一是**标题就很直白地写思想汇报，当然，如果你才思泉涌，起个漂亮的标题，那也请在副标题注明"我的一篇思想汇报"；

**二是**因为是写给我们看的，所以需要写抬头，一般都会写"敬爱的党组织："；

**三是**记得落款你的姓名，以及日期。其中，每篇思想汇报的日期请确保间隔不要超过 3 个月哦！

入党申请书和思想汇报，可以说是组织对你入党的书面考察，除此而外，组织对你的考察还有另外一种重要形式——谈心谈话。

根据党章规定，在你向组织靠拢的过程中，组织会分批次派人以谈心谈话的方式联系你，主要是了解你的入党动机和思想、工作、学习情况，以及你的成长经历和家庭情况，鼓励你的同时也会指出不足和努力方向。

有不少同志不知道该说些什么，又担心自己想法是不是太幼稚，经历是不是不够红专，理论是不是不够深厚……于是，又忍不住求助度娘，查找攻略。殊不知，你会，别人也会，更可怕的是，来谈话的人也会！话虽说漂亮了，可未必就会给人留下好印象。

其实，组织早就对你的不成熟做好了心理准备，哪怕你还没想好入党动机，哪怕你的入党动机真的就像本书引言里说的，是由于"从小爷爷对我说……"，都没有关系，换句话说，越是不成熟，才越有培养和进步的空间。

千言万语，就是一个字：真！

再给大家举个例子，看看人家朱德在入党面谈中是如何表现的①。

1922 年的朱德，已经是国民党内赫赫有名的战将，参加过护国、护法运动，做过滇军的旅长，还曾是云南陆军宪兵司令部司令官，云南省警务处处长兼省会警察厅厅长等等。为了"给自己找一条新的革命道路"，他放弃了高官厚禄，向党组织提出了入党申请，并从重庆到了上海，见到了陈独秀，进行了自己第一次入党谈话。

面对这位共产党主要领导人，朱德也不知从何说起，但他没有避重就轻，也没有空说一些向往共产主义的大道理，而是一五一十地把自己报考云南陆军讲武堂，在滇军中担任旅长，参加护国战争和护法战争的前后经过都讲了出来，明确表示到上海来寻找共产党、要求加入共产党的愿望。

陈独秀对朱德的身份很是不满，他说："要参加共产党的话，必须以工人阶级的事业为自己的事业，并且准备为它献出生命。像你这样的旧军队的高级将领，需要长时间的学习和真诚的申请，要以工人阶级的世界观为自己的世界观。"

朱德一听陈独秀语气不对，赶忙辩解："尽管我是一名军阀部队的军官，但我的部队纪律严明，从不骚扰百姓，我愿意加入共产党。"

陈独秀并没有对朱德的表态作出正面鼓励，问朱德道："你是国民党

---

① 参考《朱德一波三折的传奇入党经历》，http://dangshi.people.com.cn/n/2014/0623/c85037-25187720.html.2014 年 06 月 23 日。

员，共产党与国民党是有区别的，你知道区别在哪里吗？"

朱德铿锵有力地回答："如果为了个人的享受，我就不会来找共产党了，我可以回到军阀部队中去，可以成就个人的功名利禄，但我正因为要抛弃这些，为国家和民族的利益而奋斗，所以，我才选择了共产党！"

陈独秀不置可否，踱到书架前，抽出几本书，交给朱德，说："这是一些马克思主义的著作，你还是先拿回去学习一下，一定要学好了学懂了。你读过《共产党宣言》吗？"

"没有。"朱德诚实地回答。

"那么，马克思的《资本论》呢？"陈独秀又接着问。

朱德有些尴尬："也没有。"

陈独秀淡淡一笑。朱德小心地说："我一直在军队，西南又地处偏僻，这些书籍很难找到。不过，看过一些您和李大钊先生主编的杂志，像《新青年》《新潮》……"

"可以说你对马克思主义一无所知啊！"陈独秀打断他的话。朱德诚挚地说："我可以学，尽快补上这一课，做一名真正的共产党员！"

陈独秀摆摆手，"共产党是极为严密的组织，与国民党不同，不是申请一下或者经人劝说就可以加入的，我们现在发展党员，都是在一起共事参加革命活动经过考验认为合格才发展的，共产党党员必须有坚定的革命意志，必须经受严峻斗争的考验，而且，这样的考验不是一个很短的时间，而应该是长时间的。我觉得，像你这样的身份，还是回到旧的军队去起积极的作用比较好，站在国民党那儿帮助革命也是一种办法嘛，何必非要参加到中国共产党中来呢？"随后揭茶盖端茶碗喝了一口茶，示意送客了事。

说到这，有的同志开始掩口嘀咕了，你看，回答问题太坦诚，给人轰出来了吧。

故事还没有结束。

在当时中共最高领导人那儿碰了壁的朱德顾不上郁闷，他开始翻阅陈独秀给他的几本革命理论书，觉得陈独秀给自己指了条继续前行的道路。在与陈独秀谈话过去差不多半个月后，朱德踏上了前往德国的旅程，到革命的发源地去接触原汁原味的革命真理，并在那里见到了"中共旅欧总支部"的负责人之一周恩来——他的第二位入党谈话人。

这一次的谈话朱德还是没有"吸取之前的教训"，讲得还是那么诚恳，把自己为了寻找救国救民的道路，从云南找到上海，被陈独秀拒绝，自己不甘心再找到欧洲的经历一股脑儿地说了出来。

在接下来的六天中，周恩来天天与朱德接触、交谈，终于摸清了朱德的真实想法，知道他是舍弃了所有，一门心思要投入先进政党的怀抱。朱德的坦诚最终打动了周恩来，经请示上级后，周恩来成了朱德的入党介绍人，而他的入党要求也终于被批准。

我们之所以把朱老总请出来现身说法，不仅是因为他能坦诚面对组织的考察，更重要的是，他能坦诚面对自己的不足，能拉得下面子，敢于对自己"下狠手"——好端端的高官厚禄不要，满心热忱想加入我们党，却被泼了冷水，碰了一鼻子灰，里子面子都没了！但是没关系，缺啥补啥，从学原著读原文开始，甚至不惜远渡重洋，到马克思主义的发源地去取真经学真理。

这在今天看来，特别是在年轻同志中间，真是非常难能可贵了。

为什么这样说？

年轻人面子薄，在乎别人的看法，面对自己的缺点或不足时，往往下意识地选择回避，因为太丢脸了嘛！但是光回避没用啊，你还得用厚厚的保护层来掩饰，时间久了，遮掉了缺点，也蒙蔽了真实的自己。这也许就是为什么，我们常会在朋友圈里，看到青年朋友们写下诸如"遇见另一个自己""我仿佛在和另一个自己对话""我常对着镜子问，你是谁"之类的"鸡汤文"。此时，请不要怀疑这些朋友是双重人格或精神分裂，只不过是我们的保护层实在太厚太完美，不仅骗过了别人，也骗过了我们自己。

其实，有问题不可怕，有缺点自然得接受批评和教育，只是有时候我们习惯了逃避问题，只是有时候我们害怕面对批评。

幸好，你遇见了组织！幸好，你申请加入组织！如果你肯坦诚、够坦诚、真坦诚，也许我们可以松脱那层保护壳，找到真实的自己，摸到自己的本心，看看自己是不是真的想加入组织，是不是真的准备好要加入组织！我们之所以这么自信，是因为我们有个家传的本领——"批评和自我批评"。就像毛主席曾说的"有无认真的自我批评，也是我们和其他政党互相区别的显著的标志之一。"

而要学好用好我们这个本领，坦诚和直面问题就显得格外重要。

来看一个真实的故事[①]。

这一次我们说到的是曾领导或参与安源路矿工人大罢工、上海"二月罢工"、南昌起义等革命斗争活动的，老一辈无产阶级革命家，中国工人运动的杰出领导人之一——李立三。除了卓越的革命领导才能和经历外，早期党史上还留下他主张通过城市暴动、夺取全国政权的"立三路线"。

有的同志听到这要说了，等下等下，这和"农村包围城市，武装夺取政权"的路线背道而驰哎！

---

① 参见《李立三：在自我批评中度过后半生》，http://dangshi.people.com.cn/n/2012/1010/c85037-19211492-1.html.2012 年 10 月 10 日。

说得没错，所以，这条路线出问题了。虽然这条路线在党内影响只有三个月，但由于许多地方的党组织急于组织暴动而把原来的有限力量暴露出来，先后有十一个省委机关遭受破坏，武汉、南京等城市的党组织遭到重创，红军在进攻大城市时也遭受很大损失。

犯了这么大的错，一般人估计早就垮了，但李立三却用了三十年，坚持在各种场合坦承自己的错误，希望同志们引以为戒。

他第一次在公开场合自我批评是在 1946 年 11 月给部队作报告的时候。他首先讲了俄国十月革命胜利的经过和成功的经验，接着又讲了中国革命的历史。在讲完陈独秀右倾错误给党和革命事业造成的损失后，他提高声音说：1930 年 6 月以后，李立三曾提出了"左"倾冒险主义的主张，给中国革命带来了不可估量的损失。后来，党召开了六届三中全会，指出了李立三的错误，结束了李立三"左"倾冒险主义在党中央的统治。听报告的人都为这具体生动的讲话内容所吸引，整个会场鸦雀无声。这时，李立三又大声向听众发问："你们都认识李立三吗?"台下很多人回答不认识。李立三用右手食指指着自己的鼻子说："我就是李立三。"

对于自己的子女，李立三也从没隐瞒自己的错误。1949 年春，当他见到刚从蒋管区历尽艰辛来到自己身边的儿子时，也依然不回避问题："我曾犯过错误，你们听说了吗?"他把自己犯的错误向儿子讲了以后又说："共产党就是提倡自我批评，一个共产党员究竟有没有党性，就看他能不能对自己的错误进行认真的自我批评。这在旧社会是不能理解的，人们只会自我吹嘘，错了还硬称英雄好汉，保全自己的面子。共产党人不讲个人的面子，只讲人民的面子。你们想，四万万七千五百万人的面子和一个人的面子，究竟哪个大? 共产党员犯了错误，首先要想到人民的面子，不但要求承认错误，还要把自己犯错误的教训告诉大家。比如说，这墙上有个钉子，你碰了一下，就应该记住，别再去碰它。不但自己不要再碰，还要不断提醒别人。大家都不碰钉子，就会保全了党的面子，人民的面子。"

有的同志要说了，不到一定的岗位，我们也犯不了那么大的错，也用不着非凡的勇气来自我批评吧。也许吧。但好像有的时候不管犯的错是大是小，能够坦诚面对的勇气似乎并没有轻重之分，不然为什么有那么多人踩了别人的脚都不会说声对不起呢？

入党不仅是走个程序，真正的入党是一次反思，是一次与自己的思想对话。在这个过程中，始终保持坦诚的状态，是一种能力，也是一种修为。在接下来不短于两年的入党进程里，伴随着4次身份进阶（入党积极分子—发展对象—预备党员—正式党员），你会遇到若干次党员评价、组织评价和自我评价，遇到各类学习、社会实践或志愿服务，遇到若干轮投票、公示和答辩。当评价不尽如人意的时候，当学习、实践、服务力不从心的时候，当投票、公示、答辩结果差强人意的时候，你该如何面对？是大大咧咧，你说你的，我还是我！还是像高玉宝、朱德、李立三那样，多跟党内同志或者你的朋友、家人谈谈话，交交心，查缺补漏，完善自我呢？

真心想加入这个组织的同志，自然会做出正确的选择。

## 第三节 从自愿到志愿

如果你基础扎实，表现突出，条件符合要求，按照我们的建议，坦诚接受组织的考核与考察，你将迎来一个重要的时刻——填写《入党志愿书》！

这是你履行入党手续的开始，是你即将被组织接收为预备党员的标志，是你入党过程中一件极其严肃也极其重要的事情。

有的同志要问了，《入党申请书》和《入党志愿书》有啥区别，看上去差不多嘛。

用一句话可以解释，前者是个人自愿行为，没人强迫的；后者是组织行为，是你强迫也没用的。

自愿，代表一种心情，仅表示自己愿意而没有强迫地去做的。而志愿是指志向和愿望，表示你具有很强的主动性，有志于并情愿为实现共产主义而奋斗。志愿，不但代表一种强烈愿望，一种明显高于"自愿"的愿望，同时也代表一种责任。

所以，如果到填写《入党志愿书》的时候，你还满足于《入党申请书》时那种朴素的入党热情，而没有表达深刻的组织认同的话，组织会觉得之前没把你培养好，很有可能会建议你回炉。

有的同志又要问了，你说写出组织认同，啥叫组织认同？

组织认同是指组织成员在行为与观念诸多方面与其所加入的组织具有一致性，觉得自己在组织中既有理性的契约和责任感，也有非理性的归属和依赖感，以及在这种心理基础上表现出的对组织活动尽心尽力的行为结果。

如何做到组织认同呢？这里再给你支一招，送你三条建议。

**首先，做到信仰认同。**这是我们党一直以来对新加入党员最关切的考察标准。

口说无凭，我们来看看毛主席的入党经历。

在中央档案馆保存的关于中共八大档案中，有一份毛泽东亲自填写的中共八大代表登记表。这个登记表在入党时间一栏填写的是 1920 年。1920 年中国共产党的组织还没有成立，那毛主席是怎么在这一年入党的呢?

这就要谈到信仰认同。

根据由斯诺记录的《毛泽东自传》描述,"1920 年,我读了许多关于苏联的事情,同时热烈地寻找当时中国所能见到的一点共产主义书籍,其中,《共产党宣言》、考茨基的《阶级斗争》和吉古柏的《社会主义史》这三本书特别深印在我的脑子里,并且建立了我对于马克思主义的信仰"。在这个信仰驱策下,青年毛泽东在 1920 年就开始在马克思主义理论及苏联革命史的影响下,将工人政治地组织起来,他也"自认为是一个马克思主义者了",所以他才会将自己的入党时间定格在 1920 年。

同样的情况,还出现在原是国民党高级将领的叶挺身上。叶挺 1924 年远赴苏联,进入东方大学和红军学校学习马克思列宁主义,深受触动,并于同年 12 月在中共旅莫支部入党。回国后,叶挺担任了由中国共产党掌握的国民革命军第四军独立团团长,他率领该团为北伐战争胜利立下了卓著功勋,独立团"铁军"的美誉传遍大江南北。蒋介石叛变革命后,叶挺率部参加南昌起义,打响了武装反抗国民党反动派的第一枪。1927 年广州起义失败后,叶挺被迫流亡海外 10 年,与中国共产党脱离了关系。但他仍时刻想方设法与党取得联系,始终不愿与反动派同流合污。

抗日战争爆发后,叶挺担任了新四军军长。皖南事变后,他被国民党关押 5 年之久,经历了一生中最严峻的考验。面对国民党的威逼利诱,叶挺斩钉截铁地说:"不错,我不是共产党员,可我过去是,可能将来还会是! 人都有自己的信仰,我最信仰共产党!"1946 年 3 月,叶挺获释后请求重新加入中国共产党,毛泽东亲笔修改了关于接受叶挺重新入党的复电。

当然,必须要说明,早年加入我们党要求基本只有两条——"认同共产主义、投身革命事业"。这两条看起来似乎很寻常，但在当时，如果没有坚定的信仰和非凡的勇气，是绝不可能做到的，因为那个时候加入共产党带给自己的，绝不可能是荣誉和机会，可能是倾家荡产，可能是颠沛流离，可能是被捕牺牲，甚至是连累亲人。就像邓小平在回忆录里说的，"在那个年代加入共产党真正叫把一切交给了党，什么东西都交了"。可以说，早期党员的先进性体现在对信仰的自觉坚守上，而这种先进的基因，也在后面的发展中演化为立党的根本。

因此，我们在这首先就强调信仰认同，就是希望大家能够涵养这种认同，以党的信仰为信仰，以党的责任为志愿。只有这样，才能对党的主张、理论、观点，亲之信之，践之行之。

**其次，做到情感认同。**感人心者，莫先乎情。人与人之间只有在感情上认同，才容易相互理解、相互信任。清代思想家唐甄曾说：善治必达情，达情必近人。

梁思成大家应该都认识，他加入共产党时已经 58 岁了。为何人过中年还有这份执念？这要从新中国成立前夕说起：1948 年底，人民解放军先头部队解放了清华园，整个北平还处在待解放前夕。一天晚上，清华大学政治系主任张奚若带着两个解放军代表来到梁家，给梁思成一份地图，请他标出需要加以保护的珍贵建筑和文物，划出禁止炮击的地方。

一个多小时的接触让梁思成夫妇兴奋、感动不已，此前他们一直担心战争可能给北京的古建筑以毁灭性打击。八年后回忆起这个时刻，他依然难以忘怀："童年读孟子，'箪食壶浆，以迎王师'这两句话，那天在我的脑子里具体化了。过去我对共产党完全没有认识，从那时候起我就'一见倾心'了。"

1949 年 1 月，北平和平解放，为更好地保护民族文化遗产，共产党又派人来请教梁思成，请他列出需要保护的古建筑，以供解放军作战及接管时保护文物之用。梁思成欣然同意，并带领清华建筑系师生编写出《全国重要文物建筑简目》。十年后，以这本书为蓝本，国务院出台了《第一批全国重点文物保护单位的名单》和《文物保护管理暂行条例》。1949年10月1日，梁思成作为特邀代表参加开国大典，见证了中华人民共和国的成立。1950年至1951年，他带领清华建筑系师生参与设计中华人民共和国国徽和人民英雄纪念碑。1956年2月，梁思成把一封入党申请信托周总理转交毛主席。在信中他写道："我觉得我一步步地更接近了党，一步步地感到不断增加的温暖和增强着力量。这温暖和力量给了我新的生命……准备着把一切献给您，献给我们伟大的党和可爱的祖国……我一定要以一个党员的标准要求自己。"1959年1月，梁思成正式入党。3月，梁思成发表文章称"我生命中的第二个青春开始了"，并表示决不虚度这第二个青春[①]。

从梁思成的入党经历，我们应该至少读出两层意思：其一，从申请入党人的角度看，要对我们党有情感认同。梁思成之所以愿意加入共产党，正是因为从共产党保护文物这件小事，看出了党的"大爱"，因而对党产生了感情，萌生了入党的渴望。其二，从党员的角度看，要对人民有情感认同。善于深入群众，善于带着感情做工作，善于满足群众的感情需求、消除群众的情感困惑，是我们党最终赢得群众的法宝。因此，要想成为一名合格的党员，首先要爱党亲党，其次必须回答好"为什么人"的问题，真正从内心深处确立为人民服务的理念。

---

① 梁思成入党故事参考韩福东、王腾腾：《热爱"大屋顶" 对党亦真诚》，《南方都市报》2011年6月29日。

**再次，做到利益认同。**这一点是特别要提请大家注意的。

为什么这样说？

1934 年 1 月，毛泽东在《关心群众生活，注意工作方法》中曾经这样表述："要得到群众的拥护吗？要群众拿出他们的全力放到战线上去吗？那末，就得和群众在一起，就得去发动群众的积极性，就得关心群众的痛痒，就得真心实意地为群众谋利益，解决群众的生产和生活的问题，盐的问题，米的问题，房子的问题，衣的问题，生小孩子的问题，解决群众的一切问题。"党章总纲中指出："党除了工人阶级和最广大人民群众的利益，没有自己特殊的利益。党在任何时候都把群众利益放在第一位。"十八大以来，习近平总书记也曾反复强调，"党性和人民性从来都是一致的、统一的。我们党是全心全意为人民服务、代表中国最广大人民根本利益、来自人民为了人民的马克思主义政党"，"党的一切工作，必须以最广大人民根本利益为最高标准。检验我们一切工作的成效，最终都要看人民是否真正得到了实惠，人民生活是否真正得到了改善，人民权益是否真正得到了保障"。

马克思也曾指出："人们为之奋斗的一切，都同他们的利益有关。"所以，作为一个党员或申请入党的人，如果奋斗的一切都与人民群众有关，就是做到了利益认同，就是一名合格的党员，是我们的事业需要的党员！从小到大，我们听过很多这样的例子：铁人王进喜，援藏干部孔繁森，人民的好村官沈浩，等等。

那如果奋斗的一切都和群众无关呢？有的同志说，你不能全盘否定吧，即使有的人出发点不是人民的利益，但他足够优秀，成了知名的官员或者著名科学家，不是一样可以造福一方百姓，为人类做出贡献吗？

说得好像有点道理。不过，不知道大家还记不记得我们中学哲学课上的一道辨析题，"'主观为自己，客观为他人'这个说法正确吗？"大家还记得答案吗？不记得，没关系，回去翻翻旧课本，或者问问度娘。北大钱理群教授曾经说过，"我们的一些大学，包括北京大学，正在培养一些'精致的利己主义者'，他们高智商，世俗，老到，善于表演，懂得配合，更善于利用体制达到自己的目的。这种人一旦掌握权力，比一般的贪官污吏危害更大"。

2017年，有一部很火的电视剧，叫《人民的名义》。电视剧一开始，就出现了一位让大家印象深刻的角色——国家某部委某项目处处长赵德汉，他穿着旧衣服，骑着破单车，住着筒子楼，吃着炸酱面，存款只有十几万，私房钱不过百八千，每月只给老母亲300块，横看竖看跟贪官挂不上一点联系。可场景一转，郊区的豪华别墅，满冰箱满墙壁满床铺的钞票，再看看刚才还义正词严、言必党员本色的赵处长，已然瘫软不成人形。

这个人物形象可不是杜撰想象的，他的原型就是国家能源局煤炭处原处长魏鹏远。办案人员在他的家里收缴受贿现金2亿多元，清点时还烧坏了几台点钞机。这样一位奇葩小官巨贪是如何修炼成的呢？

这还要从我国工业的支柱——煤炭产业的工种性质说起。因为常常在井下400—800米，甚至1000多米深的地方作业，因此，采矿时一旦发生危险，总是会造成人员的重大伤亡。在2003年，曾经有过一份统计，当年中国生产了世界约35%的煤，但在煤矿事故死亡人数上却占约80%。就是在这样的背景下，我们的主人公登场了，他的岗位职责就是通过调控煤炭生产总量、加强矿区总体规划、优化煤炭资源配置、审批煤矿项目建设等，加强煤炭企业的安全生产，减少矿难发生，保障矿工的权益。

一开始，魏鹏远也没有动贪腐的念头，数位与魏鹏远打过交道的业内人士描述，魏鹏远不善言辞，但工作非常认真，经常加班加点。在网上搜索与魏鹏远有关的新闻，大多是魏在各地煤矿调研视察，并指示企业要加强瓦斯治理，提高安全管理水平。

也不知道是魏的幸运还是不幸，他掌权的这个时间段，正好和煤炭行业发展的黄金十年重合，许多企业为了让项目尽早完成审批，不惜一切地想跟魏处长攀上关系。最初收到贿赂时，小魏还能表现得非常刚正，别人硬塞也不要，送钱的人不甘心，扔下钱就跑了，小魏没追到，打电话让那人来取，那人也不理，一来二去，就"暂存"了。存着存着，在小魏成了大魏就快成老魏的时候，等来了煤炭行业的暴利时代。眼看一些煤老板拿着他审批的文件，一夜暴富，此时已年过中年，升迁无望，从小苦孩子出身的魏鹏远的利益观彻底发生了改变，眼中再也没有那些井下作业悬着命的工人，只有赚得盆满钵满的煤老板，心想，既然我让别人发家致富，抽个九牛一毛的成，不也理所当然吗？于是便不管是一万元、几百万还是几千万地照单全收了。用魏鹏远自己的话说，是心里失衡和无法遏制的贪欲，让他将为人民而设的岗位变成了自己的提款机。

正如他在法庭上的忏悔：今天站在法庭上，我既惭愧又后悔。惭愧的是作为一名国家工作人员没有正确地使用手中权力，没有对人民尽忠，我愧对人民。作为一名党员，没有对党尽忠，没有为党争脸面，我愧对它。作为一名父亲没有为孩子树立好的榜样，我愧对孩子。后悔的是国家给了我稳定的工作，给了我小康的生活，我为什么不珍惜，为什么没珍惜。伸手拿了钱干什么呢，为什么一次又一次地受贪欲的支配，而不能自制，为什么？钱财有什么用，钱财没有使我心安理得，反而让我罪孽重重。

只可惜这段忏悔晚来了十几年，法庭最终以受贿罪、巨额财产来源不明罪判处魏鹏远死刑，缓期二年执行，剥夺政治权利终身，并处没收个人全部财产。

魏鹏远的故事讲完了，魏鹏远们的故事会就此打住吗？

《人民的名义》作者周梅森在谈到自己的写作过程时曾说，为了写活贪官形象，自己在最高检的陪同下，去了南京浦口监狱，采访过一些落马官员，他们中极少是一上来就贪污，大多数都是因为一念之差。

这一念差在哪里？魏鹏远们也曾那么敬畏手中的权力，也曾造福过一方百姓，但就在他们心中一己私利逐渐超越人民利益的时候，形形色色的贪腐便野蛮生长起来。利益认同就是这个"念"，就是在"念"着个人利益还是群众利益的选择上出了差错。

群众最讲实际，群众参与历史活动的积极性，是以实现自身利益为基础的，只有让群众从切身感受中体会到我们党是代表他们的利益的，他们才会团结在党的周围，自觉地在党的领导下，为实现国家和自己的利益而奋斗。

所以，利益认同不仅关乎观念问题，更决定了我们行动的方向和性质，决定了我们的入党动机是否纯粹，决定了我们能否真正成为一个有行动力的全心全意为人民服务的党员。

说到这，你能明白为什么我们特别强调要关注利益认同了吗？正如习近平总书记说的，人生的扣子从一开始就要扣好，如果第一粒扣子扣错了，剩余的扣子都会扣错。

我们就是希望，在你即将加入我们的时候，能明晰我们的队伍应该认同谁的利益，认同什么利益，始终提醒自己，在"为了群众，依靠群众"这条路上不走弯路，不走歧路。

如果你把这三点认同看进去了，那么在接下来的入党考验中，特别是填写了《入党志愿书》之后，希望你能始终提醒自己以真心真情真行动投身到各类学习实践活动中去，用心感悟，实现入党从自愿到志愿的飞跃。

本章写到这里，原本想结束了，但是想想又有点担心，我们说了这么多，大家对怎么入党真的做到心中有数了吗？还是再来点干货，把入党主要程序列出来，供大家参考。

一、成为入党申请人：符合入党条件的同志递交入党申请书，接受组织谈话。

二、确定为入党积极分子：经党员推荐或群团组织投票推优，经公示考察后，确定为入党积极分子，填写《入党积极分子考察登记表》，考察期至少一年，每个季度撰写一篇思想汇报，参加党课培训。

三、确定为发展对象：入党积极分子经过一年以上培养教育和考察，经培养联系人推荐，所在党组织考察、政审合格后，进行公示，并参加一般不少于三天（或不少于 24 学时）的集中培训。

四、接收为预备党员：公示无异议且培训合格的发展对象，填写《入党志愿书》，由支部大会讨论票决，并报上级党委审批。

五、转为正式党员：经过一年教育考察，预备党员可在预备期满前一个月提出转正申请，由支部征求党员、群众意见后召开转正大会，经票决公示后，将结果报上级党委审批，无异议后转为正式党员。

如果对入党的程序、要求、纪律还想进一步了解，建议大家去看两个重要文本：一是党章，特别是第一章《党员》。二是 2014 年发布的《中国共产党发展党员工作细则》。

最后，带大家诵读一下入党誓词：

我志愿加入中国共产党，拥护党的纲领，遵守党的章程，履行党员义务，执行党的决定，严守党的纪律，保守党的秘密，对党忠诚，积极工作，为共产主义奋斗终身，随时准备为党和人民牺牲一切，永不叛党。

**参考文献：**

1.《列宁专题文集》，人民出版社 2009 年版。

2.《邓小平文选》第二卷，人民出版社 1994 年版。

3. 中共中央组织部、中共中央党史研究室、中央档案馆：《中国共产党组织史资料（第一卷)》，中共党史出版社 2000 年版。

4.《刘少奇选集》上卷，人民出版社 2004 年版。

5.《毛泽东选集》第一卷，人民出版社 1991 年版。

# 如果党课也有及格线

## 一

一直想写一本党课教材。

一直不敢写。

理由很简单，底气不足，本领恐慌，资历单薄。

我们不是专家，不是权威，不是学者，凭什么？

严肃的命题，厚重的课堂，光靠勇气显然不行。

但是，不写也不行。

因为现实有需要。

每年，全国都有上千万的志愿者递交入党申请书，申请加入这个体量巨大但却运转灵活、历经坎坷挫折却充满光明前景的组织。能够成功进入这个组织的新成员每年平均只有 200 万左右的人数，且这个数字还在逐年下降中。

每年，全国要开那么多堂党课，但是总体而言，不乐观。

缺少完备的师资，缺少统一的培训，缺少合用的教材。

教材应该是有的，然而，也还有空间。

教师不用，学生不看。

怎么办呢？

要不，我们试试？

## 二

那底气从哪里来？

因为心中还有几个问题。

我们是不是要写一本满分教材？

我们是不是要写一本经典教材？

不是，真不是。

我们没有高远的志向，没有气吞万里的胸襟。

我们只是一群有着一点热血和勇气的青年人。

我们只是想知道：如果，党课也要铺路石，我们能不能做这个铺路石？

我们只是想知道：如果，党课也有及格线，我们能不能做这个及格线？

仅仅是及格线，我们可以吗？

这个也许可以有。

这个也许应该有。

## 三

有了方向，然后就是路径。

写什么？

党员需要什么, 我们就写什么。

在向组织靠拢的路上, 有很多话题是绕不过去的。

比如, 他得知道马克思是谁。

他得知道马克思究竟是个什么样的人。

他得知道《共产党宣言》究竟在说什么。

他要想清楚什么是信仰, 为什么要有信仰;

什么是共产主义, 为什么要信仰共产主义;

为什么是中国共产党, 怎么加入中国共产党。

他还要了解党史, 学习党章, 熟悉党建的相关内容。

他必须完全厘清思想的迷雾, 才可能坚定地加入组织。

他必须完全确定信仰的方向, 才可能顶天立地谈信仰。

组织不需要瞻前顾后的成员, 组织不需要三心二意的成员。

组织从来不缺人, 缺的是真心加入的人。

我们希望能多一些这样的人。

## 四

风格呢?

书写出来是要给人读、给人看的。

最好能通俗易懂, 最好能看得进去, 最好能入眼入脑入心。

如果只是束之高阁的高头讲章和阳春白雪, 真不需要我们添砖加瓦。

我们不想浪费大家的时间, 也不想浪费物力财力人力。

我们希望党课教师们能够拿着照本宣科。

我们希望青年朋友们能够看得进去几页。

也因此，文中有不少课堂互动的口语，有不少流行语，有不少网络语言。

我们尊重学科或者科学的严肃性和严谨性，只是希望能够培育更多青年人对经典的温情，培育更多准备入党的同志对组织有更多的认同。

当然，这是我们的目标。

也许，现在差得还远。

也许，我们永难实现。

不妨碍我们坚信不疑，并奋斗不止。

## 五

说说分工。

本书由徐川拟定篇章题目和逻辑架构。

由孙晓晖执笔第一章，杨波执笔第二章，刘伟、沈晓海执笔第三章，王洋执笔第四章，满泽阳执笔第五章，胡苹执笔第六章，廖元元执笔第七章。

全书由徐川统稿，确定语言风格。

党的十九大召开之后，我们根据十九大精神和最新修订的党章，对内容进行了局部修订。

另外，值得一提的是，这个团队的组建也是因缘际会。

最开始有二十名来自全国各个高校的同人加入团队，也各自进行了一些工作。

不过，很多同人陆续离开，最终剩了这些。

有的是因为有更重要的事务，有的是因为时间上小有冲突，有的是风格上无法统一。

留下的同事同样辛苦，付出的不仅仅是时间和精力，还有因为付出而放弃了很多。

比如论文的撰写，比如课题的申报，比如职务的履责以及家庭的责任。

半年以来，我们也通过各种方式进行了三十余次集体讨论，包括定题、撰写、修改、二稿、校对、讨论……

是去是留，都值得感谢。

过去未来，仍期待合作。

# 六

当然，这本书还有不少空间。

比如说风格多元，这可以看作是特点，也可以看作是问题。教材应该有统一的规范和体例，但这有个前提，就是顶层设计足够完善，团队成员风格足够接近，在这一点暂时无法强求统一的前提下，我们选择了百花齐放，按照自己最熟悉的风格，写自己最擅长的文字，呈现不尽相同的课堂教案。

比如成书仓促，半年时间呈现一本教材是一个严峻的任务，这就难免在字斟句酌的考证和臻于完善的表述方面留下了一些改进的空间以及或多或少的遗憾。

比如不够权威。教材本身就是见仁见智的过程，党课涉及的知识本身就是学无止境的命题，我们本身还是个比较年轻的团队，主要是80后，主要是副教授及以下，还有两个90后，这就决定了这本书的定位就是个及格线，因此在通向合格成果的路上，我们也只是开了个头，立了个靶子。

当然，是否及格，我们说了也不算，评判标准在各位手上。

不及格也没关系，通往信仰的大道从来不会一帆风顺，从来不是一蹴而就。

甚至，在一些专家学者的眼中，我们只不过是标新立异甚至哗众取宠的尝试，那我们就拼尽全力向着及格线靠近一点，再靠近一点。

我们有勇气接受批评，也愿意做时间的朋友，不断改进。

直到及格。

# 七

我们的团队名字叫"川流不息"，这蕴含着我们的深深期盼。

我们期盼我们的团队可以"川流不息"。我们希望有更多的同人如果怀有共同的理念，如果认同我们的工作方法，可以随时加入我们，让我们变得壮大和强大。我们的目标是在路上遇到一个又一个的你，把我变成我们。如果有越来越多的同事加入我们，如果有越来越多的尝试和方法以及教材涌现出来，我们就可以相信，我们的未来一定是星辰大海。

我们期盼我们的爱心可以"川流不息"。我们希望能够用自己的力量帮助和影响更多同学，所以我们决定这本书的版税所得将全部投入"川流不息"爱心公益基金，为高校身患重病的大学生提供紧急帮扶，也希望正向的力量能够影响更多的爱心，让我们的善心善行也能川流不息……

我们期盼我们的工作可以"川流不息"。我们希望团队中的每一个人都能以此作为自己的起跑线，作为自己专业化的核心原点，在未来的道路上能够不忘初心，越走越开阔，能够结合我们的工作实际将教材修订得越来越完善。

其实，我们还有很多期盼，我们的期盼也是"川流不息"。

# 八

未来要做什么？

任务还多。

比如这本书还需要连续几年不断地修订与完善。

比如有了教材只是第一步，从教材到课堂还有距离。

还需要师资，还需要培训，还需要视频课程等等。

当然，能走多远，能做多大，谁也不知道。

我们能做的，就是在我们还可以掌控的时间和空间范围内，竭尽所能，不负青春。

党课教材完成以后，就完了吗？

怎么可能。

传统文化不需要教材吗？

素质能力不需要教材吗？

职业规划不需要教材吗？

所以，未来还远，道路还长，任务还多。

未来，我们期待还有"川流不息"传统文化团队、"川流不息"社会主义五百年团队、"川流不息"理论研究团队……

## 九

九九归一。

用《荆棘鸟》中的话作为结束语吧："我们是知道的，我们是清楚的，我们是明明白白的。我们当然知道荆棘扎入胸膛是痛苦的，但是我们仍然选择这么做，我们仍然将荆棘扎入自己的胸膛。"

"川流不息"党课团队

2017 年 10 月

再版后记　│

　　时间果然过得很快，一晃就是六年。

　　一路走来，这本书不知不觉陪伴了 30 多万读者。感谢这六年，我们相互见证，我们一起成长，我们一起走近信仰，我们一起走向未来。

　　行走的路上，我们的作品得到了很多指导，很多支持，也顺便得到了一些肯定，拿到了一些荣誉，比如中宣部第八届"优秀通俗理论读物""全国党员教育培训创新教材"等。

　　其实，我们很清醒。再多的奖项都是赠品，只是对我们全力奔跑的鼓励，只是对我们专心致志的支持，只是我们继续跑好下一段征程的起点。

　　但是，回到六年前，我们确实也需要肯定。因为那时的我们才刚刚上路，那时的我们还太过年轻，那时的一切都还未知，我们需要一些声音让我们确认，确认我们的坚持，确认我们的方向，确认我们的努力。也可以让我们可以有更多的力量和勇气，走好前方的路。

　　事实上，也正是在大家的鼓励、支持与肯定下，我们团队后来又陆续出品了《高校辅导员的七项修炼》《中国自信说》《道不远人——走近传统文化》《多维视角下的党代会》等，以及等待出版的《顶天立地谈党史》《〈共产党宣言〉通俗解读》等，也大体上每一步都能得到一些肯定，也吸引了更多的青年才俊加入我们，成为我们。

这是我们的故事，这是我们的荣幸，也是我们的责任。

当我们出发的时候，我们并不清楚要去往哪里，也不知道能走到哪里。所能够秉承的，就是简单的一句坚守：方向既然锚定，那就向着远方进发；山峰既然瞄准，那就向着高处攀缘。

这本书成稿于 2016 年，六年来，这本小书也经历了几次修改。在十九大召开之后，就结合最新精神进行过一次修订。随着受众越来越多，我们也收到了越来越多的建议和指导，那些宝贵的建议也都及时体现在了书里。

这次修订属于全面修订，主要集中在四个方面：一是根据最新的文献和文件，如党的二十大报告、最新修订的党章等，采用了最新的权威表述；二是更换了相当篇幅的案例素材，去掉了一些时效性过强的内容，替换为更新的或者更为经典的案例；三是修订了最近一段时间被热心读者和学者提出的可以修订的地方；四是修改和润色了一些表达。总之，既有小的字词和标点的更改，也有表达的整句的修改替换，也有整段的优化增删。大体算下来，调整了两百余处，修改两万多字。

经过此次修订，应该完善了不少。饶是如此，依然不免忐忑。学无止境，进无止境，好文章都是改出来的，好作品也应该是炼出来、熬出来、考验出来的。或者说，经过这次修订，会不会又有新的问题出现，也都是需要继续接受检验的。

那我们就继续改，继续走，继续完善。

道路还长，我们还年轻，必须奋斗，也唯有奋斗。

我们愿意把这本全新修订版，当作一份礼物，感谢所有支持过我们的人，希望在里面能看到你们曾经的建议，能记录你们过往的时光，更希望你们因为这些细节能体会到，捧在手里的，是我们共同的作品。

我们的一切都是时代给的，我们也愿意付出一切给这个时代。

同样的，给这个时代的你们。

"川流不息"思政教育团队

2023 年 3 月

# 附　录：
# 团队成员简介

　　**徐川**，1982 年 7 月生，山东济宁人。党的十九大、二十大代表，国家重大人才工程青年学者。现为南京航空航天大学党委委员、能源与动力学院党委书记，马克思主义学院教授、博士生导师。荣获全国优秀党务工作者、全国五一劳动奖章、全国最美教师、全国基层理论宣讲先进个人等，国家级教学成果奖第一完成人。入选中宣部宣传思想文化青年英才、全国高校思政工作首批中青年骨干、全国高校网络教育名师等，央视"百家讲坛"主讲嘉宾。学术兼任中国思想政治工作研究会理事、江苏省中共党史学会副会长、江苏省科学社会主义学会副会长等。主持国家社科基金重点项目、一般项目等省部级科研项目 10 余项，承担国家社科基金重大项目和中央马工程重大项目等子课题 3 项，在《求是》《人民日报》《光明日报》《中国高等教育》《思想教育研究》等发表文章多篇，出版有《顶天立地谈信仰——原来党课可以这么上》《道不远人——走近传统文化》《中国自信说》等著作 10 部，著作获评中宣部第八届优秀通俗理论读物、中组部全国党员教育培训创新教材、全国学校共青团优秀成果特等奖、江苏省哲学社会科学优秀成果一等奖等。

　　**孙晓晖**，1984 年 10 月生，山东安丘人。中山大学法学博士，广东财经大学马克思主义学院副院长、教授，硕士生导师，广东省邓小平理论研究会秘书长，广东省理论宣传青年优秀人才、广东省特支计划"青年文化英才"、广东省高校"千百十"工程校级人才培养对象，获评广东省教育厅"我最喜爱的思政课教师"、首届广东财经大学"最佳授课教师""青年教学名师"、广东团省委"灯塔工程"青年导师。主要研究方向为马克思主义中国化研究、中共党史与党的建设。主持完成国家社科基金课题等17 项，在《武汉大学学报》《人民日报》《南方日报》等报刊发表文章 100多篇，撰写决策咨询报告 12 篇，近年来在各大政府机关、企事业单位和大中小学宣讲党课多场。

　　**杨波**，1981 年 6 月生，江苏淮安人。现为南京航空航天大学无人机研究院党委副书记、副院长，兼任南京长空科技公司董事长、南航思想政治教育研究中心副主任，南京市作家协会会员。承担国家重大出版工程 1项、参与国家社科基金 1 项，主持省社科研究基地课题等多项，参与央视"百家讲坛"特别节目《平"语"近人——习近平总书记用典》文案策划，参著《顶天立地谈信仰——原来党课可以这么上》《中国自信说》《多维视角下的党代会》《20 世纪中国知名科学家学术成就概览》《中国航空工业人物传》等，参译《黑格尔传》《布莱克维尔社会思想百科词典》等，曾获中国国家图书馆征文优秀奖等，在《人民日报》《光明日报》《中国文化报》《新华日报》《群众》《江苏教育》等发表文章多篇。

　　**刘伟**，1982 年 6 月生，河北怀安人。现为南京信息工程大学马克思主义学院教师，共青团中央青年讲师团成员，党史学习教育江苏省委宣讲团成员，江苏省高校思想政治教育研究中心研究员。主要从事思想政治教育、逻辑学等问题研究，在《人民日报》《光明日报》《新华日报》发表理论文章多篇，在共青团中央等新媒体平台发表思想引领类文章多篇，累计点击量数百万以上。多次参与策划和编写中央电视台《百家讲坛》特别节目《平"语"近人——习近平总书记用典》，团中央青年大学习等。获得全国高校网络宣传思想教育优秀作品二等奖、国家级教育教学成果奖二等奖。

**廖元元**，1981年9月生，江苏南京人。现南京航空航天大学纪委办主任。多次获南航优秀共产党员及优秀党务工作者称号。

**满泽阳**，1990年12月生，河北衡水人。南京大学历史学博士。曾任中华全国学生联合会副主席（主席团驻会执行主席）、南京大学团委副书记（学生）、南京大学研究生会主席等，荣获教育部《中国研究生》封面人物、团中央"践行社会主义核心价值观先进个人"、全国学校共青团学术年会论文一等奖、江苏省省级优秀学生干部、美国百人会英才奖等。合著《顶天立地谈信仰——原来党课可以这么上》《中国消失的文字》《元代书画史研究与教学的实践》《图说江苏》《窗纸集》，在各类报刊及网络媒体平台公开发表学术论文、报纸文章及网评文章20余篇。

**胡苹**，1981年12月生，湖北襄阳人。南京航空航天大学经济与管理学院党委副书记、副研究员，长期从事高校党建思政和统战工作等领域研究和实践工作。主持和参与江苏省高校哲社重大项目思政专项、江苏省委统战部、江苏省委教育工委重点委托课题等课题10余项。参著《顶天立地谈信仰——原来党课可以这么上》《中国自信说》《多维视角下的党代会》等著作。研究成果曾获中国监察学会和中央纪委监察部廉政理论研究中心年度优秀调研成果（论文）一等奖以及省委统战部理论研究成果三等奖等多项。工作创新做法曾入选全国高校党建工作会典型案例，获全省统战实践创新成果奖，曾先后在全国高校统战研究会、全省高校统战部门负责人培训班上做主题发言。

沈晓海，1990 年 9 月生，湖南湘潭人。现任南京师范大学食品与制药工程学院团委书记、研究生辅导员。主要研究方向是马克思主义中国化理论和大学生思想政治教育，主持或参与包括全国学校共青团研究课题、江苏省社会科学基金课题等在内的研究项目 12 项，发表学术论文 14 篇，参著参编《顶天立地谈信仰——原来党课可以这么上》《中国自信说》《乐享社团》等书籍 5 部。主持南京师范大学思想政治教育精品项目 3 项，获校级及以上荣誉 50 余项。

王洋，1989 年 4 月生，江苏镇江人。现任南京航空航天大学校团委副书记。曾获得全国第六届辅导员职业能力大赛决赛二等奖、江苏省第六届辅导员职业能力大赛一等奖、全国辅导员工作优秀论文三等奖、全国辅导员年度人物入围、江苏省高校学生管理优秀论文一等奖、南京航空航天大学第五届辅导员职业能力大赛一等奖及学生工作优秀奖等 20 余项荣誉。主持或参与省级以上课题 3 项，在《南京日报》发表"百年辛亥"连载文章 6 篇，在《思想政治工作研究》《思想理论教育导刊》《南京师范大学学报》等省级以上期刊发表论文 10 余篇。